南渡之君

宋高宗的踌躇与抉择

赵大胖 ◎ 著

郑州大学出版社

图书在版编目（CIP）数据

南渡之君：宋高宗的踌躇与抉择／赵大胖著．

郑州：郑州大学出版社，2025.1.ISBN 978-7-5773-0696-4

Ⅰ．K827=441

中国国家版本馆CIP数据核字第2024HT9896号

南渡之君：宋高宗的踌躇与抉择
NANDU ZHI JUN：SONGGAOZONG DE CHOUCHU YU JUEZE

策划编辑	郜 毅	封面设计	东合社—安宁
责任编辑	胡佩佩	版式设计	刘 艳
责任校对	樊建伟	责任监制	朱亚君

出版发行	郑州大学出版社（http://www.zzup.cn）
地　　址	郑州市大学路40号（450052）
出 版 人	卢纪富
发行电话	0371-66966070
经　　销	全国新华书店
印　　刷	鸿博昊天科技有限公司
开　　本	880 mm×1 230 mm　1/32
印　　张	11
字　　数	239千字
版　　次	2025年1月第1版
印　　次	2025年1月第1次印刷
书　　号	ISBN 978-7-5773-0696-4　定价 88.00元

本书如有印装质量问题，请与本社联系调换。

前　言

我为什么要写宋高宗

宋高宗赵构（1107—1187年）是宋徽宗赵佶的第九个儿子，本来毫无机会当皇帝，却因为靖康之变的阴差阳错，成为南宋王朝（1127—1279年）的开国之主。他的一生，见证了大宋王朝最繁华的全盛之光，最悲惨的亡国之痛，最艰难的复兴之路，他是两宋之交这几十年来最权威的旁观者、亲历者以及决策者。

他的身上有一个巨大的争议：他究竟是一个精明强干的中兴之主，还是一个软弱无能的昏庸之君？

认为他是中兴之主的人，觉得他作为一个普普通通的亲王，没有接受过任何关于皇帝的职业培训，没有带过兵，没有理过政，却在国家遭逢大难之际，以二十岁的年纪，率领一批临时拼凑起来的文官武将，在金兵的不断追击、伪齐和国内盗寇不断骚扰的情况下，硬是在临安（今浙江杭州）建立起了稳定的南宋王朝，延续了大宋的国祚。

认为他是昏庸之君的人，觉得他作为一国之君，不主动北伐去救父母，任由他们在金国受难，是为不孝。当了皇帝之后，有全国军民的支持，手握几十万重兵却主动选择求和，与金人签订了屈辱的"绍兴和议"，使大宋沦为金国的附属国，是为昏庸。

为了向金人表达和谈的诚意，他不惜杀死了在战场上表现极为卓越的名将岳飞，制造了宋代历史上排名第一的冤案，是为歹毒。

每一个结论都有足够让人信服的论据，但是正因为如此，我们才会不由自主地深思：他究竟是怎样一个人呢？为了回答这个极其严肃的问题，我把宋高宗一生之中最重要的事情梳理了一遍，想通过现存的、可信的史料对这些事情进行分析和推理，解释他做出这些决定的原因，力求还原一个尽可能真实的宋高宗。

因为我想，宋高宗一生中，在和平时期当过一个与世无争的普通王爷，在兵临城下的时候当过生死一线的人质，在家破国亡的时候当过孤身领兵的大元帅，在风雨飘摇的时候当过肩负使命的一国之君，在大功告成之后当过优哉游哉的太上皇。他经历过父母离散、壮年丧子、敌军追杀、武将叛乱、大兵压境、海上漂泊，他的身份、他的心理、他的人生都在不停地发生着变化，这样的一个人绝对不是一两个词语或者一两句话就能准确描述的。

他的身边，盘旋着宋徽宗、孟太后、李纲、宗泽、韩世忠、岳飞、秦桧、张邦昌、刘豫、金太祖、金太宗、金兀术、海陵王这样一大堆在民间耳熟能详的名字，他一个人就能完整地串联起这几十年的云谲波诡。他的身上，一定有很多谜团，期待着我们从故纸堆里一个一个地找出来，然后解开。

我觉得，这本身就是一件非常有意思的事情。如果能把它写出来，那就更有意思了。

赵大胖

2023年6月

目　录

第一章　人质生涯

一个没什么存在感的亲王　　　　　　　　003
主动请命，孤注一掷的赌博　　　　　　　005
在绝境中堪称卓越的表现　　　　　　　　008
事实证明，他赌赢了　　　　　　　　　　011

第二章　捡漏登基

被迫出城，孤身北上敌营乞和　　　　　　017
阴差阳错，死路变成了生路　　　　　　　020
回开封的路被堵死了　　　　　　　　　　023
平地惊雷，开封变天了　　　　　　　　　027
突然成了皇帝的唯一人选　　　　　　　　031
登基，扛起兴复大宋的使命　　　　　　　034

第三章　舍弃父母

眼看着被俘的亲人渐行渐远　　　　　　　041
一边犹豫，一边试探　　　　　　　　　　045
终究无法用武力救回父母　　　　　　　　049

第四章　诛杀叛臣

张邦昌成了金国傀儡的唯一人选　　　　　057
张邦昌半推半就地登基了　　　　　　　　061
张邦昌一直在给自己留后路　　　　　　　065
赵构终于还是起了杀心　　　　　　　　　069

第五章　失去独子

带着儿子南逃到了扬州　　　　　　　　　075
一场荒诞而惨烈的大溃逃　　　　　　　　078
武将造反，他被逼退位　　　　　　　　　083
反攻，夺回自己的皇位　　　　　　　　　087
不到三岁的儿子被吓死了　　　　　　　　091

第六章　偏安杭州

没有一个定都建议是他喜欢的　　　　　　097
建康不安全，继续向南　　　　　　　　　100
谁说中兴之主不能下海避难的　　　　　　104
现在到了杭州、建康二选一的局面　　　　108
很明显杭州要安全多了　　　　　　　　　111
淮西兵变，抛弃建康的最大理由　　　　　115

第七章　相依为命

因祸得福，孟太后留在了开封　　　　　　121
大厦将倾，我们娘儿俩把它撑起来吧　　　124
在战斗中建立起来的信任感　　　　　　　128
他们是两个需要互相护持的人　　　　　　132

目录

第八章　和谈之路

第一次派人示好就碰壁了　　139
战场上的被动，直接导致了谈判桌上的被动　　141
划江而治，这不是和谈而是羞辱　　145
下定决心，打几个漂亮仗再说　　149
韩世忠和岳飞给了他极大的底气　　153
赵构的斗志从来没有这么旺盛过　　157
突然从金国传来了天大的好消息　　162
一份让南宋占了大便宜的和议　　166
金国内乱，和约被单方面撕毁了　　171
既然战争无法避免，那就来吧　　176
冲到最前的岳飞被迫撤军了　　180
势均力敌，重新走上和谈的道路　　184
岳飞死了，和议成了　　189
用屈辱换来了二十年和平　　193

第九章　岳飞之死

一个从普通一兵打出来的大将　　201
岳飞也是人，也会犯错误　　205
大理寺，一杯毒酒杀死了一代名将　　210
是谁点名要杀岳飞，已经不重要了　　214

第十章　秦桧专权

顺利得让人生疑的生死逃亡　　221
一封和谈的国书赢得了赵构的信任　　225
给不了赵构想要的，第一次蜜月期结束　　229
重新回到权力中央　　233

这一次终于站稳了脚跟　　237
　　肆无忌惮地清除潜在的竞争对手　　242
　　秦桧享受的优待，可以说是两宋之最　　247
　　能给赵构安全感的人，只有秦桧　　252
　　赵构不是管不住，而是不想管　　257
　　这一对顶级的利己主义者　　262

第十一章　还位太祖

　　太宗继位，大家都心知肚明的悬案　　269
　　选择太祖系后人，一个聪明而正义的决定　　273
　　一个叫赵伯琮的孩子笑到了最后　　278

第十二章　提前退位

　　他的平静生活被海陵王打破了　　287
　　这些年最正确的决定就是没有放弃战备　　291
　　长江成为最后的防线　　295
　　金兵哗变，金主被杀死了　　300
　　倦了，回去当个太上皇吧　　305

第十三章　晚年生活

　　他微笑着看儿子给岳飞平反　　313
　　北伐可以，但是不要连累到他　　317
　　史上最和谐的一对太上皇和皇帝　　322
　　一场风风光光的葬礼，终结了他的一生　　327

后　记　　333
附　表　　339

第一章 人质生涯

靖康元年（1126年）正月七日，金国东路军统帅、金太祖完颜阿骨打（汉名旻）的二儿子完颜斡离不（汉名宗望）率领金兵攻到了北宋的都城开封城下。驻守开封城的宋军在李纲的实际指挥下击退了金兵的两次进攻之后，胆怯的宋钦宗决定与完颜斡离不（宗望）和谈。由于完颜粘罕（汉名宗翰）率领的金国西路军在太原被张孝纯死死拖住，金国预想的"两路夹击"局面并没有出现。出于对"孤军深入"的恐惧，完颜斡离不（宗望）答应了钦宗的和谈请求。为了表示和谈的诚意，北宋朝廷决定按照完颜斡离不（宗望）的要求派一名亲王当和谈代表去金营，其实就是送出人质。正月十四日，北宋的谈判代表出城去金营，领头的亲王是徽宗的第九子、钦宗的九弟康王赵构。这个人选的确定让很多人都觉得诧异，因为无论是排行、资历还是重要性，都轮不到赵构，以至于后世有人说，这是因为赵构当时太过优秀引起了钦宗的嫉妒，所以钦宗才派他出城送死。那么，究竟发生了什么事，让赵构这个老九去承担这么重要的任务呢？这件事对他本人来说，又有什么样的影响呢？

一个没什么存在感的亲王

赵构，字德基，出生于大观元年（1107年）五月二十一日，他是徽宗赵佶的第九个儿子。在金兵第一次围城的时候，他还不到十九岁，前面有六个哥哥活着，分别是二十六岁的大哥钦宗赵桓，二十五岁的三哥郓王赵楷，二十四岁的五哥肃王赵枢，二十二岁的六哥景王赵杞，二十岁的七哥济王赵栩，以及只比他大几个月的八哥益王赵棫。

在靖康之变以前的正史记载中，赵构只出现过六次，分别是：大观元年（1107年）五月二十一日出生，大观元年八月三日被赐名并封为武定军节度使、检校太尉、蜀国公，大观二年（1108年）正月初一被封为广平郡王、开府仪同三司，大观三年（1109年）正月十五日被封为检校太保，宣和三年（1121年）十二月二十二日被封为康王，以及宣和四年（1122年）行冠礼之后搬出皇宫去康王府居住。必须强调的是，除了后来当了皇帝的老大赵桓之外，徽宗其他儿子的待遇都是一样的，赵构在其中没有任何特殊之处。事实上，连他"行冠礼出就外第"这个记载在《徽宗本纪》里都没有，完全是因为他当了皇帝之后才补充到《高宗本纪》里，以至于连一个具体的日期都确定不下来。

后宫一般有"母随子贵"或者"子随母贵"的传统，但是这个传统在徽宗这里作用不大，至少对赵构来说作用不大。徽宗宠幸过的后妃、女官、宫人至少有数百人，一共生了三十一个儿子，完全不像真宗和仁宗一样，把儿子看得那么金贵。

赵构的母亲姓韦，出生于东京（今开封）一个非常普通的人家，最早是作为低级别的宫女入宫的，主要任务只是伺候徽宗的郑皇后，受同样伺候郑皇后的乔氏引荐，被宋徽宗宠幸之后怀孕生下了赵构。此后徽宗对她并没有什么特别的恩宠，她除了赵构之外也没有生下另外的子女，这两个问题互为因果，导致韦氏在后宫的日子过得并不那么舒心，直到靖康之变以前依然只是一个婉容，处于后宫的第十三等级。

在另一个版本的记载中，韦氏的出身和经历更加卑微，她是浙江绍兴人，哲宗绍圣年间（1094—1098年）在丹阳的退休宰相苏颂家里当婢女，侍寝的时候因为"遗溺不已"被苏颂认为是大富大贵之人，于是又被送到了京城，然后经人介绍进入了当时还是端王的赵佶府中当了婢女。

不管上述两个版本哪一个是真实的，都能指向一个明确的结论：赵构的母亲起点非常低，又没有家族势力加分，在徽宗这里几乎拿不到任何特权。

赵构接受的教育也跟其他亲王别无二致，成年以前都是在资善堂学习，肯定不可能接受"皇帝"这个职业的专门培训。史书上说他"博学强记，读书日诵千余言"，看上去文学修养还算不错，但是跟他的三哥赵楷比起来应该有一定的差距，因为赵楷在政和八年（1118年）的科举考试中拿到了第一名的成绩。

赵构唯一的优势可能是他的身体特别强壮，又喜欢习武，不到二十岁就能挽弓一石五斗。这是什么水平呢？《宋史·兵志》记载，至道元年（995年）太宗阅兵的时候，有个士兵挽弓一石五斗，连射了二十发，被认为是罕见的人才，得到了太宗的嘉奖。

但是宋代有重文轻武的传统，赵构生活的时代又不需要亲王带兵出去打仗，再加上徽宗本人是一个文艺爱好者，所以赵构的这个能力实际上并不是什么特别的加分项，甚至还可能不被徽宗喜欢。

基于以上材料，我们几乎可以确定，在靖康之变以前，赵构只是众多亲王之中毫不显山露水的一个，甚至可能因为母亲出身低微、没有同母兄弟互帮互助导致竞争力更低一些。如果没有靖康之变的发生，他本人又没有心血来潮参加什么党争、组织什么政变的话，他最有可能的结局是当一个默默无闻但是寿命比较长的亲王，在开封城幸福地终老，仅此而已。

主动请命，孤注一掷的赌博

赵构在宣和四年（1122年）从皇宫搬到开封城内的康王府居住之后就按部就班地成长着，聘了开封一个低阶文散官邢焕的女儿为王妃，但是在靖康之变以前并没有生下儿子，有非官方史书称他在当康王期间生下了五个女儿，不过《宋史·公主传》中并无记载，也不知道是没有还是羞于记录，因为这些女儿如果存在的话，在金国当俘虏的日子肯定不好受。

没有任何资料显示，赵构在靖康之变以前离开过开封。从徽宗联金灭辽掀起战端，到他退位南逃将皇位传给钦宗，这一段时间里史书上没有关于赵构的任何记载。赵构此后的回忆里，也只是零零星星的一些生活和学习的小细节。可见赵构在这段时间的生活是相当平淡的，朝廷所有的大事他都没有资格参与决策和执行，他做得最多的工作，可能就是作为一个普通的亲王参加徽宗主持的各种庆典活动。

宣和七年年底（1125年年底至1126年年初），金兵分两路南下进攻开封。十二月二十三日，因为害怕成为金兵的俘虏，徽宗将皇位强行传给了太子赵桓，自己当了太上皇。十天以后，也就是靖康元年（1126年）正月初三，徽宗出城南逃避敌，开封城的最高领导变成了宋钦宗。钦宗不想打仗，害怕打输，于是在局势并没有来到最紧要关头的时候与金人和谈，并按照对方的要求派一个亲王出城去当人质。

金人有确定的亲王人选吗？其实是有的。靖康元年正月十日，完颜斡离不（宗望）派使者萧三宝奴送到开封的书信中两次明明白白地提到："请皇弟郓王赵楷和一员太宰或者少宰级别的大臣到金营中当人质，等我们退军的时候过了黄河就放还。"

为什么是赵楷呢？道理很简单，钦宗的二弟夭折了，排行第三的赵楷是钦宗最年长的一个弟弟，也是徽宗最喜欢的一个儿子，北伐攻辽的时候徽宗还试图让他担任统兵的元帅。徽宗传位给钦宗时，因为钦宗礼节性地推让了很久，赵楷得知情况以后在宰相王黼的撺掇下，找了一个内应悄悄潜入宫中，想要争夺皇位。要不是他走到大门口的时候被带兵前来护卫的将军何灌厉声喝退，结局还真的很难说。从完颜斡离不（宗望）的角度来说，他需要一个货真价实、顺位很高的亲王当人质；从钦宗的角度来说，他把自己最大的竞争对手送到敌营里去也是一个借刀杀人的妙招。但是不知道为什么，赵楷没有去。

这种事情的发生有两种可能。

一种可能是赵楷通过各种各样的方式拒绝了这样的安排。这种事情不是不可能发生，后来靖康元年闰十一月金兵第二次围城的时候，点名要求钦宗的十四叔越王赵偲去当人质，但是赵偲走到城门口的时候看到全副武装的金兵，惊恐之下转身就回城，放弃了这个任务，钦宗也拿他毫无办法。

另一种可能就比较阴谋论了。根据当时的史料记载，枢密院的两个领导吴敏和李梲给钦宗汇报的时候，并没说完颜斡离不（宗望）点名要赵楷去，而是说"只要亲王就行"。考虑到钦宗可能没有亲自阅读完颜斡离不（宗望）的书信，我们完全有理由怀疑，朝中的大臣出于各种各样的原因隐瞒了这个信息，导致钦宗根本不知道完颜斡离不（宗望）的诉求。

所以，在派亲王出发之前，钦宗并没有确定的人选，而是采用了"征求意见"的方式，问自己的弟弟们谁愿意去。这个征求仪式有两个版本。一个版本是钦宗直接找到了赵构，谈到了金人的要求，赵构明白了钦宗的意图之后，非常慷慨地主动申请去金营。另一个版本就显得赵构的五个哥哥很没有担当，说钦宗将所有的亲王都叫到自己面前，问谁愿意替他走一趟。大家都没说话的时候，赵构"越次而进请行"，也就是从后排主动站出来申请去金营，并且告诉钦宗，如果朝廷想要采取什么军事行动，千万不要顾忌他的安危，一切以江山社稷为重。相比而言，第二个版本更有说服力一些，因为以赵构这种排名第九的尴尬地位，钦宗要直接找到他询问意见的可能性实在太小，除非排在他前面的哥哥们都已经干脆利落地拒绝了钦宗。

综合这些信息，我们完全可以得出一个结论，赵构去金营当人质并不是迫不得已，最符合逻辑的情况，就是他自己主动申请的。

在绝境中堪称卓越的表现

根据正史的记载，赵构是靖康元年（1126年）正月十四日出城去金营的，跟他一起的还有少宰张邦昌、给事中李邺、右武大夫高世则，以及金国的使者萧三宝奴。从后来谈判的过程来看，赵构并不需要负责谈判的具体事务，他的主要职责就是利用自己的血统来表示钦宗和谈的诚意。

第一章 人质生涯

完颜斡离不（宗望）当时驻扎在城外西北方向的牟驼冈，赵构一行人走万胜门最方便。但是钦宗担心金兵冲门，不让放下万胜门的吊桥，所以赵构等人出城以后是坐筏子过护城河的，直到当天夜里才抵达目的地。牟驼冈是朝廷养马的地方，赵构一行人住宿的地方极有可能就是此前的孳生监所在地。

当天晚上赵构等人并没有见到完颜斡离不（宗望），第二天才被金国的传译带去完颜斡离不（宗望）的大帐。完颜斡离不（宗望）对赵构的态度还算不错，两人甚至以兄弟相称。除了完颜斡离不（宗望），金太祖完颜阿骨打（旻）的堂弟完颜挞懒（汉名昌）也专程来找赵构聊过天，还非常诚恳地给赵构分析过宋军为什么战斗力不行："你们就输在人多嘴杂四个字上，你一言我一语，说得赵皇都不知道该听谁的。我这里有个比喻你看恰当不恰当，治国就像盖房子，怎么用料怎么装修，得是房子的主人说了算。你要是听那些贪图钱财的匠人的话，住不了几天房子就得塌了。"

赵构在金营当人质的时候，北宋的勤王军队已经陆陆续续赶到了城下，包括种师道、姚平仲、马忠、折彦质、刘光国、范琼等名将精兵，总数号称二十万。钦宗在群臣的鼓励下，开始有了跟金人决战的想法。也许是为了奖赏赵构的主动请行，在决定武力试探之前的正月二十四日，钦宗给完颜斡离不（宗望）写信说赵构在金营待了快半个月了，能否让肃王赵枢来替换他。钦宗为了让完颜斡离不（宗望）放心，还主动提出等赵枢到了金营再把赵构放回来。完颜斡离不（宗望）非常爽快地答应了钦宗的要求，还赠了赵构一万铤银子压惊，只等赵枢到了就放人。

但是不知道为什么，赵枢很久都没有出发，赵构一直焦急地等到二月初二日凌晨，遇到了一件对他来说万般凶险的事情：宋将姚平仲带着军队冲进金营，一方面想要斩首完颜斡离不（宗望），另一方面想要救出赵构。

姚平仲劫营的时候大约是四更天，赵构等人正在睡觉，金人的刘都管一边砸门一边喊："相公们赶紧起来，你家人马杀过来了！"赵构等人走出房间以后，被全副武装的金兵围在前门空地的火堆边，场面一度非常紧急，因为一旦姚平仲的军队攻到赵构等人的驻地，金兵很有可能就要当机立断杀掉他们。当时负责来金营交割赎金的郑望之就在赵构身边，他安慰赵构说："康王请放心，倘若王师获胜，金人必不敢害我们，要留着我们当筹码来求和；倘若金人获胜，康王在金营已经半个多月了，怎么可能参与劫寨？此事定然不会连累到康王，康王暂且等待，一切等平静下来再说。"

姚平仲的劫营行动最终失败了，天一亮完颜斡离不（宗望）就把赵构等人叫到帐前去问话，大帐外摆放着几百面宋军的军旗，站着被俘的几十员将校。完颜斡离不（宗望）一改往日的随和，非常严厉地质问赵构："两国明明已经讲和，但是昨晚你家兵马突袭我大寨想要取我性命，这是为何？"赵构按照郑望之的说法回答之后，算是在完颜斡离不（宗望）这里勉强交差。随后，完颜斡离不（宗望）开始当着赵构的面审问俘获的宋军最高官阶将领杨可胜。杨可胜的准备工作做得相当到位，事先写好了一封给钦宗的请罪书，表示自己前日才从陕西来开封勤王，一直在城外驻扎，并没见过钦宗，这次劫营也是自发行动，跟朝廷无关。完颜斡离不（宗望）虽然知道这是杨可胜的托词，但是也没深究，只是当着赵构的面杀掉了杨可胜便就此作罢。

此后，赵构一直在金营待到了二月九日，钦宗同母所生的荣德帝姬的驸马曹晟和赵枢来到金营之后，赵构和张邦昌才被完颜斡离不（宗望）释放回城。

从正月十四日到二月九日，赵构在金营一共度过了二十多天，整体表现还算是不错，甚至因为在完颜斡离不（宗望）问罪和杀人的时候表现得太过镇定，与张邦昌的恐惧大哭形成了鲜明的对比，让完颜斡离不（宗望）以为赵构是假冒的亲王，于是加紧催促钦宗替换人质。

事实证明，他赌赢了

赵构这次主动申请去当人质，在钦宗心里的权重增长得非常之快。他二月九日回城，二月十日，钦宗就下诏书加封他为太傅、静江奉宁军节度使。

这是一个非常了不起的荣耀，在徽宗的所有儿子中，赵构成为钦宗和赵楷之后第三个被封为太傅的人，超过了他五哥赵枢、六哥赵杞、七哥赵栩和八哥赵棫。

直到一个半月以后的三月二十四日，赵枢因为去金营当人质才被晋封为太傅。三月二十六日，钦宗按照朝廷的规矩将到了年龄的老六赵杞和老七赵栩晋封为太傅，但是老八赵械依然还在排队。两天之后的三月二十八日，可能是为了照顾赵构的情绪，显得他独得恩宠，钦宗再将赵构升为集庆、建雄军节度使。

也就是说，到此刻为止，按照岁数来说，赵构虽然在钦宗的兄弟中排名第六（已故皇子不计），但是他在朝廷亲王中的地位已经排到了第二，仅次于他的三哥赵楷。由于徽宗过度宠幸赵楷、赵楷试图争夺皇位，以及他没有去金营当人质的行为，我们完全有理由相信，赵构在钦宗心中的实际顺位已经超过了赵楷，排到了第一的位置。

钦宗的母亲是显恭皇后王氏，早在大观二年（1108年）就去世，年仅二十五岁。显恭皇后只生下了钦宗一个儿子，以及荣德帝姬一个女儿，也就是说，钦宗并没有同母弟的亲王作为自己的心腹。从这一点也能推断，从金营当人质回来的赵构，极有可能成为钦宗最为信赖的亲王。

那么，赵构在徽宗这里的地位有没有提升呢？靖康元年（1126年）四月三日，徽宗从江南回到了开封。因为他在江南另立朝廷、不让江南军队北上勤王，加上朝廷中有人挑拨离间，他和钦宗两人之间产生了非常大的矛盾。十月十日是徽宗的生日，钦宗按照规矩带着宰执和亲王去龙德宫祝寿。祝寿完毕之后，徽宗给钦宗赐酒，为了表示绝对安全，徽宗倒了满满一杯酒当着钦宗的面喝掉，又拿着这个酒壶、这个酒杯，再倒了一杯酒递给钦宗。钦宗犹豫了一下，准备上前去接过这杯酒，但是一个大臣悄悄地踩了他一脚，他立刻变脸，态度非常坚决地拒绝了徽宗的赐酒，匆匆告辞，一场祝寿就这么不欢而散。钦宗走后，徽宗大哭了一场。第二天，徽宗发了一个榜，要求缉拿离间他们父子关系的罪人，提供线索者赏银三千两，还能加官晋爵。

赵构在绍兴二十七年（1157年）八月一日的一次回忆里提到了一个很值得玩味的细节。徽宗大哭之后的某一天，赵构去龙德宫朝见徽宗的时候，徽宗跟他进行了一次推心置腹的谈话："我平生修道天下皆知，现在厌倦了处理朝政，所以把皇位传给了你大哥。为了方便父子相见，我还专门在皇宫和龙德宫之间修筑了甬道。现在我一门心思抱子弄孙，我和你大哥之间的嫌隙全是由于小人为了加官晋爵的挑拨离间。你想想吧，你大哥跟我一起生活了二十年，我们之间从来没有任何矛盾，现在怎么可能闹矛盾？"

鉴于赵构讲述这件事情的时候，并没有提到跟其他人一起去朝见徽宗，所以很有可能是他单独去的。徽宗此后也说过，赵构曾经单独给他献计，要挖开黄河阻挡金兵。但是不管在什么情况之下，徽宗能够当着赵构的面说出这番话，目的肯定是让他去钦宗面前调和两人的关系。此时，徽宗也知道，能得钦宗信任的皇弟，恐怕赵构真得排第一了。

我们完全可以得出这样的结论：出城去当人质的赵构出色地完成了任务，毫发无损地回到了开封，获得了皇帝和太上皇的极大信任，这件事情的最终结果对赵构来说只能用"完美"两个字来形容。我们现在回过头来想一想，如果赵构是一个没有野心的人，此行的目的只是单纯地想要为国出力为君解忧，他不会这么主动地"越次"自荐。朝中亲王众多，他跟钦宗一样都没有同母兄弟，处于势单力孤的状态。他这种出风头的行为，哥哥们或许会感激他替自己去送死，但是事后一定会暗中说他心术不正，而弟弟们一定会觉得他是在争宠邀功。赵构并不是赳赳武夫，这种微妙的利害关系他不可能想不到。所以，赵构的行为绝对是深思熟虑之后的一场赌博，而不是临时的热血上涌。

赵构在兄弟之中没有心腹，排位也不高，母亲出身卑贱也不受宠，他的几个哥哥的母亲不是皇后就是贵妃，这样的地位导致他在兄弟中不可能获得尊重，甚至还会受到蔑视。要知道，跨阶层的蔑视很多人都能接受，但是同阶层的蔑视是最让人受不了的。所以，他心里也许一直有一个出人头地的梦想。他在明白徽宗是一个深度文艺爱好者的情况下依然坚持在读书之余习武，完全有可能也是为了今后能够在众兄弟之中脱颖而出而做准备。

非常幸运的是，他这一步棋走对了。

我们常常会说一句话："机会总是留给有准备的人。"赵构在面对这个机会的时候，他的知识储备、能力储备以及心理储备都起到了非常关键的作用。作为一个不到十九岁、从来没上过战场的王爷，被全副武装的金人押着去完颜斡离不（宗望）大帐接受询问，一路过来都是士兵的尸体，再加上完颜斡离不（宗望）手持利刃咄咄相逼，并且当着他的面杀死了杨可胜，他能够保持镇定没有被吓倒，单凭这种心理素质，他就是一个难得一见的狠角色。

第二章 捡漏登基

靖康元年闰十一月二十五日（1127年1月9日），开封被第二次围城的金兵攻破，留在开封的皇族成为金国的俘虏。靖康二年（1127年）三月二十七日，徽宗被完颜斡离不（宗望）带着从东路出发去燕京；四月一日，钦宗被完颜粘罕（宗翰）带着从西路出发去燕京。随同前去的，除了在京城搜刮的财物、工匠、女人之外，还有神宗、徽宗、钦宗几乎所有的儿子。金人在开封扶持建立了张邦昌的大楚傀儡政权，宋太祖赵匡胤在960年建立的北宋王朝就此灭亡。然而，赵构却非常幸运地躲过了这场浩劫，成为宋徽宗唯一自由的儿子，同时也成了大宋王朝最具有说服力的皇位继承人。五月一日，赵构在北宋的南京应天府（今河南商丘南）称帝，改元建炎，成为南宋的开国皇帝。他为什么能躲过这场大难？他在逃跑的过程中遇见了什么？他是怎么当上皇帝的？

被迫出城，孤身北上敌营乞和

靖康元年（1126年）二月十日，拿到巨额赎金的完颜斡离不（宗望）撤军。在接下来的时间里，因为钦宗在"战与和"之间不断摇摆造成的决策失误给金人留下了极好的借口，加上金人在第一次围城时尝到了巨大的甜头，靖康元年秋，东路的完颜斡离不（宗望）和西路的完颜粘罕（宗翰）再次两路夹击，南下进攻开封。这一次因为完颜粘罕（宗翰）已经攻下了太原，所以金兵的攻势比以前迅猛了很多。钦宗眼看着在战场上无法解决问题，又开始派人过去求和，其实差不多已经等同于乞降。

这一次的情况跟年初是完全不一样的。年初派人去金营谈判，是金国提出了要求，大概率不会有什么危险，而这一次是钦宗主动派人出去，金人愿不愿接茬都说不准。而且，上一次替换赵构去当人质的赵枢，因为完颜斡离不（宗望）撤军的时候朝廷派兵作追击状，所以他并没有兑现"过了黄河就放人"的承诺，也就是说，赵枢至今没被放回来。

现在出城去谈判，相当凶险。

十月二日，去金国东路军求和的刑部尚书王云来到了真定（今河北正定），很快就派手下李裕送来一个非常重要的信息：

"完颜斡离不（宗望）说，议和可以，派一个亲王去谈判。他上次在开封跟康王聊得非常投机，如果这次再派康王过来就最好不过了。"

按照这个说法，完颜斡离不（宗望）是指名道姓要求赵构去议和的。但是在另一个版本的记载里，这个关于人选的建议是王云自己提出来的。他是这样给朝廷禀报的："李裕从完颜斡离不（宗望）的军营回来，听完颜斡离不（宗望）亲口说，我们只要派亲王和大臣去谈判就能求和。我觉得康王英武睿智，而且此前又跟完颜斡离不（宗望）关系不错，建议派康王去完成这个任务，请陛下圣断。"等尚书左丞耿南仲给钦宗汇报的时候，这句话就变成了"完颜斡离不（宗望）非要康王去求和"。

但是事实上，金国在八月十四日写给钦宗的国书里面，明明白白地提出了要求："请速令皇叔越王（钦宗的十四叔赵偲）、皇弟郓王（即赵楷）并太少宰一员同诣行府。"也就是说，金人提出的要求依然是赵楷过去做人质，而到了钦宗这里，人选又变成了"非要赵构去"。

于是，钦宗就派人去通知了赵构，赵构只好上书请行。但是他的第一次出行非常不顺利，十月二十日，钦宗派尚书左丞王寓作为赵构的副手，一起出发去完颜斡离不（宗望）军中谈判。但是王寓当天就尿了，他拒绝接受这个任命，一直拖了六天，直到二十六日钦宗实在是忍无可忍，将他贬为单州团练副使，然后重新指派了冯澥作为赵构的副手。但是这一次依然没能完成任务，十一月六日，赵构和冯澥从城外回到了开封，根本就没能去完颜斡离不（宗望）的军前。这一次失败的原因，史书上没有明确的记载，但是从回来之后钦宗只处分了冯澥一个人的结果来倒推，很有可能是冯澥也步了王寓的后尘，临阵退缩了。

十一月五日，王云从真定完颜斡离不（宗望）的军中回到了开封；十二日，李若水从榆次完颜粘罕（宗翰）的军中回到了开封。两个人分别带来了军事上和外交上都非常不乐观的消息，钦宗决定还是得让赵构亲自走一趟。十一月十五日下午，钦宗把赵构召到宫中叮嘱，最重要的事情就是给赵构交代和谈的条件："给大金皇帝上尊号，尊金太祖为皇叔，割让太原、中山、河间三镇。"但是他们不知道的是，就在这一天，完颜斡离不（宗望）和完颜粘罕（宗翰）的军队已经分别从魏县李固渡、河阳（今河南孟州西）渡过了黄河，钦宗的求和筹码已经没有任何实质性的意义了。

十一月十六日凌晨，赵构带着副手王云，耿南仲的独子、中书舍人耿延禧，观察使高世则，以及蓝珪、康履等跟随他多年的康王府随从侍卫出发了。在走出城门的那一刻，赵构肯定没有意识到，这次出发对他的人生经历有多重要。从这一刻起，他告别了熟悉的城市、熟悉的亲人、熟悉的身份，开始走向一个全新的世界。而他身后这座生活了十九年半的开封城，将会和他永别，就像他的父亲、兄弟一样，再也不会见面。

十一月十七日，为了褒奖赵构再一次的勇敢行为，钦宗将赵构的生母韦氏从婉容直接晋封为贤妃，相当于连升八级。至于上一次赵构去金营当人质之后的奖赏为什么没有惠及韦氏，有很大一部分原因是当时徽宗南逃不在开封，钦宗不太方便晋封徽宗的妃子，而现在徽宗已经回来了。

跟上一次主动请行不一样，不管是完颜斡离不（宗望）点名，还是耿南仲等人悄悄耍了心眼，赵构的第二次出城都是被迫的。当然，他可以选择拒绝执行这个任务，但是他并没有。

谁也没有想到，就是这么一个被迫的行为，让他成为唯一逃出开封城的皇子。假如说赵构这次出城真的是被他的哥哥（尤其是赵楷）给摆了一道，不知道这个人半年以后会不会后悔得以头抢地。

阴差阳错，死路变成了生路

按照王云的说法，完颜斡离不（宗望）在真定，所以这也是赵构此行的目的地。靖康元年十一月十八日，赵构一行渡过黄河来了浚州（今河南浚县），十九日到相州（今河南安阳），二十日赶到了磁州（今河北磁县）。

磁州知州是老将宗泽，他出城六七里来迎接赵构，态度非常诚恳。此前他曾经给钦宗上书，说自己整合了一支一万五千人的部队，所以钦宗特地让赵构去看看。赵构开门见山地要求去视察军营，却被宗泽爽快地拒绝了，理由是"士兵们回家洗衣服去了"。这个回答让赵构对宗泽的第一印象相当不好,他知道宗泽有很大的可能虚报人数,冒领了军饷。

入城的时候,宗泽又搞了一个冗长而怪异的欢迎仪式,安排了上百个手持兵刃满身刺青的汉子跳着舞朝着赵构走去,这让赵构感觉非常不耐烦,甚至有些厌恶。磁州人解释说,这是在假扮当地非常灵验的神仙崔府君。赵构心里稍微平静了一些,但他并不知道,就是这个崔府君,会让他目睹一场血腥的屠杀。

当天晚上赵构在州府歇息之后,副使王云一个人去找宗泽的麻烦。原因是宗泽以前给钦宗上书,说王云长期往返金国,要提防他被金人收买为奸细,偏偏这件事被王云知道了,这让王云非常不爽。王云跟宗泽吵了一架之后,又说到宗泽那一万五千人的军队下落的问题,宗泽一怒之下就跟州人说,王云果然是金人的奸细,这次来准备把赵构骗到金营去当人质。这个说法在州人心里引起强烈的共鸣,因为他们早就想收拾王云了。

王云上一次从金国回来经过磁州的时候对守臣说:"金人的目标是京城,他们没有准备充足的粮食,不会选择长期围攻一座小城,我们只要坚壁清野就能确保安全。"磁州守臣听了他的话,非常坚决地把城外的房屋烧毁、水井填埋,居民全部迁到城里。这样的策略果然非常对路,完颜斡离不(宗望)的斥候经过的时候发现的确没什么价值,于是选择了去魏县李固渡过河。然而,磁州的百姓并不知道这其中的因果关系,他们坚持认为:"金兵根本就没有从磁州经过,我们白白毁掉了家园,都怪王云,他肯定是金国的奸细。"现在一听说王云要谋害赵构,磁州的百姓就开始悄悄组织起来，准备第二天阻止赵构北上。

第二天一早，宗泽非常执着地邀请赵构一行人去城外的崔府君庙烧香，为磁州百姓求平安。话都说到这个份儿上了，赵构当然不好拒绝，于是带着王云、耿延禧、高世则等人一起骑马出发。崔府君庙在城北，就在去邢州（今河北邢台）的必经之路上，百姓看见王云领着赵构出门往北走，更加坚定了心中的判断。烧香完毕，赵构被磁州的官吏单独抬上一顶轿子回城。

赵构还没走出多远，按捺不住的磁州百姓一哄而上，在赵构的眼皮子底下将王云活活打死，当众分尸。余怒未消或者见财起意的磁州百姓随即冲进州府，将王云的行李一抢而空。宗泽不知道是弹压不下来还是不想弹压，反正整个磁州城一片混乱，最后是赵构让自己的侍卫拿出钦差的号令才把场面控制下来。

经过赵构的仔细清点，除了王云的私人物品之外，他们还丢失了钦宗赏赐给完颜斡离不（宗望）的礼物、写给金国皇帝的国书，以及肃王府给赵枢的家书、荣德帝姬给驸马曹晟的家书。

赵构随即陷入了一个很难的选择之中：还要不要继续北上。

北上是钦宗交给他的任务，但是现在礼物和国书都已经丢失，即使见到完颜斡离不（宗望）也没有任何凭信，反而会被完颜斡离不（宗望）以种种借口扣留下来，甚至很有可能在还没见到完颜斡离不（宗望）的时候就被某一队没有高级指挥官的金兵杀掉。他正在犹豫的时候，各个方向的消息逐渐传来：完颜粘罕（宗翰）十九日派了四百骑兵从怀州（今河南沁阳）过来截他，另有一队不知道谁派出来的至少五百骑金兵从魏县来相州找他，要不是这两个地方的村民故意给金兵指了错误的方向，赵构现在已经生死难测了。

赵构已经开始倾向于不再北上了，相州知州汪伯彦的情报坚定了他的意见：完颜斡离不（宗望）早已不在真定，已经过河去了开封。赵构等人如果继续北上去真定，已经不可能见得到完颜斡离不（宗望），反而容易为金人的散兵所害。而如果南下去追完颜斡离不（宗望），也根本追不上，即使追上了也不可能起到退兵的作用了。所以，汪伯彦的建议是，不如南下相州整合河北的兵马抄金人的后路，牵制完颜斡离不（宗望）的攻势以减轻开封的压力。

赵构当机立断决定接受汪伯彦的建议，二十二日天一亮，赵构就出发回到了相州。于是，"北上与完颜斡离不（宗望）议和"这个任务就此中止，真定不能去，开封不能回，十九岁的赵构开始在相州思考自己的未来。

回开封的路被堵死了

从十一月二十四日开始，不断有河北西路的官员来到相州参见赵构，这给他造成了非常大的困扰。一方面，他不希望把自己的行踪暴露给金人；另一方面，他也担心钦宗怀疑他另立一个小朝廷。毕竟年初徽宗在江南另立朝廷的事情让钦宗非常恼火，钦宗对父亲都有那么大的怨气，更别说对他这样一个异母兄弟了。

这个时候，赵构的手下只有不到一万人的队伍，自保都未必有把握，更不要说主动进攻牵制金人的兵力了。所以，他选择在相州等待，相机而动。半个多月之后，闰十一月十一日，耿南仲来到了相州，带来了一个让赵构惊恐万分的消息："金人正在围攻开封，情况非常危急，陛下派我来通知你尽起河北诸郡之兵进京勤王。"

赵构立刻开始连夜发榜募兵准备勤王。他并不知道耿南仲对他撒了谎，金兵围城是真的，但耿南仲并不是来催促赵构起兵的，他是奉钦宗之命出城和完颜粘罕（宗翰）交割河东土地的。到了卫州（今河南卫辉）城下，百姓不愿意投降，还想杀掉跟他一起来的金国代表王汭，耿南仲无奈只能逃到相州。

赵构在相州募兵的过程中，终于等来了钦宗的确切消息。闰十一月二十七日，武学进士秦仔从京城带着钦宗的蜡丸密令找到了赵构，蜡丸里是一张四寸见方的黄绢，上面是钦宗亲手写的文字："我已经知道你起兵勤王的消息，现任命你为兵马大元帅，陈亨伯（即陈遘，时任中山知府）为元帅，汪伯彦、宗泽为副元帅，其他事情你自己便宜处置。另：你家人安乐无虑，前日朕已赐钱五千缗。"

秦仔告诉赵构，钦宗一共派了八个人带着同样的蜡书来寻找赵构，他是闰十一月二十日出发的，当时开封正下大雪，金人围城甚急。果然，两天之后剩余的七个人全部到齐，所有人拿出的密信内容都是一模一样的，足以证明这是钦宗的旨意。至此，赵构终于可以名正言顺地打出"河北兵马大元帅"的旗号募兵了。我们不知道赵构那时的心里是否有大唐郭子仪手提两京还天子的憧憬和豪情,但可以肯定的是,这是他第一次带兵,他心里的激动和忐忑都是在所难免的。

但是事实上,这个消息已经非常不确切了。赵构并不清楚,就在四天之前,也就是闰十一月二十五日,开封城已经被金兵攻破了。

十二月一日,赵构按照朝廷的规矩开设大元帅府。三日,修武郎侯章从开封又带来一封催促赵构起兵南下的蜡书。侯章说,他临走的时候,钦宗为了赋予赵构更大的处理权限,传下了口谕:"康王辟中书舍人,可以便宜拟旨传旨,速草诏书尽起河北官兵入援。"得到上谕之后的赵构当即令耿延禧起草诏书,决定于十二月十四日从相州起兵渡河到北京大名府驻扎,命令河北各州县守臣于十二月二十日至明年正月三十日以前到大名府听令。诏书写好之后,赵构命人誊写完成冒雪分发各州,除了中山府(今河北定州)和庆源府(今河北赵县)被金兵围困之外,其余各州全部送达。

各地的援兵在不断到来,赵构带着手下讨论南下的路线。在这次堪称滑稽的会议中,赵构可能明白了纸上谈兵和尸山血海之间的巨大差异。秦仔、侯章等从京城过来的人建议从浚州、滑州(今河南滑县)直接去开封,理由只有一个,这条路最近。参会的武将们投了反对票,原因有二:"第一,这一段黄河没有封冻,不能直接过河,而黄河北岸的浚州渡口没有船只;第二,黄河对岸的滑州、长垣、韦城都被金兵重兵把守,即便过河也去不了开封。"这时候，秦仔提出了一个让人啼笑皆非的计划："用一根粗绳子连接河的两岸，兵马拉着绳子就可以游过河，过河之后绕过滑州和韦城转而向南，不就可以解决这些问题了吗？"众将哄堂大笑，七嘴八舌地提出了无数嘲讽的问题："金人在河对岸，你准备请金人帮你拉住那边的绳子吗？假如我们过河过到一半，金人把绳子砍断了，我们怎么办？士兵们可以在这个冰天雪地里拉着绳子游过河，你让大元帅也拉着绳子游过去吗？万一我们打输了，谁又能拉着绳子让我们撤回黄河北岸呢？"秦仔等人无言以对。

这次会议形成的最终方案是这样的：趁着临漳县子城渡口处的黄河结冰，直接自相州出发从子城渡河去大名府。十六日晚，赵构一行人有惊无险地抵达了大名府，开始谋划挥师南下开封勤王的大事了。

就在各路人马渐渐向大名府靠拢的时候，二十三日，兴仁（今山东曹县）守臣曾楸送来了一个让赵构无比震惊的消息。枢密使曹辅从开封赶到了兴仁，带来了钦宗写给赵构的密信："开封已经失守，金人现在已经占据城墙，好在并未下城进攻大内。朕已经在同金人讲和，只需要割地就能退兵。康王你独自在外，将天下各路勤王兵马分屯开封周边待机而行，千万不可轻举妄动耽误国事。"

接到密信之后的赵构召集宗泽、汪伯彦、耿南仲、耿延禧、高世则等人召开了一次会议，大家一致决定服从钦宗的命令，暂时不去开封勤王，也不留在大名府坐以待毙，而是去更远一点儿的东平府（今山东东平）积蓄力量等待时机。

平地惊雷，开封变天了

靖康元年十二月二十九日（实际为1127年），赵构带着僚属出发，在路上过了一个除夕，于靖康二年（1127年）正月初三到达了东平府，开始按照既定的计划招徕勤王师，尽量在河北屯聚军马。

"河北兵马大元帅"的旗号还是非常有用的，加上河北此时已经算得上沦陷区，留在这边的守臣也想抱团，于是河北和山东的宋军迅速朝着大元帅府靠拢，知河间府黄潜善、知广信军（今河北保定徐水区西）张晚、知保定军高公翰、知霸州辛彦宗、知安肃军（今河北保定徐水区东）王澈等人纷纷带着自己的人马前来，赵构手下的兵马越来越多，以至于黄潜善开始蠢蠢欲动了。

靖康二年一月十八日，黄潜善建议赵构给完颜斡离不（宗望）写信讲和，这个建议被耿南仲当场否决。耿南仲担心两点：第一，写信会暴露赵构的行踪；第二，万一金人让钦宗和徽宗写信叫赵构回去，赵构无论回不回去都会陷入巨大的被动。

黄潜善无法反驳，但是心里不服气，还想讨一个嘴上的便宜，说既然言和不行，那就请耿南仲以个人名义写一封措辞严厉的信，逼金人退兵。老奸巨猾的耿南仲说："如果真把金人激怒了，他们下封战书约日决战，我们怎么办？"黄潜善自觉太丢面子，而且与耿南仲无法相容，怏怏不乐地申请领兵去戍卫曹州（今属山东菏泽）。

这次讨论虽然无疾而终，但是坚定了赵构的一个信念，那就是继续留在东平府等待时机成熟。至于什么样的时机才算成熟，赵构自己也不知道，但是我们可以从当时的史料里得出一个结论：至少在这个时候，赵构心里还是想南下开封去勤王的。一方面，他担心危机过后钦宗责备他勤王不力，影响他好不容易在钦宗面前建立起来的信任；另一方面，这些赶来勤王的将领没有一个是他的心腹，他也非常担心万一一直不采取行动，手下的将士会哗变。

到了二月六日，算上各种各样的武装力量，赵构手下已经有了接近十七万人的乌合之众，第二天，他开始每两天派一批斥候去探听开封的情况。直到二月十八日，六批斥候没有一个人带回来确切的消息，只有偷渡过黄河的斥候回来汇报说，远远望去，开封城墙上依然是金兵在驻扎，城外的金兵军营依然没撤，黄河南岸一直都有被强征的民夫在给金人搬运粮草。斥候曾经悄悄地问这些民夫金人何时撤军，有民夫回答："听他们说，等麦苗长大到可以喂马的时候就撤军了。"麦苗能够喂马，至少是四五月之间的事情，在赵构等人看来，金兵近期内毫无撤军的可能。所以，终于按捺不住的赵构下了一道命令：河北、山东、陕西、淮南等所有地界的勤王之师，从即日起做好战斗准备，如果旬月之间金人还不撤军，将约日齐进誓死一战。

第二章 捡漏登基

二月二十日，赵构出发去济州（治所在今山东巨野），算是往开封方向前进了很大一步。等到三月十日，勤王大军的战备工作已经全部完成，随时可以奔赴开封解围。现在摆在赵构面前的还有两个问题：第一，开封的情况到底如何？第二，究竟哪一天进军是吉日？这两件事情一件都没落实的时候，情况就变得危急起来了。零星的金兵开始逼近兴仁、开德（今河南濮阳）和濮州（今山东鄄城），幸亏被宗泽派兵击退。三月十一日，另外一支金兵攻到了济州百里外的柏林镇。以济州为中心，周边的州县已经开始受到攻击，这只能说明一个问题：金兵已经发现了赵构的踪迹。所以，赵构决定主动出击，派一直请求出战的宗泽直扑开封。宗泽带着一百五十辆极其笨重但是他自己寄予厚望的战车出发了，然后不出意外地在南华县（今山东菏泽西北）遭遇了一场惨败，他换上了士兵的白布衫和草鞋才在败军之中趁夜逃出一条生路。

这场惨败让赵构有些膨胀的心冷静下来，他开始重新审视自己的兵力，以及跟这些数字并不怎么匹配的真实战斗力。当他还在犹豫不决的时候，三月十三日，他收到了一个未经证实的消息：金人立张邦昌为皇帝了！赵构随即开始在一种非常焦急的心态中去核实一大堆问题：张邦昌是哪里的皇帝？他的辖区有多大？他和金国的皇帝是什么关系？和钦宗是什么关系？徽宗和钦宗现在的处境如何？钦宗是被废了还是只是割地给了张邦昌？

在这种情况下，有人建议赵构立刻效仿徽宗南幸时候的方略，从宿州南下去长江南岸免遭不测。病急乱投医的赵构当天就下令南下，但是并不敢向军士们说明此次行动的意图。当前锋和辎重抵达山口镇的时候，大军开始焦躁不安，纷纷质问："为什么不去开封救陛下？"为了避免哗变，赵构灵机一动找了个借口把前锋撤了回来，这才平息了风波。

三天以后，也就是三月十六日，知淮宁府的宗室赵子崧给赵构的信里终于证实了张邦昌称帝的消息，并且非常肯定地告诉赵构，以徽宗和钦宗为首的皇族已经全部被抓去金营，旦夕就要随金兵北上，恐怕再也回不来了。

我们不知道赵构的心里是怎么想的，虽然他最后当上了皇帝，但是我认为在这一刻他是惊恐大于窃喜的。因为如果这个消息属实的话，他现在成了真正意义上的孤家寡人，父母、兄弟、妻子全部离他而去，他身边是一群纸上谈兵的文官、一帮良莠不齐的武将、一批各怀心思的谋臣。他唯一的心腹就是从康王府带出来的几个宦官和为数不多的侍卫，无论是人数还是实力，都毫无优势。而且，这帮人听他的话，完全是因为他是皇帝的弟弟。现在皇帝没了，"皇帝的弟弟"这个身份还有没有，那就真不好说了。

两天以后，赵构得到了更确定的消息：黄潜善手下一名叫李宗的小吏带回金人的诏书、张邦昌称帝的敕文，甚至明明白白知道了张邦昌的国号叫大楚。眼前的情况虽然并没有越来越糟，但是这些不断到来的消息，却让赵构面临的局势越来越严峻了。

突然成了皇帝的唯一人选

金兵是在靖康二年（1127年）四月一日全部撤走的，徽宗三月二十七日跟着完颜斡离不（宗望）从东路走，钦宗三月二十九日跟着完颜粘罕（宗翰）从西路走，开封城交给了张邦昌和他的手下。因为消息有些滞后，赵构这段时间并没能及时得知开封的情况，他还在忐忑地等待着各方信息的汇总。

赵构得到的第一个明确的登基建议，是四月三日收到的一封信。这封信是三月六日前兵部尚书吕好问从开封发出来的，在路上走了差不多一个月才送到赵构的手里。信的内容是这样的："现在情况已经相当危急了，康王你仔细清点一下手里的兵马，如果你觉得有必胜的把握就立刻主动进攻，否则就赶紧撤离，越远越好。另外，康王请速速登基，晚了恐怕就有不当立者抢先了！"

赵构收到这封信的时候心里肯定是异常激动的，因为他以及其他知道这个消息的人都清楚地认识到，如果赵宋江山还要继续传下去的话，赵构是天然的第一顺位人选。而且，从他主动申请去金营当人质这件事情我们可以看出，他是一个非常有上进心的人，现在出现了这样的"上进"机会，他很难不动心，虽然他从小接受的教育都在明白无误地告诉他，不能有这样的非分之想。

接下来的时间里，赵构开始了非常焦急而兴奋的思考：如果他登基，有多少人反对、多少人支持？他需要怎么做才能解决掉那些不支持的人？如何处理和张邦昌的关系？万一金人把徽宗或者钦宗放回来，他会不会成为他们眼中的另一个张邦昌？

就在赵构还没下定决心的时候，已经有宗室开始蠢蠢欲动了。比如四月三日，赵德昭的五世孙赵子崧，明知赵构在济州统兵勤王、是钦宗亲封的兵马大元帅，依然坚持以盟主的身份主持了一个北上勤王的结盟大会。赵构如果再不尽快做出决定，恐怕就真的要被别人抢先了。

随后，在这场皇位争夺战中，赵构的血统优势体现得淋漓尽致。自从吕好问的书信开了头之后，大家开始肆无忌惮地讨论这个问题，并公开劝进。四月四日，赵构正在军中议事，耿南仲带着群僚下跪上表劝进，随后宗泽又劝进，没过多久，济州的官民都开始商量着让赵构在济州就近登基。但是大元帅府的臣僚经过商议否决了这个提议，他们的意见是去南京应天府登基。毕竟那里是太祖赵匡胤的龙兴之地，对大宋来说意义非凡，在那里登基显得更加正统。这个消息传出去之后，从四月十日起，包括具有极大权威的南外宗正司在内的劝进文书如同雪片一样飞来，大势所趋之下，连曾经有过些许想法的赵子崧都明确无误地表示了对赵构的支持。

除了这些算得上是"跟随"赵构的军民之外，当初被困在开封城里的不少官员在获得自由之后，也开始通过各种途径向赵构表达了忠心。就连张邦昌本人都在用自己的行动向赵构表明，他是被逼无奈才坐上这个位置的，只是替赵家看守一下开封而已，现在是时候还给赵家了，很显然，赵构就是赵家独一无二的接收者。

事实上，张邦昌的做法也算是非常诚恳的。四月二日，金兵刚刚撤完，张邦昌就开始派人到处寻找赵构的下落，并且派向子𫍽带去了劝进的手书。得到赵构在济州的消息之后，立刻派谢克家将户部侍郎邵溥偷偷藏下来的"大宋受命之宝"送来，随后张邦昌不断派人来济州示好，包括赵构母亲韦贤妃的亲弟弟韦渊也被他找来送信——名为送信，实为求情。

金兵撤走以后刚三天，也就是四月四日，张邦昌立刻在吕好问的建议下找到并册封了元祐太后，并请她入住延福宫。元祐太后是哲宗皇帝的孟皇后，绍圣三年（1096年）被废。元符三年（1100年）徽宗即位之后恢复了她的皇后名号，建中靖国元年（1101年）后再废至瑶华宫。元祐太后在瑶华宫独处了二十多年，这次金人尽取后宫而去，而元祐太后因为被废而不在名单之中，竟然逃过一劫，并且成为留在开封的唯一重量级皇室成员。四月九日，张邦昌请元祐太后垂帘听政，自己只行太宰职事，无论是从名义上还是从实质上，都告别了"皇帝"的这个称谓。[①]

现在，赵构担心的问题只剩下一个：万一钦宗被放回来怎么

---

① 据《宋史·后妃传下》《回天录》《建炎以来朝野杂记》，哲宗的后宫都不在名单之中，并非孟太后一人幸存。

处理？但是元祐太后的出现替他解决了这个问题。

元祐太后是钦宗的伯母，是徽宗的嫂嫂，虽然被废，但确实算是皇族中唯一说话有分量的人了。只要她开口，赵构就能勉强摆脱"名不正言不顺"的非议。果然，四月十五日，元祐太后发布了一封手书："现在能够继承大宋江山的人只有康王了，这是天意所归也是民心所向，希望天下忠于大宋的百姓同心协力辅助康王，重整大宋河山，挽狂澜于既倒，扶大厦之将倾。"

血统纯正、军民拥戴、张邦昌归顺、皇族长辈认可，赵构事实上已经具备了登基的全部条件，随时可以坐上这个他以前想都不敢想的宝座了。

登基，扛起兴复大宋的使命

靖康二年（1127年）四月二十一日，扫清了所有障碍的赵构在应天知府朱胜非的迎接下，从济州出发去应天府登基，陪在他身边的武将又多了两个日后大名鼎鼎的人物：韩世忠和刘光世。当天晚上驻跸之时，赵构顺口问了汪伯彦驻地地名，汪伯彦非常兴奋地告诉他，此地名叫"新兴店"，还讲了一个当年的典故来讨好赵构："太平兴国年间契丹犯边，太宗皇帝赴大名府亲征，

第二章 捡漏登基

刚渡河时有人在马前禀报军情，太宗问其姓名，答曰'宋捷'，此仗果然大捷。今日康王治兵讨贼继承大统，宿地名为'新兴'，正预示着大宋将迎来维新中兴，这是大吉之兆啊！"

和所有的皇帝一样，赵构也非常喜欢这类暗示他要当皇帝的传言。济州军民劝进之时就有人说，钦宗去年定下"靖康"这一年号，拆开就是"十二月立康"，意思就是"一年之后立康王"。赵构自己也曾经说过，靖康元年闰十一月十四日（1127年），他在相州曾经梦见钦宗把自己身上的衣服脱下来赐给他，话里话外的意思就是钦宗要把皇位传给他。

赵构在四月二十四日抵达了应天府，第二天一早就去鸿庆宫太祖庙祭拜，在太祖和真宗御容前失声痛哭了一番，算是给了老祖宗一个交代。两天之后，以张邦昌、王时雍、徐秉哲等人为首的开封留守官员赶到了应天府，并且送来了登基用的全套器具。张邦昌是来表明自己态度并且试探赵构态度的。这次试探非常成功，张邦昌边说边哭，赵构边听边哭，两个人在一片哭声之中都给对方吃下了一颗定心丸。

随后，元祐太后也派内侍邵成章等送来了乘舆服御仪仗，其中包括一顶赵构以前从来没见过、式样非常奇怪的道冠。邵成章解释说："太后让我告诉康王，以前我大宋的皇帝退朝宴间就戴这顶道冠，后来神宗皇帝不喜欢，所以改成了头巾，于是哲宗皇帝和道君皇帝都开始用头巾。但是头巾并不是祖制，这顶道冠才是，希望康王即位之后能够重新戴上这顶道冠，恢复祖宗的太平气象。"

很快，克择官选定了五月一日登基，并开始讨论年号。因为按照五行之说，大宋是火德，所以黄潜善建议用"炎兴"，寓意火德更盛。这个建议被读书更多的耿南仲坚决否定了，因为他记得"炎兴"是三国时蜀汉后主刘禅亡国的年号。耿南仲随后建议用"建炎"，理由是这样的：赵构再造大宋王室，应该效仿光武中兴改元"建武"和宋太祖赵匡胤改元"建隆"的传统，取一个"建"字；大宋为火德，太祖皇帝是丁亥年出生的，康王也是丁亥年出生的，丁亥天元正巧属火，所以最好取一个"炎"字，合起来就是"建炎"。

这个说法得到了所有人的认可，五月一日，赵构终于迎来了自己的登基大典，成为大宋第十位皇帝，即日起改元建炎，黄潜善任中书侍郎，汪伯彦同知枢密院事，随后大赦天下。

登基之后，赵构开始处理钦宗的尊号问题，当然最核心的目的是告诉全天下，钦宗已经退位，哪怕今后回来也是太上皇了。这个问题他们讨论了很久，钦宗刚即位时将他的生日四月十三日定为"乾龙节"，按惯例尊号应该是"乾龙皇帝"。但是此前钦宗将乾龙节诏书下发到各州府的时候，有人把"乾"字读成了"干"。虽说这个"干"字并无什么不好，但是跟从云从水的"龙"字贴在一起，始终不是那么妥当。所以，臣僚们最终决定放弃"乾龙皇帝"这一尊号，重新拟定了"孝慈渊圣皇帝"。

接下来就是罪臣的问题。按照身边不少大臣的意见，围城期间城内的不少士大夫或不能守节，或不能尽忠，甚至还有替金人办差、向张邦昌劝进之徒，这帮人的罪行尤为重大，不能轻饶。

但是在这个问题上，赵构显示出了极高的政治智商，他考虑到天下初定，如果大肆责罚开封旧臣，恐怕今后勤王逗留者、临阵脱逃者也会因此感到恐慌，他们鱼死网破之际要么选择占地割据，要么选择投靠异邦，对朝廷都没什么好处。所以，他决定对这些人"一切不问"。但是，这些人不问罪，不等于放任在围城之前那一批误了钦宗大事的臣子：李邦彦、吴敏、蔡懋、李棁、宇文虚中、郑望之、李邺等。他们或力主和谈，或料敌失宜，或过听误事，或误起兵端，责罚他们既能立威信也能收民心，使天下臣民看到万象更新之气。

第三个问题当然就是张邦昌。赵构问了大臣们的意见，但是因为这个问题实在是太严重，没有人敢明确表态。于是赵构自己做了主张，给张邦昌封一个王爵，既算是奖励张邦昌的归顺，也算是给金人一个面子，免得到时候金人来问罪。五月三日，张邦昌被封为太傅同安郡王，五日一赴都堂议事。

到此为止，这个即将年满二十岁的小伙子算是正式将大宋一百六十多年的江山社稷扛在自己的肩膀上了。不可否认，他在这一系列行动中表现出来的心理素质和处事能力，超过了他的大哥钦宗。

第三章
舍弃父母

赵构登基之后面临的第一个艰难选择就是关于父母的。此时，他已经明明白白地知道了二圣北迁的消息，基本的路线也算是清晰的。而且离他更近的东路，是他的父亲徽宗和母亲韦贤妃走的路。赵构登基以后，也许会怀着各种小心思不救走西路北上的钦宗，但是于情于理都应该去救自己的父母。因为把父母救回来对自己的皇位毫无威胁，还能更好地团结人心、巩固政权。但是赵构并没有这么做，他一直在南京应天府待到了建炎元年（1127年）九月二十七日，没有针对营救父母采取过任何一次正式的军事行动，然后干脆利落地出发去了扬州，有生之年再也没有回过一次淮河以北，更不用说他出生的开封。他有没有尝试过营救父母呢？是什么原因让他宁愿背负可能出现的极大骂名也要放弃这个行动呢？

眼看着被俘的亲人渐行渐远

金兵三月底从开封撤走的时候，本着"不把鸡蛋放在同一个篮子里"的原则，选择了将钦宗和徽宗分开押送。钦宗和自己的后宫跟着完颜粘罕（宗翰）的西路军，经过河阳（今河南孟州）到云中（今山西大同）再去燕京（另有一说是从今河南沁阳出发，经过今山西新绛到燕京）；徽宗和自己的后宫跟着完颜斡离不（宗望）的东路军，经过滑州、尧山（今河北隆尧）、真定，然后到燕京等钦宗。而其他的皇子和宗室，则被金人分成了两部分，跟着两个皇帝各自北上。

完颜斡离不（宗望）为人比完颜粘罕（宗翰）更为随和，所以徽宗本人在这一路上并没有吃多少苦，四月一日到刘家寺的时候，完颜斡离不（宗望）非常友善地设宴款待了徽宗，双方的聊天很有礼貌，完颜斡离不（宗望）甚至还安慰徽宗说："事有远近但且放心，必有快活时。"这次宴请之后，完颜斡离不（宗望）每天都派人送来一些鸡肉、兔肉、酒果之类的食物。不过这些食物只是给徽宗一个人准备的，其他随行人员的食物就相当匮乏了，徽宗的十二弟燕王赵俣就因为缺少食物而活活饿死。徽宗让人收殓燕王的时候，连一副棺材也找不到，随便找了个马槽就把燕王放了进去，双脚都在外面露着，徽宗无奈之下让人将燕王的遗体就地焚化了。燕王的夫人试图将骨灰带在身边一起走，徽宗非常伤感地下令说："就在这里埋葬了吧，至少现在还在大宋的地界，不用去做一个流落异乡的孤魂野鬼。"

此后，由于宋金两国在领土交接上并不是那么顺利，有不少州县拒绝接受朝廷的命令，紧闭城门不服从金人的接管，徽宗甚至被金兵押着去中山府这样的重镇去叫门，但是并没能成功。后来金人也觉得带着一个太上皇去叫门的方式太让人匪夷所思，而且效果也不怎么好，于是就放弃了这个想法，也让徽宗保存了几分颜面。

不过随着天气转热，徽宗一路上的条件也越来越艰苦，金人对于食物尤其是饮水的消耗也增加了，所以给徽宗的供应也不再那么友善。徽宗在尧山县境内的时候，还因为口渴难耐摘路边的桑葚吃，吃得感慨万千。

越往北走，徽宗知道自己获救的希望就越渺茫，但是依然想做最后的努力。他也非常清楚地认识到，赵构会是新皇帝的第一人选，也是来救他的唯一希望。于是他找来随行的阁门宣赞舍人曹勋说："也不知道现在中原的百姓愿不愿意拥戴康王，我身边的人就你最擅长奔跑了，要是有机会你争取逃回中原去看看康王的情况，告诉他父母的希望都寄托在他的身上了。"曹勋答应以后，当天晚上，徽宗将自己背心的衣领拆开，写上"便可即真，来救父母"八个字，再加上自己的花押（即著名的"天下一人"），然后重新缝好交给曹勋。为了让赵构相信，徽宗再让赵构的母亲韦贤妃和赵构的妻子邢氏都拿了信物一起交给曹勋。其

第三章 舍弃父母

中邢氏拿的是一只"双飞小蛱蝶"的金耳环，这是赵构在康王府的时候亲手为邢氏打造的。此外，徽宗还告诉曹勋："我在龙德宫的时候曾经赐给康王一些马颊珠犀合子等东西，金兵南下的时候，康王曾经跟我提议想要挖开黄河阻止金国骑兵，这些事情只有我才知道，如果康王不相信你，你就把这些话说给他听。"

除了这些信物之外，徽宗还非常有耐心地让曹勋给赵构带去了很多话。"如果康王有扫清中原的策略就让他放手去执行，千万不要以我为念，保全宗庙洗雪国耻最重要。""太祖皇帝在太庙里藏了一个誓约，只有皇帝才能看，里面有一条是不能诛杀大臣，违者不祥。这条规矩传下来之后历任皇帝都执行得很好，可惜靖康年间诛杀太重坏了规矩，今日之祸可能就是因此得来的，请他今后引以为戒。""你告诉康王，如果我大宋恩泽未泯，百姓拥戴，请他速速登基。如果民心暂时不顺，请他记得汉光武帝登基之前的策略，千万要韬光养晦以图大事。"

曹勋从燕京逃走之前，专门去找了徽宗和韦贤妃辞行，韦贤妃对曹勋说："康王第二次出使金营之时，有个叫招儿的小女孩亲眼看见四个相貌雄伟的金甲人各持弓剑拱卫在康王身后。后来我想了一下，我侍奉京城四圣观的香火非常虔诚，一定是四圣在保佑康王。为了报答四圣恩情，我今后每晚必四十拜乃止。"

如果曹勋没有说谎的话，我们不难看出，至少东线的皇族已经把赵构当成了大宋新的皇帝，并且希望用这种全力支持的方式换得赵构前来相救。但是赵构并没有采取什么军事行动，徽宗一行人只能在金兵的押送下一路向北。

徽宗五月十八日抵达燕京，不过当天并没有入城，而是在城外陪着完颜斡离不（宗望）看了一场球，直到第二天才入城住进了延寿寺（今北京琉璃厂一带），皇后、贵妃、亲王、帝姬、驸马等皇亲都陪伴在徽宗身边。因为燕京的物资还算比较丰富，所以金人给他们的衣食用度比路上的时候还是增加了不少。到了六月二日，赵构在南京登基的赦文被人传到了燕京，完颜斡离不（宗望）拿到以后将其转交给了徽宗。这是徽宗第一次得知赵构登基的确切消息，特别开心地将韦贤妃叫到身边来一起庆贺。

到了七月初，钦宗也在完颜粘罕（宗翰）的押解下从云中赶到了燕京，但是他并没有获准跟徽宗住在一起，而是住在了悯忠寺（遗址在今法源寺）。七月上旬，金人安排他们在昊天寺（遗址在今北京西便门内大街一带）见了一面；七月中旬，因为郑太后生病，钦宗夫妇被获准来延寿寺探视病情，在这里停留了两个时辰。从此以后，直到九月十三日两个皇帝出发去辽中京之前，他们再也没有见过面。

让人唏嘘不已的是，徽宗离开燕京北上的前八天，也就是九月五日，赵构下发了一封关于南巡的诏书，彻底抛弃自己的父母而去。虽然徽宗并没有看到这封诏书，但是他恐怕已经非常清楚地认识到，他再也没有机会回到中原了。

一边犹豫，一边试探

可能是因为此前的几次并不大的军事冲突让赵构认清了自己手下乌合之众与金人战斗力之间的巨大差异，再加上金人一直在撤退，所以四月一日金兵撤走以后，赵构基本上没和金兵发生过正面交战。

金兵刚走，盘踞在开封周边的各路勤王之师像是突然惊醒了一般纷纷出现，一直停留在南京的北道总管赵野，以及宣抚司范讷手下的统制官王渊各领大军向开封进发，四月四日就抵达了城下，屯于通津门外。当天，江淮发运判官向子諲手下的将官王仪也抵达了开封。随着勤王大军的迅速到来，赵构也在四月四日下发了一道命令，让大军不得擅自进城。从这些举动我们不难看出，开封周边的勤王军队指挥官是非常清楚金人动向的，金兵撤走以后他们选择不去追击，而是直奔开封，目的也是相当清晰的。

并不仅仅是他们不想跟金人作战，就连赵构本人也不想跟金人作战。赵构登基之后立刻就把李纲召回来准备当宰相，李纲在从淮甸赶往南京的路上就给赵构上过一道奏折，分析了当前的局势："和金国的和议不可相信，守未必守得住，战也没有必胜的把握，千万要谨慎行事。"虽然听上去句句都是废话，但却是不折不扣的实情。事实上，赵构自己也是这么做的。五月三日，赵构登基之后刚两天，就要黄潜善去寻找能够出使金国之人，寻求两国相处的模式。五月九日，这个人找到了，就是王伦。

王伦算是一个偏才，他是真宗朝宰相王旦的玄侄孙，在开封没什么功名，四十多岁的人了还纠集了一帮小混混成天游手好闲，椎牛沽酒。靖康元年闰十一月二十七日（1127年），开封城陷之后，钦宗去宣德门抚慰军民，百姓喧呼不止。王伦挺身而出至御前称能够弹压，钦宗当即封了他一个兵部侍郎，将自己所佩的夏国宝剑赐予他。王伦下城之后带着小混混还真就弹压下来了，但是他也没有当上兵部侍郎，因为时任宰相何㮚认为钦宗的任命事出仓促，王伦的功劳并不足以担任这个职务，只给他补了一个修职郎。开封解围之后，侥幸活下来的王伦来到应天府，上书请求出使金国探访二圣起居，正巧碰见黄潜善找人，就被推荐了上来。赵构随即封王伦为朝奉郎、假刑部侍郎，准备让他以"大金通问使"的名义去金国摸清金人的意图。

但是王伦没能成行，黄潜善和汪伯彦讨论后觉得，跟金国的第一次接触非常重要，不求有功但求无过，必须派工作经验丰富的人才能确保不坏规矩不生事端。而且"通问使"这个名头显得不够诚恳，不如改成"祈请使"。赵构听从了这个建议，于是另任命了傅雱为大金祈请使，准备等时机成熟以后以钦宗答应的黄河为界的条件去和金人进行试探性接触。

李纲六月一日到了南京之后立刻给赵构上书，说应天府周边一马平川，除了黄河再无天险，并不适合建都，开封已经残破不堪、民力凋敝，暂时不太适合回去，所以，当前应该尽快确定迁都的问题。坐拥关中天险的长安（今陕西西安）是最佳选择，扼住中原和巴蜀咽喉的襄阳是第二选择，依托长江天险的建康是第三选择，可以让有司提前进行规划措置。赵构对李纲的这个建议非常感兴趣，六月五日就下发了诏书，准备巡幸荆襄、关陕和江淮。他当然不可能也没时间去巡幸所有地方，用军事术语来说，这属于"布疑阵"。

但是当时朝廷中很大一部分人的意见都是让赵构回开封。早在五月五日，赵构让傅亮去守滑州，被他直接顶了一句："陛下你要是能回开封，我就去守滑州。你要是不回去，那我也守不住。"五月二十七日监察御史张所上书，六月十日宗泽再上书，都是让赵构回开封。但是赵构已经非常清楚地认识到，开封的优势全在于和平时期，地处中原核心，运粮运钱都极其方便，但是真正打起仗来，这些优势都会变成劣势。现在黄河以北的绝大部分土地都已经沦陷，天险只剩黄河一处，并且金人已经摸清了黄河的所有渡口和渡河的最佳季节，如果金兵再来，开封的压力将会比以前更大、安全性更低。

面对来自臣子的压力，赵构想了一个暂时的解决方案。六月十四日，他发了一道给河北河东官吏军民的诏书，让他们以最快的速度收复失地、保全边境、整肃军备、筹集粮饷，摆出一副随时要进取中原的样子。就在诏书拟好的当天，也就是六月十三日，开封解围之后被送到赵构身边的潘贤妃生下了一个皇子。从此时开始，赵构的心里就开始动摇。赵构年满二十，这是他的第一个儿子，虽然不是邢皇后所生的嫡长子，但在现在这种情况下，皇子如果能够成年，大概率会是将来的皇位继承人。如果去开封，一旦金兵再来，恐怕又要被金人一网打尽。

赵构已经在思考怎么南下的时候，去开封抚定的宗泽非常不解风情地扣下了金人派来出使张邦昌伪楚的使者，确切地说，不是态度和蔼地"扣下"，而是非常粗暴地"关押"。赵构跟大臣们商量："金国的使者出使是假，探访是真，既然他们都派人来刺探情报了，我们也应该把傅雱派过去了。"李纲说："派人是必须派过去，但是不能叫'祈请使'，免得自堕士气，不如还是改叫'通问使'。再者，现在两国的态势是明摆着的，如果我们国势日强，能对金人有压倒性的优势，他们自然会把二圣送回来，否则，哪怕我们奴颜婢膝、苦苦哀求也毫无结果。所以我觉得，这次傅雱等人过去，都不要沟通什么国事，就说是过去探望二圣。"计议已定，六月二十日，傅雱带着赵构给二圣准备的衣物和给完颜粘罕（宗翰）的礼物出发。

傅雱刚出发没多久，七月七日，曹勋从燕京逃回来了。他是五月十八日刚到燕京就逃走的，走了接近两个月才到达应天府。但是当他面见赵构之后，赵构并没有悲愤交加地做出北伐的决定，而是把大臣们召集过来，将道君皇帝亲书"便可即真，来救父母"的衣领给他们看，表示这是徽宗授命他接替皇位的铁证。

面对徽宗的密信，赵构很快就做出了跟徽宗需求相反的决定。七月十三日，他下了一道诏书："为防备金人秋后南侵，让将士们没有后顾之忧，我将留在中原措置兵马，与将士们一起

第三章　舍弃父母

迎击来犯之敌，特将元祐太后和后宫以及将士家属送到东南去暂避。"[①]八月二十日，从开封来南京跟赵构见了一面的元祐太后匆匆南下，先去扬州。九月五日，御史中丞许景衡汇报了一个确切的情报："金人已经入侵河阳、氾水等地，开始逼近开封。"当天赵构就下令南巡，随后决定，九月二十七日出发去扬州，先在长江北岸去固守，事有缓急就渡江去建康。金人能够趁冬天结冰渡过黄河，难不成还能渡过不结冰的长江？

至于在当俘虏的徽宗和韦贤妃，对不起了，赵构确实没能力打到燕京去，留着这条命和半壁江山，今后慢慢想办法吧。

终究无法用武力救回父母

赵构这一南撤之后，基本上算是放弃了开封，同时也放弃了通过武力营救父母的最后希望。非常默契的是，在此之前朝廷中也极少有人态度强硬地提出让赵构立刻派兵北伐，去从金人手中抢回二圣。

在这件事情上我们并不能对赵构苛求太多，毕竟以赵构那个

[①] 《三朝北盟会编》和《建炎以来系年要录》记载为七月十三日，《宋史・高宗本纪》记载为七月十四日。

时候的兵力和战斗力，这是一个完全无法实现的任务。我们可以设想一下，如果赵构真的带着军队北上去救徽宗，也许在天气炎热的中原地区还不至于输那么惨，但是一旦在天气凉爽的时候进入燕山地区，宋军就完全不是金兵的对手了。那时候，无论是赵构刚刚团结起来的人心，还是刚刚聚集起来的军队，可能都要遭受惨重的打击。而且，我们还必须祈祷赵构没有热血上涌御驾亲征，否则他极有可能成为金人最后一个重磅级的俘虏。那到时候，恐怕现在我们熟悉的"南宋"这个朝代，就不会出现在历史长河之中了。

那么赵构后来有没有尝试过去救徽宗等人呢？尝试过。

建炎二年（1128年）三月，赵构在扬州决定和金国边打边谈，先服个软争取点儿时间整合军队，顺便看能不能在谈判桌上把战场上丢失的利益给找一点儿回来，于是派了一个叫杨应诚的使者，担任大金、高丽国信使，尝试着先跟金国在外交层面上对话，再图进一步的沟通。

杨应诚是一个外戚，他的曾祖名叫杨景宗，是宋真宗杨贵妃的弟弟。杨应诚出发之前，给赵构提出了一个计划：既然现在无法通过正面战场抢回徽钦二帝，不如我们派一支精锐部队，来一次大穿插、大迂回，从高丽国登陆，直插金上京（今黑龙江哈尔滨），那路程就近很多了。

从江南出发去高丽的航线朝廷很熟悉，五六年前徽宗就派人去过，从明州（今浙江宁波）下海，沿着海岸线北上，在淮河入海口离岸东行入海，然后到仁川港登陆，去高丽的国都开京（今

第三章 舍弃父母

开城）。所以，赵构对这个方案非常感兴趣，召开了一次会议让大家讨论。当然，即便是不感兴趣，也必须讨论一下。

会上，越州（今浙江绍兴）知府兼浙东安抚使翟汝文提出了反对意见。他不是从军事上分析的，而是从外交上分析的。他说："高丽一定会反对这个计划的，他们的理由我都能猜到。高丽在金国眼皮子底下，今天要是答应了我们借道，明天如果金国要求借道攻击江南他们也没法拒绝。这就是个于我、于高丽双输的方案，纯粹是杨应诚为了个人功劳欺罔君父的小算盘，陛下你千万不要信。"

赵构骑虎难下，他觉得杨应诚反正都要去，不如试试。翟汝文也是一个犟脾气，他直不棱登地对赵构说："我已经给明州的守卫下了命令，坚决不许杨应诚下海。"杨应诚一听，决定赌个气："你不让我从明州入海，我从你管辖不了的杭州出发！"

杨应诚是三月底出发的，经过了两个多月的海上漂泊，六月十四日，他们一行人不辱使命，真的抵达了开京，并且受到了高丽国王王楷的热情接待。杨应诚一看气氛还算不错，就提出了借道攻金的计划。王楷是个聪明人，知道其中的利害，金国正愁没借口收拾高丽，高丽当然不能主动送上门去，于是干脆利落地拒绝了杨应诚的计划："山东还在你们手里，你们为什么不从山东下海去辽东？"

杨应诚一看对方不答应，决定退一步，不要高丽人陪伴，自己单独去走一趟，也熟悉熟悉道路。所以，杨应诚又提了一个要求："那你看这样行不行，你派人给金国打个招呼，说我们要去谈判，然后你借我们二十八匹马，我们自备干粮就行。"

王楷依然不敢答应这个要求，但是自己不好意思当面拒绝，把杨应诚他们安排到驿馆以后，派了自己的门下侍郎傅佾来跟杨应诚谈。傅佾的借口，果然跟翟汝文一模一样："我们已经得到情报，金国正在打造战船准备从海路去两浙。如果我们今天给你引路了，明天金国要求我们给他们借道攻击你们，你说我们是答应还是不答应？"杨应诚找不到话反驳，只能另辟蹊径，他说："金国又不会水战，怎么可能找你们借道？"傅佾说："女真人也常年在海上往来，不像你们想的那么弱的。再说了，女真当年臣服于我们，现在天天想着让我们臣服于他们，他们强不强，难道我们还不知道吗？"

杨应诚依然不死心，赖在这里不走。半个月之后，高丽派了中书侍郎崔洪宰、知枢密院事金富轼来慰问，杨应诚又提出了这个计划。崔洪宰有些不太耐烦了，说："你们连情报都没搞清楚，现在二帝不在上京，还被关押在燕京呢！"

崔洪宰是骗人的，这时候，徽钦二帝并不在燕京，而是在赶往上京的路上。一个多月之后，他们就将在上京接受屈辱的牵羊礼了。但是杨应诚不知道这个情况，只能无言以对。

更大的羞辱还在后面。一个叫文公仁的官员笑嘻嘻地插话说："十二年前，我曾经代表高丽去开封上贡，当时我就给你们皇上（指徽宗）说过，不要相信金国，你看你们一直不听。"杨应诚还没来得及消化这种情绪，崔洪宰又补了一刀："你们不要想着和谈了，金国即便是收到你们割让的土地，依然不会把二帝还给你们的。你们是大国,唯一的方法就是秣马厉兵,在战场上把二帝抢回来。"就这样,杨应诚一直在高丽待了六十四天,王楷始终不松口,杨应诚无奈原路回国。

到了九月,赵构始终放不下这个计划,还想再努力一下,于是再派杨应诚从海路去高丽。这时候,获得了昏德公和重昏侯爵位的徽钦二帝已经按照完颜吴乞买(汉名晟)的命令去了韩州(今辽宁昌图)。这一次,明白了南宋朝廷意图的王楷连面都没让杨应诚见,直接就把他赶下了海。

得到消息的赵构非常生气,在黄潜善的撺掇下准备派战船北上征伐高丽。朱胜非一看,本来跟金国作战就焦头烂额了,现在居然还想海陆并进两线作战,赶紧当场否决了这个方案:"高丽跟金国接壤,跟我们隔海,拒绝我们也是人之常情。再说了,越海征伐,当年燕京的教训还不够深刻吗?"

至此,赵构总算清醒过来,放弃了这个直插金国大后方的作战计划。从此以后,赵构就开始专心和谈,再也没想过武力抢夺徽宗的事情了。

第四章 诛杀叛臣

完颜粘罕（宗翰）和完颜斡离不（宗望）攻下了开封之后，他们都觉得金国暂时没能力吃下以开封为中心的中原地区，但是又不甘心撤军之后把这一片土地重新还给宋人，于是就把张邦昌作为傀儡推到了前台，并且意味深长地把都城设在了建康。张邦昌从靖康二年（1127年）三月七日登基，到四月九日自行宣布退位，在这段时间里并没有对北宋的宗室以及赵构做出什么重大伤害性的举动，反而处处小心避免给人留下口实。因为张邦昌知道，他当这个皇帝全靠金兵大军压境，自己既没有政治基础，也没有军事基础，一旦金兵撤军，他的命运如何想都想得到。所以，金兵撤军以后，他第一时间就是向以元祐太后和赵构为首的北宋皇室表忠心，多次明示自己就是替赵宋临时看守开封城的人。但是，赵构最后还是毫不留情地将他赐死。赵构为什么要杀掉张邦昌？赵构为什么不怕金人报复？张邦昌做了什么让赵构生气的事情？

张邦昌成了金国傀儡的唯一人选

　　张邦昌虽然在钦宗即位之后就被拜为少宰，但是从此后的系列操作来看，钦宗并不喜欢他，甚至可能是非常厌恶他。

　　靖康元年（1126年）正月十四日，钦宗派赵构和张邦昌去金营当人质，熬过了提心吊胆的二十多天之后，二月九日，两人平平安安地被完颜斡离不（宗望）释放回城。赵构开开心心地回到康王府去当自己的太傅，张邦昌却陪着继续去当人质的肃王赵枢和驸马曹晟重新返回了金营。按照完颜斡离不（宗望）此前的承诺，只要过了黄河就把赵枢和曹晟放回来。但是后来钦宗在李纲的建议下，一直派兵尾随完颜斡离不（宗望）寻求战机，这让完颜斡离不（宗望）起了非常大的戒心，声称只有交割了太原、中山、河间三镇的土地之后才能放人。而张邦昌和他们的任务不一样，他是按照钦宗的指示，去交割三镇土地的。

　　但令人非常诧异的是，钦宗并没有给张邦昌足够的凭证。张邦昌出发之前对钦宗说："陛下，这个割地的文件你得签个字，否则我拿过去，三镇的守臣不认，我没法完成任务。"钦宗不签。张邦昌又说："要不盖个章也行。"钦宗还是不盖。张邦昌到这个时候可能已经明白，钦宗其实并不想老老实实地交割三镇，所以他对此行也没抱什么希望。果然，到了应该交割的中山府之后，守臣根本就不理他们这些无凭无据的交割人员，甚至放箭射他们。中山府都这么做了，周边的诸郡也采取了同样的办法，张邦昌的交接工作完全开展不下去。

既然没能完成任务，那就没有被释放回来的道理，张邦昌只能一直跟着完颜斡离不（宗望），于四月十五日一起回到了燕京。金兵第二次南下进攻开封的时候，张邦昌和赵枢被留在了燕京，直到开封城破之后才一起接到通知南下。这期间张邦昌和完颜斡离不（宗望）之间发生了什么，我们不知道；他有没有和完颜斡离不（宗望）达成什么样的协议或者意向，我们也不知道。但是我们可以确定一点：完颜斡离不（宗望）比钦宗更喜欢张邦昌。

靖康二年（1127年）二月六日，钦宗在金营当人质，徽宗和其他皇族在城里忐忑不安之际，金人派大宋的翰林学士承旨吴开、翰林学士莫俦带着一封公文入城，要求留在城中的徽宗以下的所有皇室人员全部出城去金营，然后让百官推荐一个非赵氏宗人的皇帝。与此同时，他们还从金营带回来钦宗的一个手札，上面明明白白地写着："我已经答应了金国的退位要求，请太上皇以下的皇族人员配合一下尽快出城，然后大家伙儿推荐一个不姓赵的新皇帝吧。"这两封信传递出来的信息是非常恐怖的，这意味着金人废掉了钦宗，不让赵氏宗人接替这个皇位——大宋王朝灭国了。

这个决定是金人经过讨论以后做出来的。金人在攻陷开封以后，并没有想过完全占领这一大片土地，他们只是想要得到更多的利益。完颜粘罕（宗翰）曾经召集手下开会讨论，撤军之后谁来守

第四章 诛杀叛臣

开封。完颜粘罕（宗翰）的意思是让契丹降将萧庆留下来，以开封为中心守河南，但是萧庆说自己守不住。大家又推荐汉军统制刘彦宗，觉得他是汉人，也许更熟悉这里的环境，刘彦宗也非常干脆地拒绝了。随后完颜没里野（汉名宗杰，完颜阿骨打之子）说："今后赵氏肯定还会复兴的，我们如果贪图土地广袤，必然会导致兵力分散，守是肯定守不住的，不如以黄河为界跟他们划分疆域吧。"这个提议得到了完颜粘罕（宗翰）的认可，于是完颜粘罕（宗翰）就决定另立异姓作为傀儡，替他们守住黄河以南作为屏障。

接到文件的京城留守官员们开始了激烈的讨论，兵部尚书吕好问的意见是不能全信，因为这封手札一定是金人逼迫钦宗写的，其他人想信但是不敢明说，大臣们讨论到半夜都没有达成一个共识。第二天一早，徽宗和其他皇族先后被迫出城，大家渐渐明白这件事情似乎已经没有扭转的余地了。但是不少大臣还想挣扎一下，以东京留守孙傅为首的部分官员开始跟金人讲条件，先是申请让钦宗的儿子继位，被否决之后又申请在徽宗的儿子里面选一个，再被拒绝之后又申请在神宗的儿子里面选一个，承诺不管选谁都愿意成为金国的永久属国。这个申请依然被拒绝，然后孙傅等人就请金人拿一个候选人名单出来。

金人说："如果非要我们来选，无非两个思路。第一个是选我们军队里的北方汉人，你们肯定不乐意。第二个就是选留在我们军中的宋朝官员，你们可以根据这个条件来列名单，不过何㮚和李若水这两个人要排除在外。"这个回复一来，脑袋稍微清醒一点儿的人都知道，剩下的人选就只能是张邦昌了。

心知肚明的双方开始角力，看谁更能坚持下去。二月十日，孙傅使出最后一招，带着官员和百姓在南薰门哭拜祈求。结果被惹毛了的完颜粘罕（宗翰）也决定使出最后一招，他给城里发了一封信："明天这件事情还定不下来，我就带兵进城！"

这段时间，开封虽然被攻破，但是金兵一直驻扎在城墙之上，除了偶尔有不守纪律的金兵零星入城抢劫纵酒之外，开封市民受到的来自金兵的直接骚扰还是在可以忍受的范围之内。现在完颜粘罕（宗翰）说了要带兵进城，那就真的是切中了开封人的要害。二月十一日，留在开封的官员们开始讨论怎么写这个议状的问题。

金人提出要求之后，很多人都猜到他们喜欢张邦昌，但现在的问题是谁带头说出来。拥立张邦昌固然能讨金人喜欢，但毕竟是背叛赵宋的行为。从目前的局势来看，赵宋两个皇帝和皇室宗亲都被金人抓走了，有九成九的可能会一蹶不振。但是万一呢？康王还在外面统兵，太祖和太宗的两支后代枝繁叶茂，假如某一个姓赵的像当年的汉光武帝一样重夺江山，他们怎么办？

鉴于这些顾虑，大家谁都不说话，想要逃避这个"背叛大宋"的罪名。王时雍无奈，就让中书舍人直接写议状，把写名字的地方空出来，说大家推了半天推不出人来，请金人自己填一个。看到议状之后，吴开、莫俦觉得这样肯定无法交差，于是悄悄地跟王时雍说："金人似乎是想要立张邦昌。"王时雍此时还有点儿拿不准，正好左司员外郎宋齐愈从金营回来，王时雍就问宋齐愈有没有在金营听到什么风声。宋齐愈取出一片纸，在上面写下"张邦昌"三个字，王时雍这才让中书舍人把张邦昌的名字加上去,送到了金人的手中。

就这样,在金营里待了一年多的张邦昌成了傀儡皇帝的唯一人选,连一个竞争者都没有。

张邦昌半推半就地登基了

王时雍等人将这么一封有名有姓的推状交上去以后,金人颇有几分满意,但是并没有满意到可以直接执行的地步,因为这上面还没有其他人的签字,不能体现"上下一心、军民共举"的盛况。二月十二日,金人下令在城里发榜,让所有百姓联名推举张邦昌。如果不愿意推举张邦昌的,可以另外写一个推举状上来,只要不是姓赵的就行。这件事限一天之内完成,谁要是不参加这个联名,那就按照军法从事。①

第二天,官员们还在观望,不知道金人是说着玩的还是动真格的。王时雍知道金人不是说着玩的,就玩了一个小花招。他通知百官,金人答应立一个姓赵的继承皇位,就是徽宗的哥哥赵佖的儿子赵有奕,请大家来讨论一下这事儿能不能办成。大家一听

---

① 参考靖康二年二月十二日留守司榜文。

金人松口了，欢天喜地地来到秘书省，刚一到齐，王时雍就下令士兵们封锁大门，然后让范琼宣布，今天无论如何都必须联名推举张邦昌。一番连哄带吓，除了御史中丞秦桧、奉直大夫寇庠、朝请郎高世彬、祠部员外郎喻汝砺、监察御史吴给、御史台检法官王庭秀、秘书省校书郎胡寅、太常寺主簿张浚、开封府司仪曹事赵鼎等寥寥几人之外，全都签上了自己的名字。为了表示不满，秦桧牵头写了两篇议状，请求保存赵氏皇位。①

请大家注意这些名字，今后这堆人里会出三个宰相。

但是这区区几个人的反对已经于事无补了，十四日，吴开和莫俦从城外带回金人的告示："根据文武百官的恳请，我们已经决定立张邦昌为皇帝，你们去准备相关的仪式吧。"七天之后，也就是二月二十一日，金人派了尚书左仆射韩正来册立张邦昌，定国号为大楚，择日迁都江宁府（今江苏南京），一切似乎都已经确定了。眼见事态再也无法挽回，李若水、唐恪等人纷纷以死殉国，开封城的百官就只能忐忑不安地等待着自己的新皇帝张邦昌即位了。

但是现在的问题出在了张邦昌身上——没有军队、没有亲信的他不愿意当这个皇帝。金人在靖康元年闰十一月二十五日（1127年）攻破开封，随即派人去燕京接张邦昌、肃王赵枢、驸马曹晟南下。张邦昌等人十二月二十日接到通知，靖康二年（1127年）正月十五日抵达开封城外。此前有人以此推断，说金人那时候就有了扶持张邦昌当傀儡的想法，其实倒也未必。金人

---

① 上海古籍出版社《建炎以来系年要录》卷二，第50~51页。

刚刚攻破开封外城的时候，并没有意料到后来的事情会进展得如此顺利，他们把张邦昌等人叫过来，要么是为了炫耀自己的武力，要么是为了让他们来协助解决一些沟通性的事务。如果真是想让张邦昌来当傀儡皇帝，那完全没有必要带着赵枢、曹晟一起来，也没有必要开会讨论让萧庆还是刘彦宗来守开封。

张邦昌从燕京来到金营之后待了一个月，完颜粘罕（宗翰）和完颜斡离不（宗望）让王汭拿着王时雍等人的拥戴状去通知他当皇帝了。不管张邦昌此前有没有从别人那里听到过这个消息，他看到这份文件时的反应是相当真实的："非要我当这个皇帝，不如让我死了算了。"随后的几天，张邦昌在金营里多次寻死，金人迫不得已专门派人二十四小时监视他的行动。王汭眼看自己搞不定张邦昌，于是就决定把他带到完颜粘罕（宗翰）和完颜斡离不（宗望）那里去，让他们亲自来给张邦昌做工作。张邦昌依然不答应，说："我是和肃王、驸马一起出来当使臣的，你家元帅要见我就三个人一起见，我绝不可能一个人去。"但是王汭根本不管这些，让人强行把张邦昌带到了完颜粘罕（宗翰）等人面前。张邦昌坚辞不就，完颜粘罕（宗翰）只好骗他说："还有一个方案你看可不可行。我们立钦宗的太子为皇帝，你当宰相辅政。"正当张邦昌对于这个方案犹豫不决的时候，有汉官劝他说："相公你暂时先答应着，等金人撤军之后，你是当伊尹辅政还是当王莽篡权，那不是全看你自己了吗？"

在这样的劝说或者哄骗之下，张邦昌终于答应了金人的要求，同意先入城再说。三月一日，张邦昌按照宰相的规格进入了开封城。但是进城之后，金人马上就翻脸了，命令开封百姓三日之内必须拥戴张邦昌登基，否则先杀大臣再杀百姓。张邦昌一听到这个消息，顿时明白自己上了金人的当，转身就去骂王时雍等人："你们怕死就把我推出去挡祸，我身为大臣怎么可以篡逆？我只有一死证清白了！"说完张邦昌准备拔刀自尽，大家一哄而上将张邦昌的刀夺了下来，说："当初你在城外的时候没自杀，现在自杀可就是害了满城百姓的命了！"张邦昌无言以对，暂时选择了妥协。

三月三日，金人再发通牒，把张邦昌的登基大典定在三月七日。面对屠城的压力，开封城内的所有人都已经开始认命了，现在的问题出在张邦昌身上，他从三月一日入城知道自己还是要当这个皇帝之后就开始绝食抗议。到三月五日，百姓们都跑到张邦昌的门前去哭拜，请张邦昌登基以救满城生灵。张邦昌无奈，终于答应了这个要求，说："就算是我用自己的九族来保开封一城的百姓吧。"

三月六日，统制官宣赞舍人吴革试图在张邦昌登基之前做最后的努力，起兵除掉张邦昌，救回二帝，可惜事情泄露为范琼所杀。这是他继想方设法救钦宗的太子之后，再一次为了大宋的江山社稷做出的努力。他的祖上，是太祖朝的重臣吴廷祚，也算是满门忠烈了。至此，张邦昌登基的所有障碍已经清除，只等三月七日的登基大典了。

登基当天，张邦昌穿上了皇帝的赭袍，一路哭哭啼啼地从尚书令厅乘马来到了宣德门外的大典现场，在金国左相韩正的见证下成为伪楚的皇帝。张邦昌以下百官大多沮丧不已，唯独王时雍、吴开、莫俦、范琼等人面有得色。其实他们自己也清楚，凭借他们拥立张邦昌的功劳，他们马上就要升官发财了。假如大宋未亡，以他们的能力和资历，怎么可能窃取如此高位？

张邦昌一直在给自己留后路

张邦昌此时已经四十六岁了，在朝廷中浮浮沉沉几十年，宣和元年（1119年）就做到了尚书右丞的高级官员位置，头脑比一般人要清醒很多。跟王时雍等人的跃跃欲试和兴高采烈不一样，张邦昌始终秉持了一个原则：金人在时做给金人看，金人不在时做给宋人看。

我们站在今天的视角来看张邦昌，有两种可能会导致他做出这样的决定：一种可能是他真的不想当这个皇帝，担心赵氏复辟之后对他进行清算，担心金人撤军之后其他有心争夺皇位的人对他进行迫害，但是迫于当下的局势又不敢不答应，所以内心深处十分抗拒。另一种可能是他想当这个皇帝，但是心里没底，所以想方设法给自己留一点儿后路，以便万一今后出现什么变化要清算他的时候，他可以拿出来辩解。

不管出于哪种可能，张邦昌从当上皇帝的那一刻开始，就时时刻刻表现出自己不想当这个皇帝的样子。韩正册命完毕离开之后，张邦昌举行了一个似是而非的登基大典。从大庆殿去文德殿的时候，有司按照规矩送来了皇帝专用的步辇，张邦昌拒绝乘坐，自己步行前往；到了文德殿之后不坐御榻，而是坐在榻边的一张椅子上；王时雍率百官叩拜的时候，他起身面向东面拱手而立……甚至有卫士忍不住说："以前只看见伶人演杂剧的时候装假官人，今天开了个眼界，眼见张太宰装假官家。"

张邦昌当皇帝之后的表现，不管是放在当时，还是放在现在来看，都算是非常给赵氏面子了。按照惯例，既然当了皇帝，下发的命令就应该叫"圣旨"，王时雍等人也是按照这个规矩来办事的。但是张邦昌非常坚决地拒绝了这个请求："连孔子都不敢自居圣人，我怎么敢？今后我的所有命令都不叫'圣旨'，讨论之后的书面命令和口头命令叫'面旨'，内批叫'中旨'，传谕叫'宣旨'，手诏叫'手书'。"除此之外，他也不称"朕"，见百官只称"予"，王时雍奏事的时候说"臣启陛下"，也要被他呵斥。更重要的问题是，他连钦宗的年号"靖康"都一直没改。

三月十四日和三月二十三日，张邦昌两次给完颜粘罕（宗翰）和完颜斡离不（宗望）写信，说开封城内的百姓经过连日以来的根括，所有的积蓄都已经被一扫而空，虽然距离钦宗答应的数额还差得很远，但是请求两位元帅能够看在他刚刚嗣位的情况下，放百姓一条生路，将差额全部减免了。这两封书信还是有一定作用的。三月十九日，金人放缓了征催的节奏。三月二十三日，金人发了一个告示："这些天我们征收的金帛，全是犒赏士兵们的急用，现在虽然一直没能足数，但是好歹也算是到了一大半了。考虑到现在楚国刚刚建立，到处都需要钱，所以我们决定不再找民众征收金帛了，拖欠的就全部免了吧。"

金人退兵之前，曾经想留一支队伍在开封，名义上是保护张邦昌，协助他管理开封，实际上就是监视张邦昌和伪楚大臣的一举一动，顺便看看他们有没有私通赵宋余孽的行为。但是张邦昌让吕好问去非常坚决地拒绝了这个要求："南北风俗和法令都不一样，你们留一支队伍在这里，我们也没办法管理，你们犯法了我们不敢管，我们执法又要惊扰到你们，这不是自找麻烦吗？"金人想了一下无法反驳，于是要求留一个孛堇（女真语"长官司"的意思）在开封当武官。吕好问又推辞说："南方夏天酷热，孛堇那么尊贵的人万一热病了，我们怎么担待得起？"金人对这个说法表示感动，于是决定在开封不留军队，以孛堇明珠（明珠为人名）为河北路统军驻防浚州，以孛堇阿里（阿里为人名）为河东路统军驻扎在河阳，作为张邦昌的后援。

三月二十八日，金兵下城开始撤军，完颜粘罕（宗翰）与张邦昌交割开封，算是将这个被大家一起搞烂的烂摊子正式交给了伪楚政权，然后将一些他们觉得用不着但是张邦昌可能用得着的文官遣返回了开封。张邦昌顺势给完颜粘罕（宗翰）写信，说孙傅、张叔夜、秦桧当初是因为上书请求保留赵氏江山被扣的，他们既然能够忠于前朝，今后也能忠于大楚，金人留着这些刺儿头也没啥用，不如放回来让他们继续为大楚效力。这封信让完颜粘罕（宗翰）和完颜斡离不（宗望）非常生气，将张邦昌叫到金营中当面一顿大骂："你把这三个人要回去是不是依然想找一个赵氏的宗室来当皇帝？我们虽然要撤军了，但是你真要这样，我就驻兵不撤以观后效了！"这番话吓得张邦昌再也不敢提出类似要求，只是等金兵带着二帝撤走的时候，在南薰门全身缟素，设香案率领百官和军民遥辞，张邦昌甚至非常放肆地当着金人的面号啕大哭。

当然，大家千万不要被上述罗列的事件误导，登基之后的张邦昌在金人的指挥下，还是做了很多一个傀儡皇帝应该做的事情，否则单看这些事情的话，他简直就是在跟金人对着干了。完颜粘罕（宗翰）脾气再好，也不能容忍这么老是跟自己唱对台戏的傀儡皇帝，连钦宗他都能废，更不要说一个小小的张邦昌了。但是，我们从这些细节里也不难得出一个结论，不管是出于什么样的目的，张邦昌在对待赵宋的态度上，已经尽可能地做到最好了，至少比城里城外忙活着帮金人传递信息的吴开、莫俦，比帮着金人搜寻城里宗室皇族的王时雍、徐秉哲，比穷凶极恶逼迫开封市民交钱的范琼等人，表现要优异很多。

金人撤走以后，张邦昌不顾王时雍等人的反对，立刻开始向赵宋残余势力尤其是赵构疯狂表忠心，并于四月九日宣布退位，请元祐太后垂帘听政，自己行太宰事。

从这一步起，张邦昌就彻底离开了"皇帝"这个位置，他三月七日登基，到四月九日退位，史料上没记载他杀过人，连那些不承认他帝位的人、当面给他难堪的人也没杀过。单从行动上来看，不管是对赵宋还是对开封百姓，他把自己定位为"看守者"，这个任务完成得至少算是优秀了吧。

读到这些史料的时候，我觉得真的不能对他要求太多了。

赵构终于还是起了杀心

张邦昌主动归顺赵构时还不知，其家属早就被赵构控制了。张邦昌的弟弟张邦基在庐州（今安徽合肥）任通判，因开封局势不明，其母以及张邦昌的妻儿都在庐州暂居。张邦昌登基之后，派人带着敕书去庐州通知张邦基，但是送信人过亳州时被向子䛊抓获。三月二十六日，向子䛊派人去庐州将张邦基连同张邦昌的亲属全部拘捕，只等跟张邦昌一起发落。

张邦昌到了南京后，被赵构封为太傅同安郡王，听上去很尊崇，但是谁都知道他和赵构之间是肯定存在着关于皇位的芥蒂的，大家都很小心翼翼。结果第一个问题出在刚任命的工部尚书王时雍身上。有非常确凿的证据显示，王时雍在担任东京留守期间做出了大逆不道的事情。第一，金人索要皇族名单时，王时雍一个不漏，而金人索要太学生名单时，他没把自己女婿熊彦诗供出去。第二，金国废掉钦宗时，百官相持以泣，然后去南薰门哭泣请愿，王时雍竟不参加。第三，王时雍打着金人根括的旗号，把宫中不少宝物据为己有。尽管赵构此前表示对留守士大夫"一切不问"，但终于还是没能忍住。五月六日，王时雍遭贬；五月八日，王时雍再贬安化军节度副使，黄州安置。到这时，开封围城时未能尽大宋臣子本分的官员们已经明白事态走向。当日，翰林学士承旨吴开、吏部尚书兼翰林学士莫俦上书请罪，赵构顺势将他们罢职。至此，围城期间受伪命的官员们渐渐淡出权力中心，除了张邦昌。

张邦昌当时非常不安，连续上书自请贬职。朝中不少人担心，他是金人册封的大楚皇帝，处分他恐怕金人会以此为借口再度南侵。此前御史中丞颜岐就曾经建议："张邦昌是金人信任之人，现在虽然位列三公，建议再加同平章事增重其礼以换取金人欢心；李纲是金人厌恶之人，虽然陛下已经将他任命为宰相，但是最好趁他还没上任时将其罢官，这样才能让金人放心。"赵构只听了一半，给张邦昌稍微高一点儿的待遇，让他可以享受哲宗朝文彦博的待遇，一月两赴都堂，朝廷有急事就让宰相到他府第去议事，但是不改李纲的任命。颜岐对此很不满，连上五章要求罢免李纲讨好金人，终于把赵构惹怒："我登基也不是金人喜欢的，你准备如何处置我？"颜岐这才闭嘴再也不提。

张邦昌看到自己动不动就被拿到台面上来讨论，已经非常紧张了。六月一日，宰相李纲抵达了南京，让张邦昌更加紧张的事情发生了，他第二天便上书请求处理张邦昌，以鼓舞坚持战斗的军民士气、警告那些心怀不轨之人。这个请求让赵构很难堪，毕竟他刚刚才褒奖了张邦昌，如果因为李纲的到来马上又贬斥他，显得皇权很没有尊严，所以赵构没听。但李纲是一个很执着的人，六月三日他继续上书要求清算张邦昌的僭逆之罪，并且要求和反对者廷辩。无奈之下，赵构叫来黄潜善、吕好问、汪伯彦一起来跟李纲辩论。局

第四章 诛杀叛臣

面很快就一边倒，大家达成共识，张邦昌必须贬职，唯一的分歧就是留在行在，还是远窜小郡。李纲的态度非常坚决，以辞官来要挟远窜张邦昌，赵构无奈之下只能答应。第二天，张邦昌被贬至昭化军节度副使，潭州（今湖南长沙）安置。

尽管赵构也知道处置张邦昌会让金人兴兵，不过他也知道，即便不处置张邦昌，金人也不会跟他相安无事。哪怕他重新奉张邦昌为大楚皇帝，金人也会对他斩草除根的，只是时间早晚而已。

随着从开封来南京的人越来越多，围城期间某些士大夫的所作所为也开始渐渐传到了赵构的耳朵里，尤其是他们趁着帮金人根括金银的机会，在王府和宗室府中做出了一些让人极其愤慨的举动。前太府寺少卿陈冲、前大理寺卿周懿文、前添差开封少尹余大均等人到王府抄家，让王府的内人陪酒唱曲，还强行将王府女人带回家中；前吏部员外郎王及之抄家时侮辱宁德皇后（徽宗郑皇后）的亲妹，让王府婕妤陪他喝酒……至于利用金人赋予的职权收受贿赂、侮辱宗室、贪墨财物等恶劣行为，更是比比皆是。为金人办差可能是逼不得已，私底下收钱敛财可能是经济拮据，但是侮辱王府女子和宗室的行为，就绝对不是金人逼迫的了，这简直是置皇族威仪于不顾，视兵马大元帅几十万将士如无物。赵构一怒之下准备大开杀戒，在多方劝谏之下才决定饶他们一命，改为重处，以泄心头之恨。

但是没过多久，在开封当伪楚皇帝时中规中矩的张邦昌也被人揭发了。他在大内跟徽宗的嫔妃华国靖恭夫人李氏举止暧昧，某晚喝酒之后，李氏搂着他说："事已至此，你还担心什么？"当晚张邦昌再也没能把持住自己，搂着李氏回到了福宁殿，随后李氏派自己的养女陈氏侍寝张邦昌。自此，张邦昌对陈氏念念不忘，后来有一次张邦昌的姐姐进宫，张邦昌让姐姐的一个婢女把陈氏替换出来，收到自己身边。除此之外，等元祐太后垂帘听政、张邦昌搬出皇宫的时候，李氏竟然当着众人的面去送行，而且还说了不少对徽宗不敬的话。赵构忍无可忍，当即命令将李氏收治拷问，果然如议者所言。七月二十八日，赵构将李氏脊杖之后降配军营务为妻。

关于这件事，还有另外一种说法。李氏之所以没有被金兵带着一起北上，是因为已经被赏赐给张邦昌了。至于赏赐者是徽宗还是完颜粘罕（宗翰），众说纷纭。这样的说法对于李氏来说更合理一些，但是对张邦昌来说更委屈一些。

不过赵构还是没有对张邦昌立刻下手，也许他一直想着，总有一天张邦昌会成为自己和金人之间的缓冲人物。

但是等到九月，金兵终于南侵，赵构无奈南下扬州避敌。这时候，张邦昌的存在不但没有了缓冲意义，赵构反而还担心他被金人重新扶正。于是，出发之前的两天，也就是九月二十五日，他派殿中侍御史马坤去潭州将张邦昌赐死。张邦昌住在潭州天宁寺，马坤读完诏书之后，张邦昌徘徊不肯自尽，是被人赶上寺内平楚楼自缢而死的。张邦昌的伪国号是"大楚"，结果被赐死在平楚楼，也算是天意了。只是不知道，张邦昌在死之前有没有后悔。

不过赵构也没有赶尽杀绝，虽然张邦昌的儿子张元亨、哥哥张邦荣、弟弟张邦基、女婿廉布、侄女婿吴若等人都受到了处分，但是在建炎三年（1129年）二月都得到了宽恕，张邦基更是一直活到了至少二十年以后，因为张邦基传世的著作《墨庄漫录》里提到，自己"绍兴十八年（1148年）见到赵不弃除侍郎"。

第五章 失去独子

建炎元年（1127年）六月十三日，潘贤妃在南京应天府为赵构生下了儿子赵旉。因为赵构的邢皇后在流落金国之前并没有为赵构生下儿子，所以赵旉成了理所当然的皇位唯一继承人。建炎三年（1129年），赵构在杭州遭遇了苗、刘兵变，被逼将皇位传给了赵旉，随后赵构在孟太后、朱胜非、张浚等人的支持下复辟成功，将赵旉立为太子。然而，就在当年的七月十一日，年仅两岁的赵旉在建康病故。此时赵构才二十二岁，正值人生最青春的年华。但是从此以后，他再也没有生下过一个儿子或者女儿，这个在靖康围城中幸运逃脱的皇子最终没能将宋徽宗的血脉传下去，而是不得不效仿当年的仁宗皇帝，选择将宗室的儿子作为养子来继承自己的皇位。这个年仅两岁的太子是怎么病故的？为什么赵构再也没有儿子了？

第五章　失去独子

带着儿子南逃到了扬州

建炎元年（1127年）五月一日，赵构在南京应天府称帝之后，五月二日立刻将孟太后重新册封为太后，两天之后，他又将流落金国的生母韦贤妃上尊号为"宣和皇后"。至于同在金国的王妃邢氏，他也没有忘记，将她册封为正宫皇后，也算是给这位远在异乡的夫人一个她并不知道的安慰。

邢皇后并没能给赵构生下儿子，赵旉的生母潘氏是赵构在靖康年间纳的小妾，她的父亲叫潘永寿，在翰林医官局供职。靖康元年（1126年）正月，金兵即将攻城的时候，徽宗南逃，赵构的生母韦婉容也从大内出来准备回娘家避祸。当时韦婉容的境况非常凄凉，身边只有一个丫鬟帮她背着包袱，仅此而已。韦婉容经过潘家的大门时，潘永寿的弟媳，也就是潘永思的妻子正巧在门口，一眼就发现韦婉容气度不凡，于是招呼她进屋避风寒。韦婉容进去之后做了一个自我介绍，潘永寿的弟媳一边让潘永寿的女儿出来帮忙招呼客人，一边派人去韦婉容家里通知她的亲属来接。韦婉容听说潘家小姑娘还没嫁人，于是就跟潘家商量说干脆去康王府算了。双方一拍即合，当天韦婉容就带走了潘氏。

潘氏很得宠爱，在赵构第二次出城去金营的时候已经怀孕三个月左右了。开封城破之后，潘氏因为不是赵构的正室，所以就没有被列入金人的搜捕名单，再加上她躲得快，早早就离开了康王府，所以非常幸运地逃过了金人的抓捕。金兵撤走以后，吕好问迅速派人去寻找潘氏的亲戚，竟然找到了还有两个月就要临盆的潘氏，然后派兵将她护送到了南京。五月十三日，惊喜万分的赵构将潘氏封为贤妃，要不是吕好问的阻止，赵构甚至想把她立为皇后。

一个月之后的六月十三日，潘贤妃生下了一个皇子。赵构非常高兴，给他起名赵旉，按照惯例大赦天下。这是赵构的第一个儿子，他十分看重，等孟太后来了之后，立刻让潘贤妃带着孩子跟孟太后一起南下避敌，于十月二日抵达扬州。

十月二十七日，赵构在扬州和后宫会合，一直到建炎二年（1128年）十一月孟太后带着潘贤妃、赵旉一行人离开扬州去杭州，他们在这里度过了虽然不算安全但是跟徽宗等人比起来还算愉快的一年多的光阴。

在这段时间里，全新的赵构政权已经和金国在战场上进行了多次交锋。准确地说，是金国已经多次暴揍了赵构的手下，不管是西北战场还是中原战场，经历了靖康大溃败之后的宋军表现出来的战斗力和金兵完全不是一个级别的。尽管赵构不断派人出使金国，希望自己能够和金国在外交层面上对上话。但是金人显然没有任何谈判的欲望，把赵构先前派去的通问使傅雱狠狠羞辱一顿赶了回来，给了一封羞辱意味极强的国书，甚至连基本的礼物都没让傅雱带回来。

建炎元年（1127年）十一月十四日，完颜粘罕（宗翰）在云

第五章 失去独子

中纠集重兵分道入侵：东路由窝里嗢统领进攻山东，西路由完颜粘罕（宗翰）亲自统领进攻京西，娄室带兵进攻陕西。这一仗打得赵构的军队丢盔弃甲，金人一度占领了山东、荆襄、河南、陕西、河北的大部分土地，要不是宗泽镇守的开封已经没有什么价值，开封也早就沦陷了。

这次危机的渡过多亏了天气转暖，极度不习惯夏天作战的金兵主动北撤。到了建炎二年（1128年）五月十三日，赵构又派了宇文虚中去金国，寻求在谈判桌上找到迎回父母的办法。然而这一切并没有什么用，建炎二年秋天降温以后，金兵再度南下。此时宗泽已经病逝，赵构重新安排了杜充和郭仲荀搭档留守开封，自己开始考虑去建康避敌的问题。原因很简单，打开地图就能发现，扬州距离开封并不远，金人铁骑如果从开封、洛阳之间出发，四五天之内就能抵达扬州城下。而且更重要的问题是地势，就连吏部侍郎魏宪这样的文官都看出来情况的严峻："扬州面朝中原背靠大江，这样反天险驻扎，敌军一来不就把我们困死在城里了吗？"

意识到危险的赵构很快就采取了行动，先让孟太后、潘贤妃、赵旉等人渡江去杭州，这里除了有长江天险拱卫，还有一个巨大的钱塘江口可以随时下海。而赵构一个人就带着百官留在扬州，一旦遇到紧急军情就可以马上渡江。至于守扬州这个问题，赵构完全没想过，他赌的是金人打不到扬州，而不是攻不下扬州，因为扬州城的破敝大家有目共睹，连从没打过仗的言官都上书说，扬州城墙常人即可攀缘而上，护城河可以步行往来，实在是不堪大任。

到了年底，赵构将手下的文臣武将重新做了一番布局。任命韩世忠为御营平寇左将军驻淮阳，派殿中侍御史张守去抚谕开封，任命黄潜善和汪伯彦为左、右相，鉴于两位宰相都不怎么懂打仗，特地让礼部侍郎张浚来做参赞军事。按照这样的布局，赵构觉得中原地区有官员策应，淮河边上有精兵驻防，扬州城里有大臣措置，金人虽然攻势凶猛，也很难打到扬州。即便打到扬州来，他精心布置的防线也能够延缓敌人的进攻，给他留出足够的时间渡过长江。以户部尚书叶梦得为首的不少官员上书，说淮北屡屡出现敌情，希望赵构能够尽快过江，当然也带着他们尽快过江，驻扎长江南岸的镇江或者建康，这样依托长江天险至少不会被金人偷袭。赵构看着自己的布局，非常爽快地否决了这个说法："从扬州到瓜洲渡口不过五十里地，等金兵的警报来了之后再走也不迟。"

自信的赵构就这么放心大胆地留在扬州，他并不知道，不久以后，他就要迎来人生的第一场大溃败，改变他命运的大溃败，重塑他性格的大溃败。

一场荒诞而惨烈的大溃逃

日子一天天过去，前方失地的消息不断传到扬州，北京大名

第五章 失去独子

府、青州、潍州、徐州等地纷纷沦陷，除了陕西还能依托地形跟金人抗衡一下，整个北方已经差不多都插上了金人的旗帜。民间已经开始有不少议论，说："军情一天比一天紧急，但是黄潜善和汪伯彦两位宰相大人却根本没有御敌之策，一旦金兵杀到扬州城，手无寸铁的百姓如何保命？"尽管赵构还留在扬州没走，但是鉴于后宫已经去了杭州，朝廷的内帑正在源源不断地搬往建康，所以百姓和不少官员已经开始明目张胆地搬家出城避祸。走的人越来越多，扬州的民心越来越不稳，建炎三年（1129年）正月二十一日，两位宰相发了一个命令：禁止官员搬家出城，违者流放两年，动摇人心者流放两千里。

如你所料，命令一出，民间更加慌张了，因为这证实了"很多官员开始逃走"的传言。在这样的想法驱动下，从扬州到瓜洲渡口的水陆道路整日络绎不绝，长江北岸的渡船价格日日猛涨。赵构依然还很稳得住，因为他知道，有他最为倚重的韩世忠在，金人就不能那么轻松地杀到扬州城下。

但赵构没想到的是，韩世忠崩盘了。韩世忠在淮阳本来联络了山东的义兵一起来对抗完颜粘罕（宗翰），金兵从京东过滕县直趋淮阳，韩世忠对比了一下双方兵力，发现打不过，竟然不战而退至宿迁，随后再逃奔沭阳。到了沭阳之后，韩世忠又做出了一个更加惊人的举动，正月二十七日，他趁着当夜涨潮悄悄带着自己帐下亲随弃军渡河而直奔盐城，他手下诸军到了天亮才发现自己的主帅失踪，于是大军尽皆散去。

韩世忠这扇屏障一撤，金人南下简直是如履平地，泗州（今安徽泗县）、楚州（今江苏淮安）相继沦陷。一月三十日夜晚，沦陷前的泗州守臣阎仅将自己抓到的金人斥候送到扬州，本来是想请功的，但是宰执一看金人已经近在咫尺，当即决定连夜将剩下的内帑搬运出城准备渡江，并且将御舟早早停靠到江边。这一举动深深震慑了扬州百姓，他们发现连皇帝和朝廷都已经随时准备撤离了，说明逃难的时候到了。从当天晚上开始，扬州城的百姓开始不顾阻拦南逃渡江，整个城市的慌乱像极了靖康年间的开封。

在迫不得已的情况下，赵构下令让扬州市民从便避敌。其实赵构二月一日就想渡江了，但是黄潜善等人让他一定要留下来安定军心，况且左藏库的金帛才搬运了不到三分之一，赵构这一走，剩下的恐怕就再也搬不走了。

二月二日，扬州城的局面几乎已经到了不可收拾的地步，居民争门而出，践踏而亡者不可胜数，江面上的公私船舶往来交织，跬步不容进，满城都是喧哗哭泣，满街都是奔涌人群。返回扬州的边报真真假假多如牛毛，已经让朝廷无法准确判断前线的局势。有消息说，金人已经打到了距离扬州不足百里的天长军，赵构实在是坐不住了，派了内侍邝询去天长探查。

二月三日上午十点左右，邝询带回来一个让人极度震惊的消息："金人已到，天长已陷。"听到这个消息，赵构披上甲胄带着王渊、康履等人骑马出城去瓜洲登船渡江。经过扬州街市的时候，市民们发现了赵构逃走的行为，开始当街大喊"官家去也"。从这一刻开始，扬州城的骚乱便不可避免了。

第五章 失去独子

但是赵构已经顾不上那么多了,他必须在金兵铁骑赶到扬州之前渡江,否则就会重蹈徽宗和钦宗的覆辙。经过扬子桥的时候,一个亲事官出言不逊动摇军心,被赵构一剑杀死。不出意外的话,这可能是赵构第一次杀人。稳住了局面之后,赵构等人直奔江边御舟而去。到了瓜洲之后,他们发现情况比预想的更糟,江面上的船只已经将御舟牢牢挤在岸边,如果登上御舟过江,可能一两个时辰都无法离岸。一筹莫展之际,有人找到了一艘小船,赵构等人情急之下放弃御舟乘小船渡江,在波涛汹涌之中幸运地停靠在了江对岸。

而剩下的官员和扬州市民就没有那么幸运了。

赵构从扬州穿城而过之后,宫中大批人员跟着一哄而出,城里一片大乱。黄潜善和汪伯彦正在都堂吃饭,听到消息之后当即上马狂奔而去,军民在城门挤成一团,死者不计其数。赵构出城之后不久,金人的游骑就来到了扬州城下,此时扬州已经无人守城,百姓甚至家家准备好香案鲜花迎接金人入城。过不多时,更多金兵赶到,直接入城询问赵构的下落,百姓们指着瓜洲方向说"已经渡江了",金兵立刻直奔瓜洲渡口而去。申时,等金兵赶到瓜洲扬子桥的时候,宗庙神御、国家府库储积及权贵之家的物资已经在江边装好了船准备渡江,奈何此时潮水未至大船无法下水,侥幸入江的物资不到百分之一二,剩下的全被追上来的金兵抢走。

二月四日,金兵的主力部队终于抵达了毫不设防的扬州城,心怀恐惧的扬州百姓仓皇南逃,不论男女老幼贫富贵贱,数十万人挤在瓜洲渡口。黄潜善、汪伯彦等刚离开扬州，就有不少士兵和暴民开始趁乱抢劫，抢完了城里之后又尾随逃难的百姓来到瓜洲渡口继续抢劫，局面已经完全失控，百姓的怨气抵达了顶点。司农卿黄锷刚刚赶到江边，有军人指着他大喊"黄相公在此"，愤怒的百姓以为他是贻误军机的黄潜善，一拥而上将他拖下马来。黄锷还没来得及声辩，脑袋就已经被人砍了下来。黄锷的遭遇只是官员们的一个缩影，当天官属性命不保者十之六七，而眷属被杀者更多。等到金人赶到的时候，场面更加恐怖如地狱，数十万军民被金兵驱赶着投江，不从者当场杀死，身亡者过半，江边无主金银财宝散落一地唾手可得。这一场大溃逃，让扬州人很久都对赵构没什么好感，他们甚至喊出了"天子六宫过江静处，我辈骨肉岂不是人"的口号。

尽管正史上没做记载，但是有众多的民间传说和野史都指向了同一个结论：这次金兵的突袭给赵构造成了非常严重的后果。邝询急急忙忙赶回来报告消息的时候，虽然是上午巳时，但是二十二岁的赵构正和嫔妃们玩乐，过度的惊吓直接导致了赵构此后再也无法生育。

第五章 失去独子

武将造反，他被逼退位

赵构在建炎三年（1129年）二月三日渡过长江之后，抵达了长江南岸的西津口，随后在数量极少的亲随护卫下来到水府庙休息。坐定之后，赵构才有时间腾出手来用靴底擦干净杀过亲事官的手剑。不久之后，镇江府的官员收到了赵构渡江的消息，知府钱伯言派兵来接，留在扬州的官员们也陆陆续续渡江而来。

晚上，赵构在镇江府将仅存的官员们召集起来商议下一步是去建康还是去杭州，所有人都被当天的紧急情况吓坏了，一边倒地要求去杭州，离金兵越远越好。在场的禁卫军听到这个消息，当场表达了不满，因为他们的家人都没来得及渡江，赵构立刻安排镇江府派船过江去接他们的家属，才勉强安抚了禁卫军。但是这件事已经在军队中埋下了一颗不安的种子。赵构在镇江只住了一晚上，条件非常简陋，连像样的被子都没有，赵构是拿出随身携带的一张貂皮铺一半盖一半才睡着的。

二月四日一早，赵构就被误判了对岸军情的王渊紧急叫起来出发去杭州，留下刘光世扼守长江防线。二月十三日，赵构抵达了杭州，以州府为行宫，以显宁寺为尚书省，此时百司官吏赶到杭州的还不到两成。一路上，赵构都在不停地布置沿江防务，以吕颐浩签书枢密院事总揽全局，派张浚守吴江，杨惟忠守建康，刘光世守京口，王渊守姑苏。此时，韩世忠还在海上没回来，范琼还在淮西，赵构身边扈从的将领只有苗傅一人。

好在金兵并没有渡江追杀，警报算是暂时解除。赵构迫于民愤，将黄潜善和汪伯彦罢职，然后准备巡视江防提振一下大溃败之后的士气。三月初，赵构完成了朝廷人事的最后一块拼图：跟他一起过江的王渊调到杭州任同签书枢密院事，朱胜非拜相，然后下旨让有司选择四月上旬的一个吉日出发去建康。

危机就在三月四日退朝以后开始降临，这其实就是扬州大溃败积压的矛盾都汇集到了一起爆发出来而已。宰相朱胜非单独留下来奏事，说赵构对王渊的任命在军中引起了很大的不满，尤其是苗傅和刘正彦，他们此前跟王渊就有过节，现在觉得王渊是因为跟宦官康履等人勾结才得到赵构信任的。至于从康王时期就跟着赵构的康履，也因为太过飞扬跋扈早就被武将们视为眼中钉。这次跟着赵构从扬州渡江，军情如此紧急，将士家人流离失所悲痛不已，康履在吴江竟然带着宦官射鸭为乐。抵达杭州之后，他又带着宦官们在道路中央搭棚观潮，惹得很多军官咬牙切齿。

朱胜非走后，赵构立刻找来康履准备狠狠敲打一番，谁知道康履惊慌地告诉他，苗傅正在调动兵马，明面上的理由是临安县有巨盗需要剿灭，但其实是要去城外的天竺寺聚会，不知道要做什么。当天晚上，自以为掌控全局的王渊派了一个将领带着五百精兵去天竺寺埋伏，准备趁苗傅聚会的时候将其一网打尽，算是给有些忐忑的赵构吃下了一颗定心丸。

第五章 失去独子

三月五日是神宗的忌日，赵构一大早就起来去正殿集合百官给神宗行香。仪式刚结束，中军统制官吴湛就派人来急报，说苗傅和刘正彦率领手下全副武装在大街上拦住了刚刚退朝的王渊，刘正彦亲手砍下了王渊的人头，然后带着人马来到大内要求奏事，吴湛现在正死守大门。朱胜非顿时醒悟过来，昨晚关于天竺寺的情报是苗、刘的调虎离山计，目的是把王渊的兵力调出城外，自己好在城内下手。

既然杀了王渊再逼宫，那就是明明白白地造反了，朱胜非赶去门口，想试试看能不能利用宰相的权威弹压下来。不出所料，朱胜非的努力以失败告终，赵构在杭州知府康允之的请求下亲自上御楼抚慰军士。此时的苗、刘已然破釜沉舟，用一根长竿高高挑起王渊的人头，要求赵构交出康履以平将士之怨。

相对于王渊来说，康履更让赵构割舍不下一些。康履跟了他很多年，办事利落忠心耿耿，如果真把他交出去，一是舍不得多年的情分，二是担心其他宦官今后怀有二心。他们都是随时在赵构身边出现的人，一旦有不轨之心，对赵构的威胁恐怕不比军队哗变小。赵构越犹豫，场面越紧张，百官越慌乱，在这样的情况下，赵构选择了妥协，派吴湛去找康履，吴湛毫不含糊，找到了躲在清漏阁天花板上的康履。赵构不顾康履的苦苦哀求，将他送出门交给苗傅。苗傅当即将康履腰斩，并且把他的人头跟王渊挂到一起向赵构示威。赵构以为满足要求之后他们就退军了，但是没想到苗傅等人得寸进尺，提出了让赵构瞠目结舌的条件：赵构退位当太上皇，传位给两岁的皇子赵旉，请孟太后垂帘听政，然后和金人议和，迁都建康。

城下大军逼宫，城内百官束手无策，赵构万般无奈兼心灰意冷之下，同意退位，派吴湛去请孟太后。在等待孟太后的过程中，赵构坐在城楼上的一张竹椅之中，北风劲吹，门无帘帏，因为他抛弃了康履，内侍们连毡毯都不为他送上一张，显得格外凄凉。

不久之后，孟太后赶到城楼之上，赵构立刻站起来退到一旁。百官颇有些不好意思，都来劝他坐下。赵构五分赌气五分愀然地回答："现在我已经没资格坐这里了。"问清楚了情况的孟太后展示出让所有人都震惊的果断和勇气，她不顾阻挠，要亲自下楼去和叛军交涉。朱胜非见孟太后极其坚决，决定陪着一起出门，也好有个照应。出门之前，孟太后回过头来看着赵构和百官说："我踏出这道大门之后生死未卜吉凶难测，现在我就算跟你们告别了。"

孟太后虽然迸发出了极大的勇气，但是苦于手中没有任何谈判筹码，依然没能说服叛军，苗傅甚至开口威胁："三军将士从早至今尚未吃饭，再拖下去可能生变，请太后三思！"孟太后回城之后与赵构和朱胜非商量，终于决定先同意苗、刘的要求，暂且渡过这一难关再说。

随后，朱胜非在赵构的授意下与苗傅约定四条：赵构当太上皇之后享受当年徽宗的待遇；今后所有事务听孟太后和新皇处理；门外所有将士各自归营；不得纵兵抢劫杀人放火。

苗、刘同意之后，赵构正式降诏退位，将大权交给了孟太

第五章 失去独子

后，离开行宫出发去显忠寺。这里已经被改成了"睿圣宫"，赵构也得到了"睿圣皇帝"的尊号。

这时候，赵构还不满二十二岁，这个年轻人登基还不到两年就失去了帝位，名为太上皇，实为废帝。他不知道自己接下来的命运如何，苗傅等人会不会继续对他斩尽杀绝，他只有等待时局的变化，看看自己还有没有机会夺回这个皇位。

当然，保命是第一位的。

反攻，夺回自己的皇位

从建炎三年（1129年）三月六日起，孟太后开始抱着赵旉垂帘听政。赵构一直记着朱胜非给他说过的话："苗、刘二人勇武有余学识不足，陛下且让我尽快想办法。"赵构知道朱胜非说的办法，就是吕颐浩、张浚、张俊、刘光世、韩世忠等在外的文臣武将，他们虽然谈不上对赵构有多么忠心，但至少不会效忠并不如他们的苗傅和刘正彦。不过赵构并不敢表现出什么，因为睿圣宫的侍卫名义上是他自己的亲随，实际上他也不知道现在里面混杂了多少苗傅的眼线，更不知道某一天苗傅会不会狗急跳墙对他下手。

苗、刘二人也没闲着，他们开始按照自己的构想重新布局朝廷的重要位置，不过尴尬的是，不少文臣武将明确表示不接受他们的任命。苗、刘不知道的是，三月十日，朱胜非在孟太后这里取得了足够的信任，双方决定结成同盟帮助赵构复位。苗傅的手下一共有两万五千人，以朱胜非当时的能力毫无胜算，所以他和孟太后一直在做着三方面的努力：

第一，先稳住苗、刘，能够满足的条件一定满足，不能满足的也要给出足够说服他们的理由。三月十一日，孟太后按照他们的意思改元"明受"，随后又将苗傅封为武当军节度使，刘正彦封为武成军节度使。至于迁都建康与跟金人议和两大问题，朱胜非也以"安全"为由非常顺利地说服了苗、刘暂缓行动。

第二，尝试着分化苗、刘的手下，重点的突破口是王钧甫、马吉柔、张逵三名武将。朱胜非的原则是，这三人哪怕是不能弃暗投明帮着平定叛乱，至少也不能成为叛军的中坚力量。

第三，朱胜非开始背着苗、刘用蜡书联络在平江（今江苏苏州）驻扎的张浚，以及在建康驻扎的吕颐浩。事实上，在他的蜡书还没到的时候，这两人就已经从赦书里面发现了端倪。

在核实了情况之后，他们一边开始通知其他武将，一边主动向杭州靠拢。

苗傅等人虽然学识不足，但也并不是傻子，慢慢发现了正在降临的危险。他们决定先解除张浚的兵权，因为他看上去就跟自己并不齐心，但是张浚一句话就把他说服了："没有我，你喊得动那帮武将？"随后，苗傅想替换赵构的侍卫，被尚书右丞张澂制止；想带着赵构巡幸徽州（今安徽歙县）、越州，又被朱胜非

第五章 失去独子

制止。

经过这样的试探，孟太后和朱胜非的心态发生了很大的变化，他们发现苗傅、刘正彦这种军队出身的人在打仗方面的确心狠手辣，但是政治权谋跟这些老谋深算的文官比起来差距确实太大，这让朱胜非看到了迅速夺取胜利的可能性。

在建康手握重兵的吕颐浩最先吹响了反攻的号角。三月十二日，吕颐浩上书请求赵构复位，这封札子仿佛如同一道勤王的檄文，将苗傅的行为定性为叛乱，让在外驻守的文臣武将都明白杭州到底发生了什么。很快，辛道宗以青龙海船载兵从水路绕到了钱塘江口，堵住了苗傅下海的退路；吕颐浩带兵来到了丹阳，并且与主动前来勤王的刘光世会师；韩世忠带着自己的部队从海路来到了平江。

外围的部署已经全部完成，接下来就是要考虑如何突进杭州勤王。张浚首先想到的是在避免流血冲突的情况下平息这场叛乱，但是苗傅等人还想做最后的挣扎，上书要求孟太后下诏诛杀张浚。这就标志着双方正式撕破脸皮了，勤王军队可以正大光明地朝着杭州进发了。苗傅等人其实已经意识到了问题的严重性，三月二十二日，苗傅已经开始找人去占卜问吉凶了。

最先有实际行动的人是韩世忠，但是他并没有跟苗傅发生正面冲突，而是给他写了一封信，说自己刚刚遭遇大败，希望来杭州为苗傅效力以换取粮饷。韩世忠的理由非常过硬，大喜过望的苗傅当即同意了这个请求，于是韩世忠从平江来到了距离杭州不到二百里的秀州（今浙江嘉兴）。苗傅还是有点儿不放心，按照惯例扣留了韩世忠的妻子梁红玉和儿子韩亮作为人质，这让韩世忠有点儿投鼠忌器，只能称病在秀州驻扎下来。这时候，朱胜非想了一个大家都觉得很荒谬的理由去说服苗傅："城内的兵力和城外相比相差悬殊，我们不能硬拼只能安抚。城外之所以兵情汹涌，是觉得城里已经兵戎相见你死我活。当前最重要的任务是让他们相信城里是祥和安宁的，我看最好就是派韩世忠的妻儿去当面跟他说清楚。"谁也没想到，苗傅竟然同意了朱胜非的方案。梁红玉出发之前，孟太后拉着她的手叮嘱道："国家艰难至此，韩太尉第一个来救驾，你告诉他速速带兵前来。"三月二十四日，得到命令的梁红玉带着韩亮一天一夜疾驰二百余里直奔秀州，向韩世忠传达了孟太后的旨意。

三月二十五日，城外的吕颐浩、张浚、韩世忠、张俊、刘光世、辛道宗等人的军队已经全部集结完毕，发布了勤王的檄文，正式向杭州进发。苗傅害怕了，主动找到赵构商量，最终与孟太后、朱胜非等达成一致：重新奉钦宗为皇帝，赵构称皇太弟、康王，领天下兵马大元帅，赵旉称皇太侄监国。至于苗、刘二人，他们要求的条件是"免死铁券"。孟太后和朱胜非商量了一下之后非常爽快地答应了。苗傅等人不知道，但是孟太后和朱胜非知道，免死铁券并不能免"大逆之罪"，这将是为他们挖下的一个巨大陷阱。

朱胜非、张浚、吕颐浩等人从苗傅的态度上已经看出他们的忐忑、软弱和惶恐，他们觉得现在到收网的时候了。二十七日，勤王大军正式向杭州进发：韩世忠为前军，张俊负责侧翼，刘光

第五章　失去独子

世分兵游击和殿后，吕颐浩和张浚统领中军。如此浩大的声势显然吓坏了苗傅，他开始调兵扼守勤王大军的进发路线，但是他开始惊恐地发现，已经有部队不听他的指挥了。

二十九日，朱胜非决定摊牌，把苗傅和刘正彦叫到都堂来做一个最后通牒。苗傅本来有两个选择，一是挟制赵构做最后的挣扎，二是投降争取免死。在朱胜非的游说下，苗傅选择了投降，然后带着人战战兢兢来到睿圣宫请赵构重新登基。他们找赵构再要一个以皇帝名义发出的免死铁券，但是赵构以自己还没复辟没资格为由拒绝了他们，他们也没敢发出异议，只找赵构要了一封没什么效力的普通信函，找人送给了韩世忠。

一切准备就绪之后，四月一日巳时，赵构在朱胜非的扶掖下回到行宫，重新登上皇位。这场持续了二十多天的危机到现在为止算是即将化解，虽然苗傅还没有彻底放下武器，赵构没有获得绝对的安全，但是毕竟赵构已经重新回到了自己的御榻之上。

不到三岁的儿子被吓死了

从建炎三年（1129年）四月三日起，赵构开始重新使用他的"建炎"纪年。重掌大权的赵构毫不含糊，第一天就下达了两道让苗傅等人瑟瑟发抖的诏令：第一道是将还在城外五十里的临平驻扎的张浚任命为知枢密院事，剥夺了苗傅和刘正彦的调兵之权；第二道是宣布三月五日也就是兵变之后的所有命令全部作废，由赵构重新审核之后再决定是否下发。

对苗傅等人来说，更大的恐慌还在后面，当天，韩世忠、张俊、刘光世依次对杭州城发起了进攻，将驻守在临平外围阵地的苗翊等人杀得大败而逃，一直冲到了杭州城下。让人觉得非常意外的是，苗傅等人当初发动兵变时的勇气现在荡然无存，他们完全放弃了"挟持赵构为人质"这样一个计划，在朱胜非的再次建议下，规规矩矩找赵构要了一份丹书铁券逃出城外。

苗傅等人走后，韩世忠、刘光世、张俊等人终于进城。当晚，赵构非常失态，拉着韩世忠的手痛哭了一场。这一哭让韩世忠大为感动，在赵构的命令下去诛杀了兵变期间一直帮着苗傅等人的中军统制吴湛。尽管赵构从扬州仓皇南逃的罪魁祸首就是韩世忠，但是在这样的情况下，赵构已经无意再追究韩世忠的责任。这一仗，也让韩世忠从此以后成为赵构最信任的武将。

四月四日，孟太后撤帘还政于赵构，当天退朝之后，朱胜非留下来再请辞官："三月五日兵变，我这个当宰相的没能保护好陛下，早就应该以死谢罪了。之所以苟且偷生到今天，不过想要帮助陛下复辟而已。现在任务完成了，我也到了应该被罢职的时候了。"朱胜非的理由让人无法拒绝，赵构只好同意了他的辞呈，并在他推荐的继任者中选择了吕颐浩作为新的宰相。之所以没有选择张浚，并非因他不够称职，而是因为他确实太年轻了，三十三岁的年纪位列执政已经很让人惊叹了，如果再拜相，恐怕

第五章　失去独子

又会重蹈一个月前王渊的覆辙，到时候再有什么武将杀张浚然后逼赵构退位，恐怕他的皇位就再也经不起这么折腾了。

等到四月七日，一切布局已经完成，赵构开始论功行赏：刘光世、韩世忠、张俊三大武将全部建节以表彰其忠心，其余有功之臣各有封赏，被苗傅所杀的王渊和康履也予以追赠。处理好了杭州的事情，赵构开始按计划巡幸建康。当时正当夏季，金兵不会南下，巡幸建康既能够确保安全，也能够告诉天下他复辟成功，的确是最好的策略了。

四月二十日，赵构留下郑毅保护孟太后，从杭州出发去建康，五月八日抵达。这一路十八天，他一共做了三件事：第一，立唯一的儿子赵旉为太子，今后继承大统；第二，派张浚去经营川陕，守住大后方；第三，派人去镇江祭奠被砍头的陈东，收天下士子之心。

对于已经逃走的苗傅等人，赵构给手下们定下来一个原则：除了苗傅、苗瑀、苗翊、刘正彦、王钧甫、马柔吉、张逵七人之外，其余一切不问。追捕苗傅等人的任务，赵构交给了主动请缨的韩世忠，韩世忠出发之前拍着胸脯说，一定生擒苗、刘二贼送到都城千刀万剐，为宗社雪耻。到了七月五日，韩世忠果然没有食言，将苗傅和刘正彦押到了建康。根据韩世忠的奏词，苗、刘等人一路逃奔至衢州江山县时，王钧甫和马柔吉被裨将张翼所斩；再逃至建州蒲城县时，为韩世忠大破，刘正彦坠马被擒，苗瑀、苗翊、张逵等人皆降；此战以后，苗傅改名换姓伪装成商人，被建阳土豪詹标识破，缚送至韩世忠处。至此，名单上的七人无一漏网。赵构非常干脆利落地命令将二人在建康街头处以磔刑枭首示众，也算是将这场逼得他退位的叛乱做了一个完整的结案。

几天之后的七月十一日，建康行宫里发生了一件大事，那个当过明受天子的皇太子赵旉夭折了。太子自从兵变之后身体一直不太好，当天在房间休息的时候，一个宫人不小心踢翻了地上的铜鼎（一说铜炉），被响声惊醒的太子当即抽搐不已，当天便夭折。赵构将宫人斩于庑下，然后在建康城里的铁塔寺为赵旉举行了一场法事之后匆匆下葬，谥号元懿太子。

赵旉病死这件事，存在着诸多疑点，甚至有人怀疑这出于赵构的授意。

苗、刘之变刚刚平定后不久，张浚就曾经给赵构建议，虽然赵旉不到三岁，但是天无二日国无二主，怎么处理张邦昌就应该怎么处理太子。张浚的意思很明白，皇子将来可以再生，但是江山只有一座，万万不能有任何闪失。今后一旦有什么风吹草动，太子又要被人拿出来当成逼赵构退位的武器。其实这个时候赵构已经失去生育能力了，但是有可能张浚并不知道实情，赵构自己知道实情但是觉得并没有那么严重，还抱着能够治好的希望，所以同意了这个方案。

至于赵旉究竟是怎么死的，现在已经没有什么明确的答案了，但是这件事对赵构造成了一个非常严重的后果，他永久地失去了自己血统纯正的接班人。此后的很长一段时间，他都将陷入如何选择太子的纠结之中。

第六章 偏安杭州

赵构是在绍兴八年（1138年）才最终选择了杭州作为国都的，此时他已经当皇帝十一年了。但他自始至终都没有正式宣布过把这里当成国都，直到绍兴三十一年（1161年）完颜迪古乃（汉名亮）南侵的时候，南宋的公文依然把杭州称为"行在"，也就是皇帝出巡临时居住的地方。之所以这样做，是因为"放弃开封"始终是一个不能直接说出的问题，放弃开封就意味着放弃大宋的国之根本，放弃巩义的祖宗皇陵，放弃率领大宋子民复国的梦想。随着局势的发展，当开封在实际操作层面上已经完全不适合作为国都的时候，赵构迫不得已需要选择一个稳定的地点作为名义上的行在、实际上的都城。他曾经拥有过包括西安、襄阳、建康、武昌、长沙在内的很多选择，其中建康甚至和杭州竞争到了最后一刻，但赵构最终还是选择了钱塘江北岸的杭州。他为什么会选择偏于一隅的杭州？是什么原因导致他做出这个决定的？在做出这个决定的过程中他经历了什么？

第六章　偏安杭州

没有一个定都建议是他喜欢的

开封是宋太祖赵匡胤选择的都城，不过他建国的时候并没有太多的选择空间，因为彼时他手里的大城市只有开封这一座，所以毫无悬念地继承了后周留下来的政治遗产。赵匡胤到了执政后期，也开始认识到开封并不是一个适合建都的城市。开宝九年（976年）三月，也就是赵匡胤突然驾崩之前的半年，他去巩义祭祖，然后去洛阳巡幸的时候，就曾经当着大臣的面提出想要迁都洛阳，如果有可能的话还要继续西迁到长安。

赵匡胤作为一个极其优秀的军事专家，他的考虑是出于军事方面的。大宋的敌人主要来自北方，开封以北除了黄河再无其他可以倚重的天险，一旦对方突破了黄河，那开封就只能被动地跟对方打城池的攻守拉锯战。所以，赵匡胤非常希望能够换一个地势险峻、能够依托自然条件构建多重阻击防线的城市作为国都。以他的战斗经验，长安最好，洛阳次之，这正好是大唐的两座都城。但是赵匡胤的想法被一群并不怎么想迁都或者说还有其他目的的文臣武将给否定了，其中最具有说服力的观点来自日骑左右厢都指挥使李怀忠。他对赵匡胤说："开封有汴渠作为漕运，江淮地区每年的数百万斛大米都要从这里运过来，保证几十万禁卫军的粮食供给。如今国家在开封经营日久,帑藏、重兵都是以开封为中心布置的,迁都耗费巨大不说,而且完全看不出来比现在好在哪里。"

这个观点出来以后,赵匡胤放弃了迁都的想法,与其说他是被李怀忠说服了,不如说他是被手下们的态度阻止了。于是,开封作为大宋的都城就这么一直存在下去,而一百五十年之后,历史终于证明了赵匡胤无愧于一代名将的眼光。

赵构在南京应天府登基以后,面临的定都问题远比赵匡胤更复杂。赵构最先选择在应天府而不是群众基础更雄厚的济州登基,最主要的问题就是这里是大宋的龙兴之地,当年赵匡胤陈桥兵变前的职务"归德军节度使"里面的"归德"就是这里,这里的原名"宋州"也是赵匡胤将政权起名为"大宋"的原因。但是从军事上来说,应天府比开封更不利于防守,这对于刚刚成立的、随时都要面对金兵围剿的新政权来说,并不是一个好的选择。所以,赵构从登基的那一天开始就一直在主动和被动地接受各种各样的定都建议。

最直接也是最热切的建议来自开封。赵构建炎元年(1127年)五月一日登基,至少在五月五日之前,通直郎傅亮就上书建议赵构选择开封作为国都。①尽管傅亮随即因为这个建议被赵构贬斥,但是丝毫阻止不了以宗泽为首的群臣不断上书请求赵构

---

① 《建炎以来系年要录》记载,傅亮的任命是在五月五日,在此之前他就上书建议赵构去开封了。

回开封建都。年轻的赵构并没有被这样的言论裹挟,他非常清楚地认识到,在这种战时状态下,开封对他来说仅仅具有精神上的意义,以自己现有的实力回到开封去跟金人硬拼,那基本上就等同于自投罗网。于是,赵构果断地做出了决定:在口号上保留开封,在行动上放弃开封。

这个决定虽然做得很坚决,但是赵构的确承受了非常大的压力,尤其是在他刚刚登基、皇位还不牢固的情况下。文臣武将士农工商愿意拥戴他当皇帝,很大一部分原因是希望能够在他的带领下兴复大宋,而放弃开封这样一个具有极大象征意义的城市,对赵构来说的确是一大冒险——虽然后来他赌赢了,但是赢得十分侥幸。

排除了应天府和开封之后,赵构对于国都的选择还是挺多的,其中六月二日来到应天府的宰相李纲,就提出了非常中肯而全面的意见。李纲的胆子虽然很大,但是也没大到公开让赵构放弃开封的地步。他的方案是这样的:在原有的东京开封、西京洛阳、北京大名、南京应天的"四京制"基础上,再增加"三都"作为辅助,以长安为西都,以襄阳为南都,以建康为东都。

李纲虽然没有明说,但是意思已经非常明确了,原有的四座都城就不要考虑了,现在三选一吧。选择长安,就是以川陕作为大后方,固守关中以图中原;选择襄阳,就是以中原为本,兼顾四川和东南;选择建康,就是以长江为护城河,以东南为根基,以图中原。不管哪个方案,都是要考虑到"收复中原地区"这样一个不太可能完成但是无论如何都不能放弃的任务。

这三个方案，赵构应该是在心里权衡了很久，然后出人意料地做出了第四选择：去扬州。从建炎元年（1127年）十月二十七日，到建炎三年（1129年）二月三日，赵构在这里待了一年多的时间。表面上他是选择了扬州，其实他心里是倾向于去建康的，扬州和建康仅有一江之隔，他只不过是想向臣民们表示："你看，我没有放弃中原，我依然在长江北岸固守。"之所以选择建康而不是襄阳和长安，我们完全有理由相信他纯粹是为了自己的安全考虑。去襄阳，距离中原战场太近，并不是那么稳妥；去长安，路途遥远而且要经过疑似敌占区；唯有去东南才是相对安全的选择。

可以这么说，到现在这个阶段为止，赵构都是以"定都建康"为第一方案的，他后来的大部分部署，也都是以建康为中心来规划的。如果没有后来发生的一系列意外，南宋的都城本来轮不到杭州。

建康不安全，继续向南

然而接下来的事情很出乎赵构的意料，首先是建炎三年（1129年）二月三日从扬州的大溃逃，由于担心金兵趁势渡江追击，赵构没有选择长江南岸的建康，而是直接跑向了更远的、钱

第六章 偏安杭州

塘江北岸的杭州。到了杭州之后不到一个月，赵构又遭遇了苗、刘兵变，经历了退位、复辟的惊险历程。复辟之后的赵构，以巡幸为由来到了建康，从建炎三年（1129年）五月八日，一直住到了闰八月二十六日。在这四个多月的时间里，赵构同样是按照都城的标准来建设建康的。

但是入秋以后，让赵构最担心的事情还是发生了，金人左副元帅完颜粘罕（宗翰）从东平回到了云中，完颜阿骨打（旻）的第五子、右副元帅完颜讹里朵（汉名宗辅）从滨州回到了燕京，重新开始坐镇北方两大战略要地，隐隐然有继续寻机南侵之势。随后，另一个打击接踵而至：宗泽病故之后，接替他担任东京留守的杜充以缺粮为理由擅自带兵渡江回到了建康，几乎将淮河以北的土地全部拱手相让。赵构震怒之下想要狠狠处罚他，但是朝廷不少人觉得他在军队中素有威望，这次南归也确实是孤军深入迫不得已，而且吕颐浩和张浚也一直推荐他，赵构才忍着一口气将他任命为同知枢密院事。

金兵又要南下，不但赵构觉得建康不太保险，朝中的大臣也开始主动给赵构提到移跸的问题。张浚和吕颐浩等人建议去武昌，赵构对这个方案本来已经快要同意了，但是被江浙的士大夫们阻止了，他们的理由有二：一是武昌路途遥远，搬运粮饷是一个大问题；二是去了武昌之后对东南失去控制，这一片赋税充裕之地就再难夺回来了。于是，闰八月一日，赵构发了一封御笔，可能是真心的，也可能是测试群臣的态度，专门说了建都的事情："我想定居建康不走了，大家要是有什么意见赶紧提，提完我们就把方案定下来。"

御笔发出以后十天的闰八月十一日，赵构找到武将们讨论移跸的问题，实际上就是想听听大家对定居建康的决心。张俊、辛企宗等人显然是误会了赵构的意思，劝赵构立刻出发去鄂岳，然后驻跸长沙。这个建议被韩世忠当着赵构的面痛斥了一顿，而且语言非常直白："国家已经失去了河北、山东，现在如果再放弃江淮，还能剩下什么地方！"韩世忠这句话切中了赵构心里最柔软的地方，气得他到晚上都没吃饭，也让他坚定了不去长沙或者武昌的信念。但是，不去长沙或者武昌，并不代表他想一直驻扎在建康。十二日，赵构找来吕颐浩等人，完成了建康周边的布防，但是也定下了一个两全之策：一旦金兵进攻到长江流域，赵构立刻向杭州转移，利用浙西的湖泊和沼泽延缓金兵进攻的速度。

果然，到了闰八月二十六日，情报已经非常准确，完颜兀术（汉名宗弼）将带兵南下进攻长江流域，赵构非常果断地选择了离开建康，经镇江、常州、无锡、平江，去"视察"浙西，也就是杭州。十月八日，赵构到了杭州之后，依然不放心，因为他发现这里的地形和扬州一样，都是属于"背靠天险"扎营，一旦金兵突破长江防线，他又将面临和八个月以前扬州一样的仓皇出逃。赵构思考了一下，决定渡过钱塘江去南岸的越州驻跸。不出所料，百官都赞成这个意见，显然他们也被吓坏了。

十月十七日，朝廷终于在越州安顿下来，开始办公。

十一月二十日，赵构收到情报，完颜兀术（宗弼）已经来到

第六章　偏安杭州

了建康对岸的采石①，随时可能渡过长江。朝廷上下众议汹涌，有人建议赵构移驻平江，既能督战亦能入海。赵构权衡了一下利弊，决定北上渡过钱塘江去平江驻跸。原因无他，这里有周望和韩世忠的大军，一旦金兵渡江，他至少有一群精兵强将可以倚重，不像他在越州，名为后方，实则手下全是一群文官，毫无战斗力可言。二十四日，赵构从越州出发前往平江，美其名曰"御驾亲征"，当晚住在距离越州不到五十里的钱清堰，然后就发现出大事了，而且是一连串的大事。

首先是金人确实已经渡江了，不过并非从采石渡渡江，而是从下游的马家渡渡江。杜充虽然驻扎在不远处的建康，但是他为了自己的安全，将所有的兵马都布置在城内防守，沿江根本就没有军队迎敌，导致金人渡江之时无人阻拦如履平地。第二个问题是金兵渡江之后，杜充弃城而逃。让人瞠目结舌的是，他并没有南逃，而是选择了渡江北逃，到了仪征之后还发来一个奏折诉说自己的委屈："面对金兵的进攻，我独木难支，刘光世在江州（今江西九江）太远了没办法喊，韩世忠虽然近在镇江但是我喊不动，王𤩍无心报国毫无斗志，我现在仪征招徕徐州赵立、泗州刘位前来合兵，届时南渡镇江前来护驾。"杜充一走，大家都明白江防已经形同虚设了。于是，距离建康最近也更向北突出的韩世忠当机立断弃镇江而去，躲到船上以避开金

---

① 采石，又名牛渚山，位于今安徽马鞍山西南，牛渚山山北突入江中的石质体被称为采石矶。此处修建了一个连接长江对岸安徽和县的渡口，因此又名采石渡。

军骑兵的锋芒。①

到此为止，赵构最为倚重的"建康—镇江"防线已经失守，他也认识到，倘若继续北上，极有可能陷入金兵的包围之中。善解人意的吕颐浩建议赵构驾船出海暂避锋芒，等金兵退去再回江浙。二十五日，赵构的车驾出发返回越州，此次亲征只花了一天便宣告结束。回到越州城下，大家立刻开始商量入海的事情，尽管郑望之反对说："从古到今的中兴之主，没听说过谁是坐船成功的。"但他的意见已经无关大局，所有人都开始准备择日去明州方便随时入海。

杜充弃建康而去之后的第三天，也就是十一月二十六日，完颜兀朮（宗弼）大军就渡江来到了建康城下，江东安抚使陈邦光、户部尚书李棁眼见金兵势不可当，直接选择了投降，通判杨邦乂宁死不降以身殉国。随着金人不发一矢就占领了建康，赵构定都建康的计划宣告阶段性破产，只能继续选择驻地。

谁说中兴之主不能下海避难的

随着六安、吉州（今江西吉安）、袁州（今江西宜春）、抚

---

① 韩世忠弃防镇江之后的去向，《中兴遗史》记载为海上，《宋史·韩世忠传》记载为江阴。

州相继丢失，越州的局势越来越紧张，赵构的耐心也到了极限。十一月二十九日，一个寒冷的雨夜，赵构带着百官从越州出发向东准备去明州下海。当天晚上，凄风苦雨，道路泥泞，吏卒在雨中彳亍前行不胜其苦，御舟因为太过巨大不能过堰，赵构命令卫士拉纤，甚至引发十几个卫士口出不逊之语，吕颐浩冒雨弹压才将事态平息。十二月五日，赵构抵达明州，提领海船张公裕奏告称，已经找到了上千艘船，足够百司侍卫出海之用。就在大家都以为一切顺利之际，意外却发生了。

十二月八日，朝廷公布了入海避敌的方案：每艘船载六十名卫士，每名卫士只能携带两名家属。这个方案出台之后，引发了卫士们的集体抗议，他们找到主管张宥申诉："我们有父母妻儿一大家子，现在只给两个名额，你让我们怎么选？"张宥无法回答，把责任推给了吕颐浩。当天，吕颐浩几乎遭遇了一次生死劫难，他在上朝的路上被卫士张宝等人当街拦住，问他入海的目的地。这样的机密，吕颐浩当然不能随便说，于是卫士们开始骂人，吕颐浩也开始骂他们："要不是你们不会打仗，我们又怎么会落到今天这个地步。"这句话彻底激怒了卫士们，他们想要哗变杀死吕颐浩，多亏参知政事范宗尹冲出去将吕颐浩拖进殿门，吕颐浩才算是捡回一条命。

这样的场景让赵构想起了开封的惨剧，当初就是有人百般阻挠徽宗和钦宗弃城才导致如此惨痛结局的教训，他决不允许这样的事情再发生在自己身上。第二天，赵构亲自组织了一次清剿行动，参与哗变的卫士无一漏网，赵构甚至亲手射杀了两个卫士。

十二月十日，以张宝为首的十七名哗变卫士在明州被当街斩首，入海的所有阻力已经全部清除，只等时机一到就扬帆出发。

金兵在不断向杭州方向发起进攻，十二月十四日夜，越州知府李邺送来奏报，金人已经逼近杭州。第二天一早，依然是一个雨天，赵构带着宰执们从明州州府出东渡门登船出海。赵构的这一趟旅行颇有几分寒酸，郑望之说自己生病了拒绝上船，汪藻说自己害怕坐船选择走陆路，赵构身边的扈从大臣除了宰执以外，就剩下六个文臣以及辛企宗、辛永宗两名武将。赵构离开之后，留在明州的官员们，要上船的人担心风浪，不上船的人担心兵火，全都面无人色相顾无言，丢尽了大宋的脸面。就在赵构出海的当天，十二月十五日，完颜兀术（宗弼）攻陷了杭州，随后金人渡过了钱塘江，开始了针对赵构的"搜山检海"行动。

尽管赵构的入海非常之狼狈，但是从后来的战局演变来看，他的决定无疑是非常正确的，甚至可以说是唯一正确的选择。事实上，用浙江的湖泊和沼泽来阻挡金人骑兵的构想完全落空，金兵的进军速度并不比以往慢，在赵构出海以后，金人的尖兵只差一天就追到了赵构的大部队。

赵构的海上路线是这样的：十二月十七日抵达孤悬海外的定海县，十九日抵达昌国县，二十六日离开昌国县继续南航，当天南风劲吹舟行缓慢，一天只航行了几十里，晚上只能停靠在白峰寺，非常忐忑地过了一夜。这一路，杭州的沦陷导致出海口变成了半开放的状态，不断有金人的追兵在给赵构施加压力。多亏了韩世忠从镇江退到海上之后，将长江沿线所有的大船都收归己

第六章 偏安杭州

用,金人攻破了长江防线之后一时之间根本找不到可以下海追逐的大船,再加上张俊在明州连续两次杀退了金兵的进攻,为赵构在南风中缓缓前行争取了极其宝贵的时间。

赵构在海上的情况稍微好起来,是建炎四年(1130年)正月初二抵达了台州港口之后,因为根据非常可靠的情报,金人的追兵已经被他远远地甩在了后面。正月初三,赵构来到了台州章安镇,在这里一直住到了正月十八日。在章安的日子,赵构过得非常悠闲,登金鳌山看潮水,逛祥符寺喝茶,甚至在正月十五日晚上组织手下用橘皮做了数万盏花灯放入海中,跟章安镇的军民一起过了一次上元节。

促使赵构继续南行的最大原因是正月十四日张俊带着人马前来护驾,他的到来意味着明州已经沦陷,金人占据了最便利的入海口。不怕一万,就怕万一,扬州的阴影始终悬在赵构的头上,赵构隐隐觉得又到了必须前进的时候了。正月十六日晚上,台州下起了大雷雨,炸雷一个接一个地在天空中响起。次日一早,赵构让人占卜之后,得出一个结果:"君弱臣强,四夷兵不制。"怀着这样的忐忑心情,正月十八日,赵构离开了章安镇继续南行。五天之后,赵构的船队抵达了温州的馆头,又过了几天,直到正月二十六日,侍从、台谏才稍稍到齐,上朝的时候总算能够站成两列,让赵构终于重新找到了一点儿当皇帝的感觉。

至此,赵构的海上逃亡之路终于结束,完颜兀术(宗弼)的"搜山检海"行动也宣告失败。这次下海,让钱塘江口的越州和杭州在他心中的权重增加不少。

现在到了杭州、建康二选一的局面

赵构在建炎四年（1130年）正月二十三日抵达温州，直到三月十九日才出发回越州，在这趟行程里，温州是他停留最久的地方。赵构在温州虽然安全没有丝毫问题，但是所有关于前线的消息都是不安全的。

杜充从开封擅自撤军南下之后，再也没有一个得力的大臣愿意去镇守开封，因为河南之地已经大部陷没，洛阳和南京（应天府）都已经被金人占领，开封基本上已经沦为一座敌军围困下的孤城，粮饷、援兵、武器都不能保证持续供应，谁去守都难于上青天。此时的权东京留守是上官悟，他在开封已经是一个名存实亡的角色，命令传达不下去，也没有任何人听他的指挥。不过他还保存着一点点气节，至少刘豫三番五次派人来劝他投降金人，他都未曾答应。二月十四日，河北签军首领聂渊带人冲进开封放火劫掠，上官悟没做任何抵抗便带着副留守赵伦弃城而逃，顺利接管了开封的聂渊立刻派人去应天府找金人献城，金国随即派了一个镇国郎君入驻。至此，北宋王朝的四座京城全部落入了金人的手中，"克复中原"的梦想离赵构越来越遥远了。不过，开封沦陷对于赵构来说，也未尝不是一件好事，至少再也没有臣子上

第六章 偏安杭州

书请他回去，因为谁都知道，开封在宋军手里的时候，他们可以随便提建议喊口号。现在开封落到了金人的手里，谁要是建议赵构去开封，赵构就会顺手命令他去收复。

开封落入金人手中，赵构曾经驻跸、几乎想要定为都城的杭州更惨。杭州是建炎三年十二月十五日（1130年）被金人占领的，"搜山检海"失败之后回到杭州的完颜兀术（宗弼）把一腔怒火都发泄到了杭州城里，建炎四年（1130年）二月七日，他下令纵火焚城，大火一直烧了三天三夜，到二月十一日再纵兵抢掠，将所有值钱的物资洗劫一空之后，二月十三日撤军北还。靖康年间开封城破的时候，金人抢走了馆藏的《资治通鉴》，对司马光编撰的这部史书大为欣赏。这次完颜兀术（宗弼）到了杭州，将存放在这里的全本元祐雕版七千余块尽数抢走，沿着秀州、平江的运河岸边一路北上，一直运到了金国的上京。

金兵开始撤退依然是因为天气转暖，当准确消息传到温州之后，赵构也开始踏上了归途。三月十七日，他去开元寺辞别了九庙神主，带着宰执百官登船出发。二十三日，赵构的船队抵达了台州松门寨，没有了金兵追赶的紧迫感之后，大家终于可以坐下来讨论一下那个一直悬而未决的话题——今后到底在哪里定都。不出所料，人多嘴杂，这次讨论依然没有得出什么结果。甚至跟上次相比，还多了更多的选择，成都、宣州、湖州……明面上各有各的理由，暗地里各有各的算盘。其实这时候的赵构清楚得很，以他的实力，"恢复中原"只能是一个做样子的口号而已，金兵南下他都只能往大海里躲了，哪里还有勇气谈主动进攻。他选择的都城，唯一的要求就是安全。

四月十二日，赵构回到了离开五个多月的越州，终于脚踏实地地站在了州府改成的简陋宫殿里。这一次，赵构在越州一直停留了一年多，在这里改元绍兴之后，在绍兴二年（1132年）正月十日才决定搬到钱塘江北岸的杭州去。

这一次移跸的原因是一次并不怎么大的平寇行动。鉴于长江沿线以及福建、广东的盗寇实在是太过猖獗，绍兴元年（1131年）九月二十三日，吕颐浩上书请求抓紧时间平寇，否则等冬天来了之后万一金兵南侵，那就真的是腹背受敌了。赵构也明白这个道理，开始调兵遣将，其中就派了神武右军去婺州（今浙江金华）驻扎。因为越州和婺州之间不通水路，军饷和赏钱送不过去，很是折损前线的士气。十月十九日，赵构万不得已下令在婺州的军队中发行交子，每一千钱搭十钱作为损耗补偿。即便如此，将士们依然不太开心，因为交子的损耗远远超过这个比例。

从这件事情上，赵构发现了一个很严重的问题，越州的地理位置的确安全，但是在漕运方面有相当大的缺陷，从各地运钱、运粮都不太方便。善解人意的吕颐浩立即上书说，现在驻跸越州除了漕运不通之外还有两大局限：一是地势太偏，导致川陕地区消息不灵号令不通；二是运兵不便，事有缓急之时各地士兵不能及时抵达。所以，吕颐浩建议一定要把行在迁到一个通漕运的地方。当前能够选择的两个大郡，无非就是建康和杭州。叶梦得去了建康，发现这里被金兵洗劫过后已经一片残破；杭州早就派人去过了，也被完颜兀朮（宗弼）烧成了荒城。两座城市都需要重建，对于赵构来说，这个选择是非常轻松的：建康虽然更利于恢复中原，但是杭州显然更安全一些。

十一月五日，赵构下了一封诏书，因为越州漕运不畅，朝廷移驻杭州，命令两浙转运副使徐康国权临安知府先行措置。

从绍兴二年（1132年）正月初一起，赵构率领百官在越州遥拜二帝之后，朝廷就开始分期分批往杭州出发了。正月十四日，赵构也到了杭州，去了之后就发现一个特别尴尬的状况。此前徐康国曾经上书请求修建宫殿百楹，被赵构以节约为由拒绝了，等赵构到了以后才发现，这地方确实够不上当行在，甚至宫墙都不够高，站在周围的山上能够将大内一览无余。为此，赵构二月一日下了一道诏书，将周边山丘封禁。修宫墙需要时间，但是封路倒是一下子就能完成。

再说了，杭州虽然残破，但毕竟是一个基础雄厚、漕运发达的江南大郡，至少要比越州强多了。

很明显杭州要安全多了

刚刚来到杭州的赵构，依然没能鼓起勇气把这里作为自己的国都。这里距离中原太远，更不用说偏远的川陕。如果要把情报从杭州传递到成都，在后来的和平时期最快日行四百余里，需要十八天，慢则二十多天。至于人员调动那就更是慢得离谱，举个例子：宁宗开禧三年十一月二十九日，朝廷下旨要成都制帅杨端明去杭州汇报工作，直到第二年的正月月末，杨端明才收到文件，等他风尘仆仆赶到杭州，距离宁宗召见他已经过去了三个多月。把这里作为国都，别说四川了，就是对中原、荆襄的控制都成问题。

所以，在"恢复中原"的国本理念下，建康依然是政治上最正确的选择。

赵构来到杭州之后，宋金之间的外交工作虽然已经开始渐渐启动，但是金人在军事行动上从来没有手软过，除了一直争夺非常厉害的西北，对赵构最具威慑力的，就是长江和淮河之间的这一大片战场。也就是说，稍不留神金人就要打到长江边上。在这样的情况下，虽然建康的呼声极高，但是赵构在很长一段时间内都没有动过去建康的念头。在接下来的几年里，即便杭州一直在失火，一烧就是成千上万家民舍被毁，但是赵构也一直在努力营建杭州城，希望将这座被完颜兀术（宗弼）和自己人反复烧过的废墟尽快恢复到北宋时期的繁华模样。

有了这样的指导思想，朝廷的达官贵人也开始在杭州大肆圈地建房，绍兴三年（1133年）三月二十三日，邢皇后的母亲熊氏找到赵构，说自己来了杭州之后没有住处，想让临安府给她家盖十五间房子作为皇后宅。一向对外戚不怎么松口的赵构，丝毫没有给远在金国的邢皇后面子，驳回了熊氏的请求，只是让临安府借了一爿官屋给熊氏暂用。结果熊氏直到十一月三日去世，都没

第六章 偏安杭州

能住上属于自己的房子。

六月二十三日,赵构下令在杭州置办国子监,将三十六个随驾的学生录为监生,再置博士二人。这个决定是因为中书舍人黄龟年的建议而起的,但是所有人都看到了一个信号——赵构准备在这里建都了。到了十二月十三日,这个信号就更加明显了:赵构根据朱胜非和祠部员外郎江端友的建议,下令在杭州筹建太庙迎奉祖宗神御。

这道诏令一下,果然在朝廷中引起了极大的反弹,不少大臣上书反对这样的举动:"国家自从渡江以来,一直都是将恢复中原作为首要任务,这些年来一直不修建皇宫,每到一个地方都将就当地的府衙作为大内,还不是因为大家都知道这里只是暂住之地,迟早要回中原去。至于祖宗神御,这些年一直都在温州奉安,现在江端友上书要求在杭州修建太庙,不知道是准备在这里定都,还是先安放在这里等恢复中原之后再选择都城?"[1]

这样的质问非常具有杀伤力,但是赵构依然坚持了自己的做法。此时,他已经开始倾向于跟金人和谈。虽然初次接触的结果并不顺利,对方要求南宋和刘豫的伪齐划江而治,但是赵构希望通过战场上的表现获得更多的谈判筹码。而根据他的判断,金人无论如何都不会同意以黄河为界,从目前的局势来看,杭州依然是最适合建都的城市。

---

[1] 据《建炎以来系年要录》中收录的侍御史张致远奏折记载,此工程系改造同文馆而成,并非新建。

但是赵构的希望并没有很快实现，绍兴四年（1134年）冬天，金太宗派完颜讹里朵（宗辅）、完颜挞懒（昌）、完颜兀术（宗弼）等将率金兵与刘豫协同南侵，气势汹汹之下，赵构意识到以他的军事实力现阶段谈判并不现实，甚至吓得又想解散百司南逃，多亏赵鼎和张俊等人力劝，赵构才决定鼓起勇气亲征。十月二十三日，赵构让孟庾留守杭州行宫，自己出发去平江。十一月六日，赵构终于决定跟刘豫撕破脸皮。在此之前，因为担心得罪金人，赵构政权对待刘豫政权相当礼貌，甚至在国书里都称呼其为"大齐"，相当于承认了刘豫政权的合法性。现在既然刘豫已经率先动手了，赵构也知道再怎么讨好也没用了，干脆就下了一封手诏声讨刘豫的叛逆之罪，激励六师奋勇杀敌。士气大振之际，赵构甚至在十一月十二日想要派军渡江与金齐联军决战，幸亏被刚任命不久的右相赵鼎劝阻了。

到了十二月二十五日，还没等到大决战的时候，金人就退兵了，原因是金太宗完颜吴乞买（晟）病重，没熬几天就病逝了，金兵的统帅们要回去处理后事。既然金兵已经退军了，刘豫自己也没来前线，赵构顿时觉得自己失去了亲征的意义。绍兴五年（1135年）正月十九日，善解人意的行宫留守孟庾上书请赵构回銮，赵构欣然同意。二月八日，效率极高的赵构回到了杭州，七天之后，赵构下令让临安府新修瓦房十间当太庙。果不其然，这道命令依然引起了大臣们的极大反弹，侍御史张致远上书甚至直言不讳地质问赵构："去岁建明堂，今年立太庙，是将以临安府为久居之地，不复有意中原矣。"

很显然，这时候的赵构经历了南逃、下海、亲征之后，已经在内心深处做出了自己的选择，确定把杭州当成自己的都城了。只是碍于朝廷中那些激进的声音，没有明确昭告天下而已。而且很有可能他就是不断地用这样的方式来和这些反对声音进行拉锯战——在张致远等人提出反对意见之后，赵构稍稍退让了一步，随即下发诏书说，这只是一个临时建筑，不用修得那么豪华，够用就行。

四月五日，太庙的神主从温州抵达了杭州，赵构就在这些反对声中慢慢地开始经营自己的都城。

淮西兵变，抛弃建康的最大理由

赵构在努力经营着自己的杭州，但是朝廷中的主战派同样在努力经营着建康。

绍兴六年（1136年）五月十九日，在建康的张浚兴致勃勃地献上了建康行宫规划图，希望赵构能够在行宫建好之后去定都。赵构没反对，但是态度很消极。不料张浚是一个非常执着的人，他毫不在乎赵构表现出来的态度，一直不停地催促着赵构去建康着手恢复中原。

这个时候，赵构手下的军队已经跟建炎末绍兴初不可同日而语了，韩世忠、张俊、刘光世、岳飞、吴玠等将领已经在指挥上日趋成熟，跟金人的战斗也不再是一边倒的惨败，而是渐渐变成了互有胜负的胶着状态。所以，赵构也开始有胆子去长江南岸走一走看一看。八月九日，在回到杭州述职的张浚一再邀请下，赵构写了一篇情真意切的手诏，狠狠地怀念了一下在北方的父兄，决定巡幸建康。正想出发的时候，北方传来情报说刘豫又要准备南侵了，赵鼎于是建议先去平江看看形势，如果安全就去建康，危险就回杭州。赵构显然对这个建议比较认可，于是在九月一日从杭州出发，于九月八日抵达了平江府。

到了平江没多久，刘豫果然南侵，张浚去了建康府督战，赵构则安安心心地留在平江运筹帷幄。十月三日，刘豫的儿子刘麟使了一个花招，他让自己的士兵们换上金兵的衣服，顿时吓坏了淮河南岸的宋军，甚至有人建议赵构抓紧时间回到杭州。好在赵构在张浚的帮助下识破了刘麟的诡计，坚持在平江不挪窝，没在自己曾经的臣子面前丢人。

在这次赵构觉得是自己亲自指挥的防御战中，宋军取得了非常明显的战果，将来势汹汹的刘猊、刘麟击退。而赵构觉得最大的收获就是朝廷的几员大将再也不像以前那样令不行禁不止，开始绝对服从赵构和枢密院的调动了。这一点给了赵构极大的信心，也成为他后来跟金人和谈时最大的筹码。

绍兴七年（1137年）正月初一，战事平息，在平江待了近四个月的赵构勇敢地下了一道《移驻建康府诏》，表示要出发去建康，并且派梁汝嘉先去建康验收行宫、规划行程，然后又专门去建康修建佛寺为不久之前传来病重消息的宋徽宗祈福，一切都是准备去建康长驻的样子。准备妥当之后，二月二十七日，赵构从平江出发，三月九日终于抵达了建康府。到了以后他才发现，张浚真是一个实在人，完全按照赵构"简单一点儿不要浪费"的精神来施工的，行宫修得极其简陋，寝殿之后连厨房、厕所都没配置，地面没有铺砖，门窗和柱子也没有刷漆，甚至连房间都不够，赵构来了之后只得临时加修了几间屋子供自己休息和宫人睡觉之用。

随后，赵构开始把留守杭州的百司也陆陆续续搬迁了过来。四月二日，一切安顿好了之后，赵构下令开始在建康修筑太庙，把此前杭州的太庙改成圣祖殿。这个举动让朝廷的主战派非常振奋，在他们看来这几乎标志着赵构已经决定将这里作为国都了。尤其是张浚，已经开始准备兵马、布局人手，准备实施他筹备已久的北伐计划，虽然打不过金人，但收拾刘豫是一点儿问题也没有的。

但是四个月之后的八月八日，发生了一件让人意想不到的事情：驻守在庐州的武将郦琼杀了兵部尚书、监军吕祉，带着四万兵马北上渡过淮河投降了刘豫，史称"淮西兵变"。

郦琼是刘光世的手下，金兵退军之后，张浚觉得刘光世不听节制，将他罢职，然后把他的部队交给了部将王德来管辖。结果郦琼完全不服从老同事王德的管理，朝廷没办法，于是又派吕祉去调和。吕祉去了之后本来已经让两人的关系缓和了不少，但是他随后写了一封密奏，请求罢免郦琼和他的心腹靳赛的兵权以保证安全。非常不幸的是，这个消息被吕祉的书吏泄漏给了郦琼，正好朝廷又召郦琼去建康，郦琼以为自己即将被杀，干脆率领王世忠、靳赛等手下绑架了吕祉北上叛逃，在距离淮河三十里的地方，吕祉誓死不前，于是遇害。

近在咫尺的淮西兵变彻底打乱了张浚北伐的节奏，也让赵构感到了深深的不安。不久以后，接替张浚拜相的赵鼎和枢密使秦桧悄悄给赵构建议返回杭州，消息传出来以后，闰十月二十三日，李纲上书表示明确反对，然后被赵构果断罢职。这时候，百官已经渐渐明白，建康终究不是赵构喜欢的地方。

绍兴八年（1138年）正月初五，赵构把在杭州无所事事的吕颐浩叫到建康来，命令将他留在建康。正月十一日，赵构下诏书定下了二月七日的归期。二月二十二日，赵构终于抵达了杭州。从此以后，杭州就正式成为南宋的都城，再也没有搬迁过。

赵构定都杭州，算是终于定下了南宋"偏安江南"的立国基调，从此以后再也没有那么强烈的恢复中原的意愿。尽管杭州曾经给他留下过"被逼退位"这样一个非常痛苦的记忆，但是这个问题比起被金兵追得东躲西藏的狼狈来说，其实也算不了什么。

第七章 相依为命

从某种意义上说,赵构从靖康元年(1126年)十一月十六日离开开封出使完颜斡离不(宗望)军前,到绍兴十二年(1142年)八月二十一日在临平镇迎接金国归来的韦太后的这接近十六年的时间里,几乎算得上是一个孤儿。他的父母、妻子、兄弟全部被金国抓走,儿子也夭亡,他成了一个真正的"孤家寡人"。在这期间,除了嫔妃以外,他身边的至亲只有一个真真假假的柔福帝姬,以及一个突然出现又神秘消失都没机会见一面的十八弟信王赵榛。非常幸运的是,在他刚刚登基的这段时间里,一个被皇族抛弃的女人起到了非常重要的作用,她就是宋哲宗的废后孟氏。赵构对孟太后极其尊崇,甚至在建国初期让孟氏当了太后,而不是自己的生母韦氏。直到绍兴七年(1137年),孟太后都驾崩七年之后,赵构才遥尊自己的生母为太后。孟太后是怎么样一个人?她做了什么事情值得赵构如此尊崇?赵构尊崇她还有其他什么目的吗?

第七章　相依为命

因祸得福，孟太后留在了开封

以孟太后的人生经历来说，她绝对算得上是一个传奇。

她的家世算不上显赫，父亲在仕途上一般，连史书上都没给他记载过一笔。在她当皇后以前，祖父孟元算是全家族最荣耀的一个人。他从普通一兵起家，慢慢当上军官，在仁宗朝庆历八年（1048年）平定贝州王则叛乱的战斗中因为表现极其英勇得到提拔，不过直到去世也只做到了马军都虞候这样一个并不显赫的位置。

哲宗快要成年的时候，他的祖母，也就是英宗的皇后、宣仁高太后挑选了一百多个出身较好的女子进宫，其中就有孟氏。真就是上天眷顾，孟氏在十六岁的时候被高太后和神宗的皇后、钦圣向太后双双相中，作为哲宗皇后的备选进行重点培养。元祐七年（1092年），哲宗十五岁的时候，十九岁的孟氏被高太后钦定为皇后。在孟皇后正位中宫之前，开封还流传着一个故事：哲宗选后进行到关键时刻，开封里巷打球献戏，按照规矩，一击入窠称为"孟入"，结果当天果真一击入窠。后来大家纷纷感慨，果然是"孟氏入正宫"。

孟皇后本以为在高太后的庇护下可以顺风顺水地母仪天下，但是没想到高太后第二年就驾崩了。被高太后管束了八年的哲宗正好进入叛逆期，开始把自己对高太后的不满情绪撒到孟皇后的身上。正好这时候，哲宗身边出现了风情万种的刘婕妤。接下来就是后宫争宠的那一套熟悉的戏码，刘婕妤仗着哲宗的宠爱频频挑战孟皇后的权威，孟皇后凭借着正宫皇后的身份和大部分宫人的支持，倒也没怎么落下风。但是绍圣三年（1096年）发生的一件事，彻底改变了孟皇后的人生轨迹。

当时孟皇后的女儿福庆公主生病，怎么服药都不见起色。正巧，孟皇后的姐姐来宫中探亲，便自告奋勇要给公主看病。孟皇后想着姐姐颇通医术，还曾经治好过自己的病，就让姐姐试了一试，谁知道姐姐竟然拿出一张道家的符纸准备烧灰入药。孟皇后大惊失色拦下了姐姐，说："宫中的规矩和外面完全不一样，姐姐你这是犯大忌了！"烧灰入药虽然被制止了，但是已经画好的符纸却成了烫手炭团，怎么处理都不对，孟皇后只能把这张符纸收起来藏好。等哲宗皇帝来探视福庆公主时，孟皇后想来想去还是决定交出符纸，向哲宗坦白。哲宗听完之后非常大度地说："这是人之常情，没什么大不了的。"孟皇后为了表示心中坦荡，当着哲宗的面将这张符纸烧毁。

本来哲宗和孟皇后觉得这件事情已经就此了结了，但是没想到宫中开始有人传言，说孟皇后当着哲宗的面烧掉符纸，就是厌魅之术。哲宗听到之后心里开始有些不快。没过多久，福庆公主病故，孟皇后的养母连同一个尼姑和一个内侍为孟皇后建了一座生祠祈福。这个举动终于让刘婕妤抓住了把柄，她开始搬弄是非，说孟皇后是在借机诅咒哲宗皇帝。联想到上一次的烧符纸事件，哲宗大为震怒，命令皇城司抓捕了宦官、宫女三十多人严刑拷打，终于有人扛不住重刑，按照刘婕妤的授意指认了孟皇后以厌魅之术诅咒哲宗的罪行。于是，孟皇后被废，出居瑶华宫。

关于孟皇后被废，还有另一个民间故事。绍圣年间，开封有个姓孟的匠人，设计了两只大蝴蝶造型的饰品，起名为"孟家蝉"，开封市民竞相佩戴。没过多久，孟皇后被废，号"华阳教主、玉清妙静法师"，大家都说，"蝉"就是"禅"，预示着孟皇后要出家。

随后的日子里，孟皇后成了朝廷党争的一个靶子，大家把对高太后的态度全部转嫁到了她的身上。元符三年（1100年）正月十二日，哲宗驾崩，徽宗即位，元祐党人暂时占据了上风，高太后恢复名誉之后，五月十日，孟皇后也被重新册立为"元祐皇后"回到宫中。但是好日子没过多久又迎来了厄运，建中靖国元年（1101年），孟皇后的另一个后台向太后驾崩，元祐党人再次落入下风。崇宁元年（1102年）十月，孟皇后二度被废，重新回到了瑶华宫，直到北宋灭亡都没能东山再起。

但是谁也没有想到，孟皇后却因祸得福。靖康元年闰十一月靖康城破，十二月二十三日，孟皇后被迫从居住了二十多年的瑶华宫搬迁到内城的延宁宫。到了靖康二年（1127年）三月二日（一说二月二十八日），保康门失火烧到了延宁宫，孟皇后无处可去，再次被迫搬家到侄儿、军器少监孟忠厚位于观音院旁边的家里避难。此后金人尽取皇族后宫而去，而孟皇后因为不在名单之上，躲过了一劫。

这位两度被废的太后，历经了哲宗朝、徽宗朝、钦宗朝之后，在一场兵荒马乱之中，竟然毫发无损地留在开封城里，并成为复兴大宋的希望。

孟皇后被册封的当天，高太后曾经看着她叹息说："这个姑娘贤淑倒是贤淑，可惜福分浅了一些。不过如果今后国家有什么大难，必然是她站出来力挽狂澜。"如果这句叹息是真的，我们只能说一句："高太后，看人真准。"

大厦将倾，我们娘儿俩把它撑起来吧

早在钦宗刚刚即位的时候，御史中丞吕好问就曾经建议恢复孟皇后的名号，而且说得非常直白："太上皇（指徽宗）当年先将孟皇后复位然后再废，朝廷已经议论纷纷了。自古以来，姑子可以建议兄弟休妻，但是叔子没有废掉嫂子的道理，孟皇后是陛下的伯母，应该纠正这个问题了。"不知道为什么，虽然钦宗听上去非常同意吕好问的看法，但是一直没有执行。

等到靖康二年（1127年）二月十一日，连同徽宗、钦宗、太子在内的所有皇室在册人员都被金兵扣留在金营之后，徽宗已经意识到王朝即将覆灭，张邦昌的傀儡政权也不能持久，也想到了这位名单之外的前嫂子，于是悄悄派人给开封府尹徐秉哲送了一

第七章 相依为命

张纸条："赵氏注孟子，相度分付。"这是一句暗语，"赵氏注孟子"本来指的是东汉赵岐的《孟子注疏》，但是在这种局面下徽宗显然不可能专门去交代一本并非绝密的书籍，肯定另有深意。所以，后人都认可这样一个说法：徽宗就是想告诉留守在开封的士大夫们，赵家的事务就托付给孟皇后，请她相机行事决断一切，当然也包括接班人的指定。

孟皇后能够回到权力中心，其中起到关键作用的就是先前提到的吕好问。孟皇后到了孟忠厚家里之后，孟忠厚忐忑不安地来找过吕好问，吕好问叮嘱他说："将来金兵退走之后，元祐皇后一定会垂帘听政，只要她主持大局，天下人就知道赵氏复兴有望，你一定要照顾好她！"等张邦昌登基之后金兵即将撤走之际，吕好问悄悄找到张邦昌说："想要保命的话，就赶紧尊奉宋太后吧！"果然，金兵于四月一日撤尽，张邦昌四月四日便召来百官，在文德殿上宣示了自己给孟皇后上"宋太后"尊号的手书，四月五日将她从孟忠厚的私宅接到了宫中，入居延福宫。

在御史中丞胡舜陟的劝说下，四月九日，张邦昌降下手书，请孟皇后垂帘听政，自己只行太宰事。在此之前，张邦昌又意识到一个问题：自己是金人册封的大楚皇帝，如果将孟皇后的尊号定为"宋太后"，似乎有跟大宋分庭抗礼之嫌，于是在自己的手书里将"宋太后"的尊号改为"元祐太后"，再紧急追毁当初发出的有关"宋太后"的各路赦文，表示自己已经回归宋廷。

从这一天开始，断断续续离开朝廷三十年的孟太后就算是回到了大宋王朝的权力中心，甚至是权力的顶点。但是此时的孟太后非常清醒，她明白大宋王朝需要她做什么。所以，她就像自己十九岁时高太后评价她的那样，没有推辞，没有避让，勇敢地承担起了大宋王朝留给她的这一堆烂摊子。就在她接受张邦昌"元祐太后"封号的当天，她就立即派出了尚书左丞冯澥、权右丞李回去迎奉济州的赵构，还派了孟忠厚带着自己的手书一同前去。

不愧是当过正宫皇后的人，孟太后的这个安排可以说是公私兼顾毫无破绽。冯澥和李回去谈一个皇太后和一个新皇帝的公事，孟忠厚去谈一个伯母和一个侄儿的家事，不管是公事还是家事，孟太后都要向赵构传达这样一个信息：现在大宋王朝就只剩我们娘儿俩了，太祖皇帝辛辛苦苦创下的一百六十多年的基业必须靠我们承担起来了，复兴大宋的重任就落在我们这对孤儿寡母肩上了。来吧，孩子，别怕，大厦将倾，就让我们娘儿俩把它撑起来！

四月十一日，孟太后来到了东门小殿垂帘听政，开始正式接管大宋政权。四月十五日，孟太后发出了一道手诏，诏书之中非常直白地说道："我大宋虽然举族北迁，但是幸好上天留下了一个亲王足以继承大统，就像大汉血统即将断绝的时候出来一个光武帝，晋献公九个儿子里留下了一个重耳，这就是天意。"①这封诏书虽然没有提到赵构，但是任何人都能从中明确地看出，孟太后的意思就是要让赵构来当这个皇帝。这段时间正是宗室赵子崧对皇位产生想法的时候，孟太后的这一道手诏可以说是给了赵

---

① 手诏内容见诸《三朝北盟会编》和《建炎以来系年要录》，两书记载日期不同，《三朝北盟会编》记载为四月十一日，《建炎以来系年要录》记载为四月十五日，参考《宋史·高宗本纪》，采用"四月十五日"之说。

第七章　相依为命

构最有力的声援。

四月十八日，被孟太后派到济州的冯澥和李回给赵构送上了劝进的手书。正是这一封手书，让赵构扫清了心中最后的疑虑，答应登基。得知赵构将去南京应天府之后，孟太后立即派宗室赵士儦和内侍邵成章等送去了登基需要的圭宝、乘舆、服御。可以说，在这段时间里，孟太后不管是在舆论上还是在行动上，都给予了赵构最大的支持。

五月一日，赵构在应天府登基，孟太后当天就在开封撤帘，表示将所有的权力都移交给了赵构。至此，在孟太后的保驾护航下，赵构顺利地登上了帝位。

在这个过程中，远离权力中心三十年的孟太后自始至终保持了头脑的清醒，她非常清楚自己应该做什么、能够做什么。在开封需要她站出来主持大局的时候，她毫不推辞；在金人还未走远、以王时雍和范琼等为首的投机文武官员还心存幻想的情况下，她勇敢地接过了权柄。要知道，彼时的她只是一个废后，除了一个当着芝麻小官的侄儿孟忠厚以外，没有任何亲信，更没有任何部队的支持，在这种乱世之中极有可能成为众矢之的。但是，她就是在这样的情况下，依然有条不紊地推进着徽宗仅存的儿子赵构的登基过程。

而在赵构登基之后，她丝毫没有恋权，毫无保留地移交给了这个自己从未见过的侄儿。她所受的三十年的委屈，在此刻全然不提，一心只想着如何稳妥地将赵构扶上皇位，对此，我们只能再重复一句："高太后，看人真准。"

在战斗中建立起来的信任感

赵构在建炎元年（1127年，也是靖康二年）五月一日登基以后，第二天立刻将孟太后尊为"元祐太后"，后因"元"字犯了孟太后祖父"孟元"的讳，所以让学士院重新拟定为"隆祐太后"。一个非常值得玩味的细节是，两天之后的五月四日，赵构才开始给自己生母韦贤妃上尊号为"宣和皇后"，而并没有将其尊为太后。很明显，赵构是在用这样的方式对孟太后示好，以表示自己是一个知恩图报的人。

在时局不明的情况下，孟太后一直在开封等待赵构还都。当明白赵构至少在短期之内不会回来之后，七月十六日，她决定主动出发去跟赵构会合。她离开开封的时候，开封百姓无不痛哭流涕，他们也知道孟太后这一走，朝廷应该就是要放弃开封了。孟太后在应天府停留了很短一段时间，八月二十日就在赵构的安排下带着赵构的潘贤妃和儿子南下去扬州，一个月之后的九月二十一日抵达目的地，[1]等候赵构的到来。

---

[1] 《三朝北盟会编》记载为九月二十一日，《建炎以来系年要录》记载为十月二日。

第七章　相依为命

在扬州停留了一年之后，建炎二年（1128年）十一月十三日，孟太后带着六宫再次从扬州南下去杭州，于十二月五日抵达了杭州。建炎三年（1129年）三月五日至四月一日，赵构在这里遭遇了苗、刘兵变，经历了从退位到复辟的过程。在这期间，又是孟太后挺身而出帮助赵构平定了这场危机，甚至做出了孤身一人入叛军营中谈判的壮举，可以说智勇兼备、居功至伟。[1]

这次共同战斗的经历，让赵构和孟太后之间的信任度得到了极大的提升，而在此后发生的事情中，孟太后既没有表现出对晚辈的失望和不满，也没有表现出任何的居功自傲，她始终是一如既往地支持赵构做出的任何决定。甚至赵构的儿子赵旉在建康莫名其妙病死的时候，她也在现场亲眼见证了大宋王朝唯一接班人的死亡——假如这是一场阴谋的话，孟太后也是坚定地站在赵构这一边的。

到了七月二十六日，赵构因为担心天气转凉之后金兵南侵，安排孟太后带着六宫南下到洪州（今江西南昌）避敌，而赵构则经历了从建康到越州再到海上的逃难过程。[2]即便是赵构自己都狼狈不堪的时候，他也没有忘记过孟太后的安危。

孟太后是闰八月二十日抵达洪州的，[3]金兵很快就知道了她的动向。言官告诉赵构："如果金兵从蕲州（今湖北蕲春）、黄

---

[1]　此段内容详见本书第五章。

[2]　此段内容详见本书第六章。

[3]　《三朝北盟会编》记载抵达时间为八月二十日，综合《宋史·后妃传下》《建炎以来系年要录》等资料，应为闰八月二十日。

州（今湖北黄冈）一线渡过长江，陆地行军二百余里就能直达洪州城下。"闻讯大惊的赵构在九月八日紧急命令刘光世领军从姑熟（今安徽当涂）往洪州靠拢，作为孟太后的屏障。十月二十五日，金兵攻陷了黄州，言官的担忧次日便变成了现实。二十六日，金兵强拆黄州民居做成木筏，两天之后全军渡江，随后从大冶县绕过兴国军直扑洪州。被赵构派去护驾的刘光世秉持了自己的一贯作风，以"持重"为由不出兵阻击，让金兵几乎是毫无阻滞地一路前行。

十一月八日，孟太后遭遇了极其凶险的一段经历。得知金兵渡江突袭洪州的消息之后，孟太后在滕康和刘珏的护卫下，带着六宫走陆路南避。到了吉州之后，金兵依然穷追不舍，孟太后迫不得已深夜上船走水路，天明之后在太和县遇舟人耿信反叛，负责护卫太后的龙神卫四厢都指挥使杨惟忠不但不去平叛，反而率众先逃，与滕康、刘珏一起躲至山谷之中，其手下九名将官全部反叛，趁乱将价值数百万的内藏库金帛洗劫一空。孟太后在忠勇侍卫的护送下在万安登岸，从陆路至虔州（今江西赣州）避祸，这才暂时安顿下来。一路上，孟太后和潘贤妃甚至是坐着农夫的肩舆而行，损失宫人一百六十人，局势之凶险、场面之混乱，几乎甚于靖康城破。而太后离开之后六日，洪州即被金人攻陷。①

---

① 参考《三朝北盟会编》《宋史·后妃传下》《建炎以来系年要录》等资料，其中造反舟人的姓名，《三朝北盟会编》《建炎以来系年要录》记载为"耿信"，《宋史·后妃传下》记载为"景信"，此处采用"耿信"一说。

第七章 相依为命

一路都在海上逃难的赵构，一直到建炎四年（1130年）正月十二日在章安镇才从赶来汇报情况的滕康这里知道了太后的消息。在此之前，他一直担心孟太后会从虔州继续南下进入人生地不熟的闽广地区，很是慌张了一阵子。

自顾不暇的赵构还没来得及派人去虔州护卫，孟太后又遭遇了一场兵变。护送孟太后的卫军要求打赏，但是在太和县遇险的时候，她身边的积蓄被劫掠一空，只能将仅剩的质地粗劣的沙钱和折二钱赏赐给士兵。正月二十四日，士兵们拿着这些钱去虔州街市上买东西，乡民嫌钱粗劣不卖，于是双方就发生了流血冲突，附近虔化县（今江西宁都）的乡民沈立带着三百乡兵进逼城下，想要跟城里的乡兵一起将士兵们赶出城去。幸亏杨惟忠和部分将领赶回来救驾，才勉强保住孟太后的安全。二月十日，逃出城外的虔州乡兵首领陈新率众数万卷土重来开始围攻虔州，岌岌可危之际，多亏在太和逃走的另一个武将胡友带兵回援将陈新杀退，解了太后之困。

直到三月十二日，腾出手来的赵构派大臣精兵去虔州扈从之后，孟太后的窘境才得以缓解。八月十日，孟太后带着潘贤妃等六宫来到了越州跟赵构再次会合，从此再也没有过过颠沛流离的生活。

但是孟太后的身体开始出现问题了，她本来喜欢喝酒，来到越州之后，赵构发现越州的酒不怎么好，曾经下旨让有司为她专酿好酒。但是孟太后非常自律，宁愿自己派人带着钱去买好酒，也不愿享受特供。不知道孟太后是因为岁数大了，还是因为喝酒太多，偶尔有一些风眩的症状，太医调养了很久都没什么好转。

后来有一个宫女自荐说，自己善用符水治病，想给孟太后试试。宫女这个举动触动了孟太后当年的心事，她毫不留情地下令将这个宫女逐出宫去，免得再生事端。这可能是孟太后唯一一次因为私人事务生气，可见当年的阴影之深，三十多年都未消除。

绍兴元年（1131年）春，孟太后的风疾越来越严重，已经到了不能下床的地步了，病情最严重的那几天，赵构衣不解带，通宵侍奉在她的身边，但是依然没能挽回她的生命。四月十四日，五十九岁的孟太后在西殿驾崩，留下了"丧事从简、归葬园陵"的遗命。赵构按照母亲的规格，为孟太后举行了一个隆重的葬礼，将她的灵柩暂时安置在越州上皇村，把她的牌位放于宗庙中宋哲宗的寝殿，位在当年与她争宠的刘皇后之上，也算是为她报了当年的仇。

从此以后，赵构又变成了孤家寡人一个，他的身边再也没有一个长辈帮着稳定大局。但是孟太后在他身边的四年，毫无疑问完成了一个太后应该完成的所有职责，在宋祚的延续和赵构的皇位稳固方面，尤其是在赵构登基最初阶段的保驾护航上，有着不可磨灭的功劳。

他们是两个需要互相护持的人

可能在很多人的印象里，孟太后贵为天下之母，对赵构的关

第七章　相依为命

心和支持主要就是体现在政治上扶持、心理上安慰而已。但是事实上，孟太后对赵构的照顾，体现在了生活的各个方面。

建炎四年（1130年）三月，赵构在温州的时候因为挂念在虔州的孟太后，曾经和吕颐浩有一次推心置腹的谈话："我当初并不认识太后，第一次见她还是登基以后将她老人家接到南京应天府。但是太后对我比对自己的亲生儿子还要好，她在宫中住了一年半，我的衣服、饮食，全都是她亲手置办的。现在我的父母兄弟都在远方，所有尊长只剩一个太后，如今又相隔千里，加之敌兵侵袭、民兵骚扰，我实在是担心太后的安危，必须马上派遣大臣领精兵去迎奉到我身边才踏实。"

站在孟太后的角度来说，她对自己的定位是非常清晰的。她作为一个两度被废的皇后，心里非常清楚，自己虽然贵为太后，但是无论如何都不能独立存在，必须依附于一个姓赵的皇帝。哪怕是张邦昌刚刚奉她为"宋太后"的时候，她也知道自己跟张邦昌的职责一样，是来替赵构看守这个政权的，而不是来执掌这个政权的。赵构对她的示好她感受得到，所以她也需要用自己的方式来对赵构示好——做好一个名义上的母亲能做的一切。事实上，如果没有这个名义上的儿子，她在这样的乱世之中生存下来都很难，更不要说当上太后、回到阔别三十年的权力中央了。如果说她最初能够当上皇后的政治资源是高太后的话，那么她现在能够当上太后的政治资源就是赵构了。

建炎四年十二月十日，孟太后的生日，赵构在越州的大内为她办了一场寿宴，在这场寿宴上，两人进行了一场推心置腹的谈话。孟太后主动说起了自己当年受到的委屈，但是并没有为自己鸣冤，而是说到了高太后驾崩之后受到的种种的不公："我现在已经老了，能够有幸跟陛下一起相聚在越州中兴我大宋国祚、享受天伦之乐，也算是死而无憾了。但是有一件事我一定要拜托陛下。我当年亲身侍奉过宣仁太后，太后之贤，古今罕有。但是宣仁太后驾崩以后，因奸臣为泄私愤大加诽谤，所以民间对宣仁太后有很多误会。虽然建炎初年陛下曾经下诏书为宣仁太后平反，但是奸臣们编纂的各种官私史书依然充斥着对宣仁太后的诬蔑，要是被后人看到了，岂不是有辱宣仁太后的圣德？请陛下下诏书修订这些史书中的不实之语，否则我真的是死不瞑目啊。"

孟太后的话给赵构敲响了一个巨大的警钟。他的皇位主要来自孟太后的认证，而孟太后复位也主要来自他的认证。靖康之变以后，他们两个仅存的皇族只能互相认证，抱团取暖。虽然从现阶段来看，这并不是什么大问题，赵构的皇位还算稳。但是，万一今后金人把钦宗放回来，或者把钦宗的太子放回来，即便是放一个赵构的哥哥回来，他还是独一无二的大宋皇帝吗？未必。苗、刘兵变中他已经退位过一次，他显然不能让这样的事情再发生了。

赵构当上皇帝，一直缺乏前任的认证，只是给手下出示过徽宗在背心衣领上写的"便可即真"，以及讲过一个不知道真假的关于钦宗把衣服脱给他的梦。现在，好不容易有孟太后给他认证，偏偏她自己也曾经只是一个废后。要想让孟太后的认证更权威一些，最好的办法就是让一直支持她的高太后地位更尊崇一

第七章　相依为命

些。只有高太后站得更稳，孟太后才能站得更稳。

所以，赵构决定对这件事情分两步走。

第一步，是先恢复孟太后在哲宗这里的名誉。孟太后驾崩以后，进士黄纵上书说："隆祐太后当年因为被人诽谤而惨遭废黜，现在虽然恢复了名位，但是从来不曾为她正式平反昭雪、祭告宗庙，这件事可万万耽搁不得了。"赵构趁势对大臣们说："太后两立两废，虽然都是奸臣们在其中挑拨作乱，但是天下百姓并不知道其中的内情，以为是哲宗皇帝和道君皇帝的过错，现在很有必要借着为太后盖棺论定的机会昭告天下了。"范宗尹、富直柔等大臣非常好地领会了赵构的意图，大家毫无难度地达成了两点共识：第一，孟太后当年受的委屈，都是章惇和蔡京等奸人陷害，不是哲宗和徽宗的本意；第二，赵构尊崇孟太后，天下人都觉得妥当，也没有人觉得他违背了哲宗和徽宗的圣意。有了大臣们的支持和表态，绍兴元年（1131年）五月四日，在孟太后驾崩不到一个月的时候，赵构下了一道诏书，让礼部去办理为太后合行册礼以及奏告天地宗庙的事宜，也算是将太后的一生做了一个收尾。

第二步，就是要彻底恢复高太后的名誉。在此后的很多年，他都在不遗余力地做着这件事情。等宋金之间的局势稍微稳定下来之后，他开始命令史官重新修订神宗朝和哲宗朝的史书。不久之后有言官上书说，两朝的史料经过王安石、章惇、蔡京、蔡卞等人的大肆篡改，很多已经面目全非，使得高太后的形象大受诋毁，幸好现在时间隔得还不算久远，不少当事人的后代还活着，他们的家里还有不少准确的史料，请赵构抓紧时间派人把这些史料整理起来，好复原两朝真相，还高太后清白。这一番话深得赵构的喜欢，绍兴四年（1134年）五月十一日，赵构命令日历所随时汇报《哲宗实录》的内容和进展，万万不能出现有损高太后威仪的内容。

到了六月二十日，直史馆范冲请求辞官，因为他父亲范祖禹当年就负责编写《神宗实录》，后来被蔡京、蔡卞等人贬死岭表地区，算是有深仇大恨的人。现在他来重编两朝实录，必然会将当年蔡京等人篡改的内容重新修订，恐怕蔡党会不服，所以要求避嫌。赵构听到这样的话大为光火，说："你只要改得正确，有什么可怕的？"由此可见，赵构想要替高太后拨乱反正的决心有多强。

八月一日，范冲再次入见，还没站定赵构就开始询问两朝实录修订过程中有什么困难，然后再三叮嘱范冲，一定要辨明高太后受到的诽谤，以及孟太后受到的不公正待遇，并且非常直白地告诉范冲："我最爱就是孟太后，你要明白一点，道君皇帝当年二度废后全是因为蔡京蛊惑。"

在赵构的明示下，范冲在绍兴五年（1135年）九月完成了《重修神宗实录》，绍兴八年（1138年）五月完成了《重修哲宗实录》，彻底将以前不利于高太后和孟太后的言论删除干净，终于牢牢地确立了高太后和孟太后在朝廷的地位。

当然，也牢牢地确立了赵构的皇位。

第八章
和谈之路

赵构自小习武，从他后来主动申请去金营当人质的行动也能看出，他不是一个胆小的人。但是，从他靖康元年十二月一日（1127年1月16日）在相州开兵马大元帅府之后，也许是对敌我双方的军事力量有了非常悲观的认识，也许是他觉得自己无法承受战争失败的后果，赵构在军事方面的行动显得并不那么积极，等即位之后立刻开始努力寻求一种在谈判桌上解决问题的方法。其间，他经历了臣子的反对，经历了金人的蔑视，但是他依然孜孜不倦地派出使臣去金国传递自己想要和谈的意愿。在两次和谈失败以后，他最终于绍兴十二年（1142年）年初签署了绍兴和议，正式结束了自从1127年以来十五年的战争局面。而这一份和议，让他损失了淮河以北的所有土地，而且还要对金国称臣纳贡，这成为后世诟病他的一大污点。他是怎么完成和谈的呢？他为什么要接受如此屈辱的条件呢？

第八章 和谈之路

第一次派人示好就碰壁了

建炎元年（1127年）五月一日，赵构在南京应天府登基之后，就不得不面对和金国的关系了。赵构和大臣们也在权衡，他们的政权在金国的眼里算是一个全新的政权，还是算开封政权的延续。于是，黄潜善建议尽快和金国开始外交层面的接触，至少要明白对方是一个什么样的态度。赵构接受了这个建议，随后就开始在王伦和傅雱之间纠结不休，终于在建炎元年（1127年）六月十七日，以"给二圣问安"的方式，派傅雱出使金国。

傅雱回来的时候已经是十一月了，他带回来的消息非常不乐观。傅雱以大宋使臣的身份到了巩县，还没过河就被金国的守臣给拦住了，金人说："黄河以南，我们只知道有张邦昌的大楚，没听说过有什么大宋。"傅雱只好给人解释说："张邦昌本来是我大宋大臣，康王即位之后张邦昌主动归顺，现在我出使大金，张邦昌也参与其中，我这里还有张邦昌的信件。"金人半信半疑，或者说根本就是故意刁难，说要派人去云中请示，让他们原地待命。无奈的傅雱等人在巩县等了九天，才获准过河。

他们一路颠沛流离抵达云中的时候，完颜粘罕（宗翰）还在草地避暑没返回，傅雱又在忐忑之中等了六天才见到左监军完颜兀室（又叫谷神，汉名希尹）。随后的交谈非常不愉快，傅雱被逼下跪听完颜兀室（希尹）发言，对于"问安二圣"的要求金人也毫不理会，仗着兵势对傅雱百般羞辱。傅雱在云中逗留了一个月，终于拿着金人勉强算得上国书的文件回来，文中全是斥责之语，金人甚至还替夏国索要熙宁、元丰以来被大宋夺回的土地。更过分的是，他们连基本的礼物都没让傅雱带回来，这一趟外交之旅简直是屈辱到头了。

但是这次出使并非毫无价值，傅雱至少带回来以下几点认知：第一，金人在现阶段并没有把赵构的政权当成是开封政权的延续，他们根本不承认"大宋"这个政权依然存在，所以他们也不会承认当年钦宗跟金国签下的任何条约，双方的关系需要重建；第二，金国表面上是在羞辱傅雱，实际上是在羞辱赵构，他们根本看不起赵构这样年轻的皇帝，更看不起赵构手下的这帮文臣武将，他们完全不相信这帮人能够把一个政权重新建立起来；第三，从金人的态度来看，起兵南下的迹象已经非常明显了，他们都已经不需要借口，只是在等待一个合适的时机，这个时机甚至跟赵构政权的行为和态度没什么关系，只是看天气是否转凉、黄河是否封冻、他们的兵员是否到位、物资是否充足。

两国之间的第一次接触，给年轻的赵构上了一课：金人并不因为你自称是一个国家就愿意跟你平等对话，他们是要看实力的，这个实力，当然指的是战场上的实力。

傅雱的谈判失败让赵构决定换一个思路。傅雱本身没错，也算尽职尽责，甚至可以说完成了使命。但是他为人太过谨小慎微、循规蹈矩，这样的性格和处事方式在金人那里是永远不可能占到便宜的。赵构想到，也许王伦才是能够跟金人讨价还价的那个人，反正事已至此，何不派他一试呢？十一月五日，赵构安排通问使王伦出发去云中见完颜粘罕（宗翰），可能赵构也没有寄希望于他能够成功，怎么说呢，先跟金人混个脸熟吧。

但是王伦还没出发，金人就开始进攻。十一月十四日，完颜粘罕（宗翰）在云中纠集重兵分道入侵：东路由窝里嗢统领进攻山东，西路由完颜粘罕（宗翰）亲自统领进攻京西，娄室带兵进攻陕西。对赵构来说，这三路大军给他施加的压力简直是空前的，他作为一个指挥者，算是第一次真正见识到金兵战斗力的强悍，也理解了自己的父兄当年面对金兵时为何如此狼狈不堪。三条战线，除了曲端和吴玠死死守住了陕西入川的关隘之外，其余战场可以说是全线崩溃。这场战役一直持续到了建炎二年（1128年）夏天，金兵因为不适应炎热的天气而放缓了对淮河流域的攻势，才给了赵构一个喘息的机会。

战场上的被动，直接导致了谈判桌上的被动

建炎二年（1128年）五月十三日，赵构重新启动了外交手段，派宇文虚中和副手杨可辅出使金国，随后又派刘诲、王贶

组成了另一支外交队伍。宇文虚中其实是去年十一月就找好的人选，他的任务看上去就不可能完成——去接回徽宗、韦皇后、钦宗。

我们不知道究竟是什么样的勇气和逻辑支撑赵构在如此被动的局面下给手下安排了这么一个任务，关键是宇文虚中居然还答应了。但是宇文虚中并没有顺利成行，七月一日他抵达开封之后，碰上东京留守宗泽病逝，宇文虚中于是留下来代理东京留守，直到七月二十三日杜充来接任之后，一直拖到了十月二十六日才过河去金国。宇文虚中这一趟去了之后就再也没有回来，倒并不是金人不放他，而是他自己不愿意回来了。他的理由是："我是奉命来迎请二帝回銮的，现在任务没有完成，我不回去。"随后，宇文虚中就在金国安顿下来，甚至开始在金国做官。

在此期间，去年就被安排去金国谈判的王伦也于建炎二年（1128年）五月二十日渡过黄河北上，虽然顺利见到了完颜粘罕（宗翰），但是这一次和谈依然没有什么效果，入秋以后金兵又开始南下进攻。这一次黄河以北的所有土地全部沦陷，连赵构那个突然出现在马扩军中的十八弟信王赵榛也不知所终，赵构甚至在这段时间都没见过他一面。不过好在赵构从来没有放松过跟金人打仗的这根弦，因为八月八日赵子砥从燕山逃回来的时候，就给赵构转告过徽宗关于和谈的意见："金人和谈是为了休养生息准备下一场战事，他们通常都是谈好了之后再撤军；而我们和谈往往是为了表达诚意先让部队撤回来。这样的和谈方式经常让我们吃大亏，你今后跟金人打交道的时候一定要小心。"

第八章 和谈之路

建炎三年（1129年）正月十日，赵构派出了李邺和周望带队的第五批外交使团去金国。这一次出使，基本上没有特别具体的任务，更多的就是为了维持和金人的正常沟通。出发之前君臣讨论的问题也不是什么重大国事，而是给金国将帅的礼物需要准备多少、信件需不需要四六对仗这样的细节问题。

虽然赵构已经充分考虑到了金国将领的个人需求，但是对于金国的集体需求始终无法满足，而且也确实高估了手下的战斗力，导致他在这段时间里经历了非常惨痛的扬州溃逃和苗、刘兵变。好不容易平定了内乱，又在九月迎来了完颜兀朮（宗弼）的南侵，赵构只能逃往海上避难，直到建炎四年（1130年）四月十三日回到越州之后才算重回正轨。在这一段时间里，赵构基本上无暇顾及在金国的使臣，更没有精力继续派使臣去沟通。当然，可能也没有什么使臣愿意或者敢于在这样的情况下去金国，哪怕是一小队见财起意的溃兵也够这群手无缚鸡之力的文臣受的。

这么一耽搁，就又拖了一年半。绍兴元年（1131年）九月二十八日，赵构下了一封诏书，在全国征集能够以谋策还两宫之人，一旦行之有效，当以王爵赏之。在这样的情况下做出这样的决定，赵构显然是被金兵强大的军事能力吓坏了。如果说在此之前他还曾经对武力有所幻想的话，那么扬州的奔溃和海上的漂泊给了他足够清醒的认识。以前他想把战场上赢得的话语权转移到谈判桌上，这个思路肯定是对的，但是至少在未来很长一段时间内他没有实现的筹码。

在这段时间里，赵构迎来了一个全新的敌人：刘豫。

刘豫是建炎二年十二月十日在济南知府的任上投降金人的，在金国效力一年多以后深得完颜挞懒（昌）的信任，黄河以南的整片区域几乎都是刘豫在负责。金国在失去张邦昌的"大楚"这个傀儡政权之后，一直在寻求另一个可用之人。建炎四年（1130年）五月六日，完颜粘罕（宗翰）在山后草地避暑的时候，就曾经跟金国诸酋讨论过傀儡的人选，最终刘豫战胜了折可求（北宋将领），成了首选。刘豫本来是完颜挞懒（昌）的心腹，但是推举刘豫为傀儡皇帝的建议却是完颜粘罕（宗翰）的手下高庆裔提出的。完颜粘罕（宗翰）之所以这么做，是因为他也知道刘豫被扶正是大势所趋，不想把这个功劳让给完颜挞懒（昌）。接到通知的刘豫，还假惺惺地推举了前太原知府张孝纯，被否之后就开始兴高采烈地准备登基大典。七月二十七日，在金人的册封下，刘豫以大名府为国都，正式称帝，国号为"齐"。

与张邦昌的被动登基不一样，刘豫是主动叛逃的，一直对大宋心怀怨恨，而且自己非常想当皇帝，哪怕是当一个傀儡皇帝也愿意。所有人都知道，刘豫登基之后一定会尽快对大宋发动军事进攻以此向金人证明自己的忠心和实力。这对于赵构来说，其实未尝不是一件好事，至少赵构手下的军队面对伪齐士兵的心理状态，要比面对金兵的时候好很多。

第八章 和谈之路

划江而治，这不是和谈而是羞辱

赵构在很长一段时间都没有再主动派人去金国沟通，即便是在金国没有发动大规模武力攻势的情况下，也只是安静地等待着。一方面，他可能觉得以自己现有的实力，金国根本不可能跟他平等对话，不管派多少人过去都是自取其辱；另一方面，他也不知道怎么跟刘豫政权打交道，关键是要去金国必须经过刘豫的防区，这太让人讨厌了。

局面一直僵持到绍兴二年（1132年）下半年，赵构才重新看到了一丝曙光，八月十六日，当初被派到金国去的王伦回来了，而且是带着金人的诚意回来的。

王伦是建炎二年（1128年）五月二十日渡河去金国的，一直没回国复命是因为被完颜粘罕（宗翰）扣下来了。不单单是他被扣下来了，这些年陆陆续续派过去的朱弁、魏行可、崔纵、洪皓、张邵、孙悟等人，统统失去了联络。九月四日，赵构接见了王伦，得到了一个让人极其兴奋的信息：完颜粘罕（宗翰）想要和谈。

按照王伦的说法，他在金国期间跟完颜粘罕（宗翰）搞好了关系，然后对完颜粘罕（宗翰）的使者乌陵思谋晓之以理、动之以情，居然说服了完颜粘罕（宗翰），让他答应归还二圣、太后和大宋故疆，两国讲和，重回宣和年间的关系。在双方达成一致之后，完颜粘罕（宗翰）特地派王伦回朝通知赵构，希望能够尽快推动两国的和谈事宜。

听到这个消息之后，朝廷有不少人都很兴奋。虽然赵构对于"钦宗回銮"这件事情有自己的担忧，但是和谈的诱惑力真的是太大了。这些年来，每年天气转凉的时候金兵就发动进攻，如同悬在赵构头上的一柄利剑，耗尽了他绝大部分的精力，无论是定都、拜相这样的朝廷大事，还是任将、守边这样的军事行动，毫无例外地都得向这个方向倾斜，至于在和金人作战时耗费的人力、物力、财力更是不计其数。

但是从后面事情的发展来看，冷静之后的赵构发现了事情没那么简单。靖康年间，完颜粘罕（宗翰）在大宋君臣的心中分量极重，大权在握，重兵在手，甚至比被大家叫作"二太子"的完颜斡离不（宗望）地位更高。但是这些年来，随着完颜阿骨打（旻）的病逝以及完颜吴乞买（晟）的继位，完颜粘罕（宗翰）虽然有兵权在手，但是在金国的地位已经比较微妙。即便是王伦传递回来的消息是真实可靠的，完颜粘罕（宗翰）的意愿是否代表完颜吴乞买（晟）的意愿，他在金国的朝廷里有多大的话语权，至少赵构判断不准。所以，赵构完全有理由怀疑：完颜粘罕（宗翰）想促成和谈，很有可能只是他个人的一厢情愿。随着时间的流逝，完颜粘罕（宗翰）带兵在主战场上作战的机会越来越少，也就不太可能在战场上立下大功，迟早都要被完颜兀术（宗弼）为代表的新生一代武将淘汰。既然他已经无法立战功了，唯

第八章 和谈之路

一能够做的就是阻止别人立战功，这样才能让自己躺在曾经的功劳簿上争夺发言权。所以，他想到了和谈这一招。一旦他的方案获得通过，他又将成为金国的大功臣，继续巩固自己的地位。

把这个问题想明白了以后，赵构基本上就定下了此后的外交基调：和谈可以进行，战备不能放松。

和谈的事情就让王伦等人去办着，能办成固然是好事，办不成也不会有什么伤筋动骨的损伤。九月五日，赵构派了潘致尧和高公绘出发去金国，他们是带着四重任务去的：一是慢慢恢复跟金国的谈判，试探一下金国的态度是不是跟完颜粘罕（宗翰）说的一样。二是替赵构问候一下家人，毕竟几年来音讯不通，也不知道他们身体如何。赵构让潘致尧给徽宗送去了黄金三百两、白银三千两，钦宗黄金两百两、白银两千两，宁德和宣和两位皇后黄金一百两、白银一千两。不管金人最终交给他们多少，至少赵构的心意和孝道尽到了，并且也能让父母知道他的近况。三是跟老熟人完颜粘罕（宗翰）搞好关系，包括他的手下完颜兀室（希尹），以及王伦口中的近臣耶律绍文，都送上了价值不菲的礼物。四是让他们转告宇文虚中、朱弁、洪皓等人，朝廷没有忘记他们，并且对他们的坚守持节深表赞赏，让这些流落异邦的臣子能够看到希望。

但是潘致尧在路上出了一点儿意外，他们十月十七日来到淮河南岸楚州的舟中暂住，准备择日过河。结果，以通判刘晏为首的武将们看上了潘致尧手中的金银，于是趁夜上船劫走了金银和礼物，杀死了大宋的追兵之后带着礼物和国书渡河投奔了伪齐。

潘致尧连夜逃回了承州（今江苏高邮），在这里等待朝廷的命令，重新置办了国书和礼物之后才过河去出使。

事实证明，赵构的担心是正确的。等他布置好沿江防线，用主战的朱胜非接替主和的秦桧担任宰相之后，金兵果然开始入侵，目标是四川，并且是完颜粘罕（宗翰）亲自主导的一次大规模的军事行动。看来，王伦带回来的"完颜粘罕（宗翰）想要和谈"的消息是真是假尚且不论，但是徽宗所说的"金人喜欢边打边谈"的习性是始终没变的。

这一次从绍兴二年（1132年）一直到绍兴三年（1133年）的直接交锋，让宋军在西北战场损失非常惨重，张浚手下的三员大将吴玠、王彦和刘子羽全线败退，商州（今陕西商洛）、金州（今陕西安康）、洋州（今陕西洋县西南）、兴元府（今陕西汉中、南郑、勉县、城固等地）纷纷沦陷，整个四川岌岌可危。绍兴三年四月六日，金军主将撒离曷因为孤军深入深觉不安，再加上天气已经转热，于是从兴元经斜谷撤军，整个四川才算是松了一口气。

金人退兵之后一个月，五月七日，潘致尧终于从金国回来了，而且带回来一个好消息：金人愿意讲和，让赵构派大臣过去谈判。听到这个消息，赵构非常开心，为了表现出必要的诚意，他在五月二十一日下了一道措辞严厉的诏书，禁止所有人在这段时期进入伪齐的疆域生事。六月四日，赵构派韩肖胄和胡松年再去金国。韩肖胄是韩琦的曾孙，出发之前是这么说的："朝廷和金国是战是和尚无定论，我唯一的请求就是陛下别先背盟。不过，如果半年之后我们还没回来复命，那就说明金国有阴谋了，请陛下千万不要以我们的安危为念，速速进兵抢占先机。"韩肖胄的母亲文氏是文彦博的孙女，她也非常坚毅地叮嘱："老韩家世受国恩，你这次领命出发，千万不要以老母为念。"可以说，北宋虽然灭亡了，但是北宋老臣的后代对国家的忠诚依然是赵构的一笔不可忽视的政治遗产。

韩肖胄等人是六月四日出发的，等到刚好半年，也就是十二月四日那天传来消息，他带着金国的使者一起回来了。十二月二十九日，赵构在杭州满怀期望地接见了金国的使者，对方提出了三个条件：释放伪齐的俘虏，归还跟随赵构一起到东南的西北士民，和刘豫的伪齐划江而治。

前两个条件赵构没什么意见，但是第三个条件让赵构十分愤怒，他现在手里有二十万军队，而刘豫只是他手下的一个叛臣，这哪里是和谈，这简直就是羞辱！这让赵构坚定了自己的一个信念：战场上都拿不回来的东西，怎么可能在谈判桌上拿回来？

在这样的愤怒而清醒的思路之下，万般无奈的赵构拒绝了金人的和谈条件，重新走上了备战的道路。

下定决心，打几个漂亮仗再说

绍兴四年（1134年）正月十六日，因为不接受和刘豫划江而治的条件，赵构虽然闷闷不乐，但是依然礼数不缺地送走了金国使者，派了章谊和孙近随他们一起去金国。谈判是不可能有什么进展了，就算一个礼节性的回访吧，总比撕破脸皮好得多。

章谊等人出发之后，赵构当即调整了西北川陕的防线，首先就罢免了张浚的兵权。赵构对张浚的不满主要是他在西北的战绩实在是让人失望，尤其是绍兴三年（1133年）的那一场惨败，几乎将整个四川都暴露在金人的眼皮子底下。关键是金人因为天气转暖撤军以后，绍兴三年（1133年）六月七日，张浚还恬不知耻地上书奏捷，称自己赶跑了金人，气得赵构都差点儿骂人了。这些年来，张浚在川陕一线消耗了无数的人力、财力、物力，胜仗没有打几个，防区倒是越来越小，再加上他一直重用刘子羽等纸上谈兵的亲信，排挤王庶、曲端等作战经验极其丰富的大将，甚至还杀了曲端，在西北造成了极大的震荡，在朝廷中早就引起了极大的不满。

导致张浚被罢免的导火索是他在绍兴四年（1134年）正月二十三日的一封奏折。他说："从去年七月以来，四川霖雨绵绵、地震频繁，看来是境内的名山大川久缺香火，请朝廷安排人写一点儿祝文，我去祭拜一下。"联想到张浚这五年在四川的所作所为，包括建炎四年（1130年）的富平惨败，赵构终于忍不住了，怒气冲冲地批复："霖雨、地震难道不是因为你多年在四川用兵无方、大肆征敛引发的民怨所致吗？我看你应该好好修习自己的德行，诚心安抚一下百姓才是正途！"这句话说得如此之严厉，以至于张浚自己也知道当下只有辞官一条路可走。二月

第八章 和谈之路

二十七日,张浚来了杭州,被罢免了兵权,暂时去枢密院任职。三月十五日,在言官不断弹劾之下,赵构再罢张浚的知枢密院事,最后将他发配去了福州,狠狠地敲打了一下这个年少成名、忠心耿耿但是政绩羞人的老下级。不过赵构还算是义气,担心他饿死,在福州给他拨了十顷官田养家。

至于整个川陕的防务,赵构看上了那个打仗一直很猛的吴玠,以及他的弟弟吴璘。正巧,在赵构对张浚怒火中烧的时候,吴玠在仙人关打了一个大胜仗,赵构当即就把他提拔为川陕宣抚副使,实际上的军事一把手。吴玠果然没有让赵构失望,四月份又收复了秦州(今甘肃天水)、凤州(今陕西凤县)、陇州(今陕西陇县),这更加坚定了赵构重用他的信念。处理好了西北的军务,赵构接下来要处理的就是重镇襄阳的问题。绍兴三年(1133年)秋,刘豫派李成南侵,在十月二十二日攻占了襄阳。不过赵构并没有立刻采取军事行动,因为那时候韩肖胄正带着金人的使者前来和谈,他需要看看金人的态度。现在既然谈崩了,那就放开手脚干吧,绍兴四年(1134年)春,赵构在赵鼎的建议下,派了一个年轻的武将去收复襄阳,这个人就是岳飞。

岳飞是相州汤阴(今河南汤阴)人,家里以前是仁宗朝名臣韩琦的佃户,宣和四年(1122年)应募去真定宣抚刘韐手下从军,此后,他先后跟过刘浩、宗泽、王彦、张所、杜充等将,作战勇猛且颇有谋略,很有名将之风。杜充叛金之后,他手下失去约束,大多纵兵剽掠,唯独岳飞的部队军纪严明秋毫无犯,不但处处听朝廷节制,还能主动出击与金人作战,立下了不少战功。

绍兴三年（1133年），岳飞被调到虔州平寇，效率极高，几乎日破一寨。六月二十六日，岳飞彻底抚平了虔州，去杭州面圣之后，赵构亲自给他赐了一面"精忠岳飞"的旗帜。

赵构起先给岳飞的命令，并不是让他去收复襄阳的，而是去平定荆湖地区的农民起义军杨幺。这些年来经过朝廷的招剿，境内的起义已经大部分平定，有的被剿灭，有的被招安，有的投奔了伪齐，但是盘踞在荆湖地区的杨幺却有越来越不可收拾的趋势。杨幺这一股势力是建炎四年（1130年）二月十七日在鼎州（今湖南常德）起义的，当时他们的首领叫钟相。一个月之后的三月二十六日，钟相被孔彦舟生擒，但是他的儿子钟子义被杨幺等手下裹挟着去了洞庭湖继续战斗。这帮人几年之后势力竟然越来越大，赵构多次派人清剿都没能彻底解决这个问题。到了绍兴三年（1133年），杨幺自号"大圣天王"，立钟子义为太子，甚至已经开始用自己的纪年了。

很多人劝赵构用高官厚禄招安杨幺，但是这个提议被赵构毫不犹豫地拒绝了，他的理由是："盗贼作乱还要得到高官厚禄，这岂不是奖赏平民为盗吗？"于是，赵构决定先让王瓒去鼎州压制住杨幺，等岳飞从虔州腾出手来就去接手。结果岳飞腾出手来之后，赵构一看襄阳的情况似乎更紧急一些，就把岳飞调到了襄阳战场。绍兴四年（1134年）五月，领命出击的岳飞第一次在赵构面前系统展示了自己的指挥能力和作战技巧，几乎是如履平地般地收复了襄阳、邓州、唐州（今河南泌阳）、信阳军，以一军之力平定了襄汉的战事。这场战役之后，岳飞在赵构心中的地位

第八章 和谈之路

得到了大幅提升，赵构在赵鼎的建议下安排岳飞常驻鄂州（今湖北武昌）守住长江上游，作为王璦的后援，随时准备接手平定杨么的战事。

七月二十四日，出使金国的章谊和孙近回来了。出乎赵构意料的是，他们的任务完成得比赵构预想的要好很多，至少他们在云中见到了完颜粘罕（宗翰）。对于绍兴三年（1133年）年底金人提出的"跟刘豫划江而治"的方案，他们稍微做了一点儿退让：要求赵构不得在长江以北和淮河以南的区域驻扎兵马。

这样的条件对赵构来说，跟划江而治没什么两样。不让驻军，就是把主权拱手交给刘豫。赵构留着这一片名义上的土地，实际上就是把这一片土地上的官员和百姓交给刘豫当成人质，这还有什么商量的余地。

要不，等打几仗再说？

韩世忠和岳飞给了他极大的底气

既然赵构打定主意不接受金人的和谈条件，那就准备战场上见了。但是率先登场的并不是金人，而是刘豫。岳飞收复了襄阳之后，已经迁都开封的刘豫一度感到十分紧张，上书请金太宗完颜吴乞买（晟）出兵和他一起抢回襄阳。但是完颜吴乞买（晟）因为刚刚才开始和赵构谈判，还在等回复，于是拒绝了刘豫的请求。刘豫无奈之下只能自己干，以儿子刘麟为帅南侵，准备找回一点儿面子。

赵构和宋军是不怎么怕刘豫的伪齐军的，所以并没有太把刘豫放在心上，但是到了九月份之后，情况发生了很大的变化。金人知道赵构拒绝了这个和谈条件之后，改变主意，派完颜讹里朵（宗辅）和完颜挞懒（昌）等人带兵协助刘麟一起入侵。绍兴四年（1134年）九月十九日，赵构得到这个消息之后大惊失色，甚至又准备迁都，幸亏被赵鼎劝住了："先打一下试试，打不过再走也来得及。"惊恐的赵构在这种情况下依然没有忘记外交途径，当天他就派了魏良臣和王绘出使金国，以此行缓兵之计。接到命令之后的魏良臣也挺有抵触情绪，在镇江迟迟不出发，还上了一道奏折回来发牢骚："陛下你让我去谈淮甸的问题，但是现在人家都打到淮甸来了，我过去再怎么谈也谈不出结果。再说了，议和讲究一个势均力敌，我从来没听说过以弱和强成功过的。我们这一趟过去，相当于羊入虎口，能够活着回来复命就算成功了，就别希望我们能够谈出什么结果了。"

就在魏良臣等人磨磨蹭蹭前行的时候，赵构已经完成了扬州到镇江一线的兵力布置，他让韩世忠过江去驻扎扬州，让张俊去长江南岸的镇江作为韩世忠的后援。十一月中旬，宋金双方终于在江淮之间的这一片平原里短兵相接，让赵构和刘豫都觉得诧异的是，不管是面对金兵还是伪齐军，宋军都展示出了不同于以往的战斗力：韩世忠在大仪镇、韩世忠的部将解元在高邮、岳飞的部将牛皋在庐州都取得了胜利。

第八章 和谈之路

韩世忠的胜利给金人造成了非常大的压力，以至于魏良臣去金营的时候，差点儿被韩世忠的手下败将聂儿孛堇杀掉。不过魏良臣在军前总算还是和右副元帅完颜挞懒（昌）见上了面，对话的主要内容依然是国界的问题。魏良臣转达了赵构的思路：以章谊回国之时（即绍兴四年七月二十四日）双方各自占领的地方为界，赵构岁贡二十五万银绢。虽然这个建议被否决了，并且在襄汉归属的问题上也没能达成共识，但魏良臣还是在战战兢兢的交流之中递交了国书，完成了任务。

与此同时，赵构心中压抑已久的斗志也终于被韩世忠激发出来，十月二十三日，赵构决定御驾亲征，北上来到平江府，亲自坐镇指挥长江防线。在前线捷报频传的情况下，自信心极度膨胀的赵构一度想要渡江和金人亲自决战，结果又被赵鼎劝住。到现在为止，上到赵构，下到重新起用的知枢密院事张浚都对战争的走向有了极大的信心。十二月一日，魏良臣和王绘从金营回来之后，按照规矩要奏报金人虚实，王绘说："情报说金兵四路大军各十万人，我们去的时候只看见不到两万金兵，但是不排除对方隐藏实力引诱我军攻击的可能性。"稳妥起见，魏良臣也说："这个确实不太好说，我只能按照自己看到的情况汇报，至于对方究竟有多少人我也拿不准。"

这样的回答被朝廷中的主战派视为"畏战"，魏良臣和王绘也遭到了非常严厉的弹劾。随后，赵构和他的手下们开始频频向金齐联军挑战。赵构下手诏招徕在伪齐任职的张孝纯和李俦，张浚派人带着有自己花押的书信去给完颜兀术（宗弼）示威，完全是一副有恃无恐的样子。很快，十二月二十五日，金兵撤军了。但是撤军的原因并不是被赵构的武力所征服，而是他们内部出了大事：金太宗完颜吴乞买（晟）病重，他们需要回去解决皇位的问题。

完颜吴乞买（晟）是绍兴五年（金天会十三年，1135年）正月二十四日驾崩的，[①]在此之前，他已经中风很久了，手足无力半身不遂，日常行走都需要搀扶。不过金国的皇位交接并没有出现什么大的意外，他们此前就定好了完颜合剌（汉名亶）为"谙班孛极烈"，也就是皇位的继承人。一天之后的正月二十五日，完颜合剌（亶）登基，是为金熙宗。

完颜合剌（亶）是完颜阿骨打（旻）的孙子，登基的时候还不到十六岁，自然是有朝廷的大臣辅政。辅政大臣都有谁，政策有没有什么变化，他们对赵构是什么态度，赵构和他的手下对此一无所知，一切都只能等对方来给出答案。

金人退兵之后，趁着他们在搞皇位交接，赵构终于有时间去解决洞庭湖边的杨幺这个心腹之患。在李成南侵襄阳的时候，杨幺居然派人去勾结李成想要两路夹击杭州，这彻底激怒了赵构。绍兴五年（1135年）二月十二日，岳飞接到命令去剿灭杨幺。岳飞抵达潭州之后，先采取分化杨幺部属的策略，平寇的军事行动一度稍有迟缓。五月，被赵构重新拜相的张浚来到潭州督师，没几天就接到赵构的命令，让他回去布置江防。张浚正准备动身，

[①] 金太宗驾崩的时间，各个版本时间不一，《金国节要》称金太宗于绍兴四年（1134年）冬病逝，担心扰乱军心所以第二年春才发丧。本书以《金史·太宗本纪》为准。

岳飞拿出一张很小的作战图给他看，张浚说："来不及了，明年再说吧，我先去办大事。"

岳飞气定神闲地说："你等我八天，我保证让你看到好消息。"说完，岳飞立刻动身前往鼎州，真就在八天之内率领水师大破杨么的水寨，杨么投水之后被岳飞的部将牛皋擒而斩之，伪太子钟子义等人全部投降。六月十日，在鼎州一带为乱六年的心腹大患就此消除。

岳飞摧枯拉朽式的胜利，给了赵构极大的信心。到现在为止，他手下有二十万人马，西北有吴玠，中原有岳飞，东南有韩世忠，还有刘光世、张俊作为后援，他作为一个皇帝的威严日趋成熟，文臣武将已经收拾妥帖尽皆听命，赋税充盈，战备丰富，这些都能直接转化成士兵的战斗力。至少在绍兴四年到五年（1134—1135年）的这一段时间里，他和金、齐之间的战斗再也不像以前那样落尽下风。赵构觉得，自己的底气已经壮起来了，不管金国的新朝廷想战还是想和，他都能跟对方周旋一番。现在就以不变应万变，等着对方出招吧。

赵构的斗志从来没有这么旺盛过

金太宗驾崩造成的金国政坛洗牌，给赵构争取了一年半左右的时间来理顺手头的一切。在岳飞剿平了杨幺之后，赵构的腹地里已经没有够得上威胁的内乱，可以腾出手来专心应对金国和伪齐。绍兴五年（1135年）九月九日，他听取了张浚关于江防布置的汇报之后特别满意，在赵鼎、沈与求等人的恭维下，他甚至不忘贬损一下苗、刘之变时最为倚重的朱胜非："假如朱胜非还在当宰相，一定会继续劝我南逃，现在江浙一片的土地恐怕早就丢了。"

以江防为核心的东路、以荆湘为核心的中路都已经安置妥当，接下来的问题就是以川陕为核心的西路。事实证明，张浚在西北的几年唯一的作用就是发现了吴玠这样一个人才。赵构在果断清除了张浚、刘子羽集团在川陕的势力之后，将川陕防务的重担全部交给了吴玠。不过，赵构吸取了当年张浚一家独大的教训，将四川的财赋权和人事权交给了文官来处理，虽然赵开、卢法原、邵溥、席益、李迨等搭档都和吴玠闹过矛盾，但是赵构依然选择了给予吴玠最大的军事处置权。原因有两点：一是他在西北防线的战绩确实让人放心，能够非常妥当地挡住金兵的入川之路；二是他对待赵构的态度相当恭谨周全。绍兴五年（1135年），吴玠自己也发现经常和文官搭档不和，担心遭到赵构的猜忌，多次申请来杭州给赵构当面汇报西北防务，以表明自己忠君之心坦坦荡荡。赵构担心吴玠离开之后金人趁机进攻，每次都拒绝这个请求。十一月四日，吴玠非常懂事地派自己的儿子吴拱来杭州奏事。这个举动让赵构十分满意，他感慨地对大臣们说："吴玠手握重兵在外多年，能做到如此周慎委曲，可以说很得事

第八章 和谈之路

君之体了。"

到了绍兴六年（1136年）二月，赵构动了北伐的念头，开始摆布兵马。他让韩世忠在承州和楚州驻兵准备进攻淮阳，让刘光世在合肥驻军接纳伪齐的投诚士兵，让张俊从建康进屯盱眙，让杨沂中为张俊的后援，让岳飞驻军襄阳准备进取中原。如此声势浩大的军事调动，让刘豫非常紧张。到了当年六月，赵构所有的安排都已经到位，宋军和伪齐的军队之间也开始爆发出零零星星的战斗，连一向畏畏缩缩的刘光世也主动出师收复了寿春。

这一切对赵构来说都是绝好的消息，他决定接受张浚的意见御驾亲征。八月九日，赵构下了一封亲征手诏，九月一日正式从杭州出发去平江。这段时间里，赵构一直在收到捷报，岳飞甚至都收复了西京长水县（今河南洛宁），赵构已经开始和张浚憧憬全面打垮刘豫、收复中原的计划。

这样的攻势吓坏了刘豫。赵构亲征的消息一传出来，刘豫就立刻派人去给金熙宗汇报，希望金兵能够给予他们武力上支援。这个申请激怒了金国的大臣们，完颜薄鲁虎（汉名宗磐）说："当初太宗立刘豫，本来是想让他来当我们的屏障，替我们开疆保境好让我们安士息民。结果现在他进不能取退不能守，一有风吹草动就找我们借兵，搞得我们像他的屏障一样。这样的人拿来干吗？为什么还要答应他的请求？"经过讨论，金熙宗决定让刘豫自行其事，金熙宗能做出的最大支持就是让完颜兀朮（宗弼）屯兵黎阳（今河南浚县）压阵。刘豫当然知道自己最大的考验来了，如果再不在战场上取得成绩就很可能被金人彻底抛弃。于是，刘豫以儿子刘麟为首，拿出了三十万人的全部家当，尽遣李成、孔彦舟、关师古等将领，发起对赵构的全力一击。其中刘麟统领中路军，从寿春进攻合肥；侄儿刘猊统领东路军，从紫荆山出涡口进攻定远；孔彦舟统领西路军，从光州进攻六安。

赵构筹备已久的一场大战，差点就毁在了刘光世的手里。

刘麟的十万大军直奔刘光世驻防的合肥而去，抵达濠州（今安徽凤阳）、寿州之间时，赵构担心刘光世顶不住压力，派杨沂中带兵前去支援。十月四日，杨沂中抵达濠州的时候发现刘光世已经放弃了合肥回到了长江北岸，准备随时过江南下。得到消息的赵构大怒，让张浚给刘光世带了一个话："有不用命者，听以军法从事。"刘光世大骇，只能回师北上与刘麟交战。[①]非常幸运的是，因为在八日定远县的作战中，杨沂中、张宗颜等人击退了东路的刘猊，准备围攻合肥的刘麟见失去了侧翼的辅助，加上刘光世带领大军返回，十月十一日，刘麟率先撤退，随后孔彦舟发现自己陷入了孤军作战的局面，也只能撤军。

到此为止，刘豫精心准备的三路大军孤注一掷宣告失败。这次战败给了刘豫极大的打击，他在金国完全失去了信任。在问罪的压力之下，刘豫迫于无奈，将刘猊废为庶人，但是依然没能平息金熙宗的怒火。这次大会战的胜利让赵构的自信心极度膨胀，

[①] 参考《宋史·刘光世传》《宋史·赵鼎传》《宋史·杨存中传》，各个传记记载略有出入，《宋史·赵鼎传》与《宋史·高宗本纪》匹配度最高，故选用此说法。

十一月九日，他非常开心地对赵鼎说："击退刘麟我都没觉得有什么高兴的，现在诸将知道服从朝廷的命令了，这才是我最开心的事情。"在这样的状态下，赵构甚至在张浚的建议下有了北伐到开封生擒刘豫父子的想法。绍兴七年（1137年）正月初一，赵构在平江府下发了移驻建康的诏书，第二天派梁汝嘉先去建康整治行宫，向全国的军民传递出了要乘胜追击、光复中原的信心。可以这么说，这是赵构跟金人作战十年来斗志最为昂扬的一次，他甚至可能觉得，这一战要抢在金人做好战备之前先把刘豫的伪齐政权解决在黄河以南。

正月十五日，赵构下令在建康选一个寺庙为徽宗祈福。这是因为半年前的六月二十七日，张浚的情报人员从燕京带来一个不好的消息：徽宗的身体状况非常不好，钦宗的经济状况也非常不好。但是这个寺庙还没选好的时候，正月二十五日，此前派去出使金国的何藓回国，汇报了一个让人极度震惊的情况：完颜兀尤（宗弼）带信说，徽宗和郑太后已经驾崩。这个消息传递得如此简陋，甚至连具体日子都不说。赵构悲痛万分，捶胸顿足痛哭流涕，一整天都没吃饭。

办完了徽宗的丧事以后，赵构决定重新启动和金国的外交，二月八日，他派王伦出发去金国迎奉徽宗和郑太后的梓宫。对赵构来说，这是一个无奈的选择，也是一件不得不做的事情。再说了，金熙宗登基以后，赵构还从未在外交层面上和金国朝廷对过话，现在确实是一个试探对方态度的好机会了。等吧，一切总得有个结果。

突然从金国传来了天大的好消息

王伦在平江和建康之间逗留了两个月，直到绍兴七年（1137年）四月六日才出发去金国。但这并不是他故意拖延，而是因为赵构有很多事情要给他交代，其中就包括一个大胆的想法。他让王伦去找老熟人完颜挞懒（昌）表达这么一个意思："河南这一片地方，你们既然不想要，与其留给刘豫，不如还给我。"除此之外，赵构还给生母韦太后、钦宗、宇文虚中、朱弁、孙傅家属、张叔夜家属都带了钱过去。值得一提的是，绍兴元年（1131年）四月十四日孟太后驾崩，此后接近七年的时间太后都空缺，直到绍兴七年（1137年）三月十七日赵构才尊自己的生母为皇后，除了表示对孟太后的仁至义尽，也算是给徽宗的正宫郑皇后留了几分面子。

王伦出发以后，赵构挟着大胜刘豫的余威一直在做着北伐的规划。在赵构的安排下，张浚找来韩世忠、刘光世、张俊、岳飞四位大将在龟山商量北伐刘豫收复中原的事情，刘光世建议防守，韩世忠建议进兵，张俊说怎么都行，而岳飞则出人意料地反对用兵。这次谈话给张浚留下了一个"岳飞很犟、刘光世怯弱"的印象，于是他决定先拿刘光世开刀，整顿一下。五月三日，张浚解除了刘光世的兵权，把他的部队交给部下王德统领，最终导致了八月八日的郦琼率四万精锐叛逃的"淮西兵变"。

郦琼叛乱彻底打乱了赵构夺取中原的节奏，他将力主北伐的张浚罢相，重新起用了求稳的赵鼎，然后准备暂时放弃北伐的计划，回到杭州做长久的打算。在这段时间里，赵构的两个敌人也发生了非常巨大的变化。

七月，金国的重臣、曾经让王伦带话回来说想要和谈的完颜粘罕（宗翰）病逝。但是从金国内部传来的消息说，完颜粘罕（宗翰）的死并没有那么简单，他是在争夺权力失败之后被气死的。金太宗登基十年一直没有立储君，朝廷中的各派势力都蠢蠢欲动，完颜粘罕（宗翰）担心金太宗的长子完颜薄鲁虎（宗磐）继承皇位之后自己再也没有权势，于是就联合自己的亲信说动了金太宗，立了一个小孩子当皇帝。此后完颜粘罕（宗翰）果然一度权倾朝野，几乎可以和金熙宗分庭抗礼。这两年，回过神来的完颜薄鲁虎（宗磐）、完颜斡本（汉名宗干）等人开始发起对完颜粘罕（宗翰）的反攻，慢慢削去了他的兵权，收拾他的亲信。完颜粘罕（宗翰）万般求情，甚至用自己的官位来替亲信高庆裔赎罪，未果，眼睁睁看着高庆裔被以贪赃罪砍头之后，终于悲愤交加，一病不起。完颜粘罕（宗翰）死后，他的余党更是被大规模清洗，在金熙宗还年幼的情况下，朝廷的大权逐渐归于完颜薄鲁虎（宗磐）、完颜斡本（宗干）等人。

而刘豫这边，他得到郦琼前来投降的消息之后大喜过望，用了极高的规格来接待郦琼，随后向金国请功，说自己现在实力大增，能够重新组织一次对赵构的大规模进攻，希望金国能够出兵协助。但是金国大臣们已经对刘豫的无能忍无可忍，不但不相信刘豫能够取得战争的胜利，甚至开始担心刘豫的实力增强之后难以控制，于是给刘豫传来命令，说郦琼可能是诈降，让他将郦琼带来的人马分散到各个部队里面去，免得集结生事。绍兴七年（1137年）十一月十七日，金人终于开始对刘豫下手，他们先去武城抓了刘豫的儿子刘麟，然后派完颜兀术（宗弼）于十八日带兵冲进开封刘豫的皇城，将他废为蜀王。刘豫被迫离开开封的时候，完颜挞懒（昌）感慨地对他说："当年赵皇帝离开的时候，万姓燃顶炼臂、香烟如云雾，号泣之声闻十余里。今天废了你，京城没有一个人为你伤心，做皇帝做到这个份儿上，你自己想想看吧。"

十二月二十二日，被扣留在金国的朱弁送来了金国发生内乱的消息。赵构并没有趁这个机会轻举妄动，他还要等王伦的消息。十二月二十四日，王伦果然带回来好消息。完颜挞懒（昌）代表金熙宗承诺，归还徽宗的梓宫和韦太后，以及河南的土地。这个消息是如此之好，以至于从赵构到大臣都有些不敢相信，因为这几乎已经是赵构能够争取到的最好的结果了。归还徽宗梓宫和韦太后，可以让赵构好好给父母尽孝；继续扣留钦宗，可以让赵构的皇位无虞；归还河南土地，也就是说东京开封府、西京洛阳府、南京应天府以及巩义的祖宗陵寝都能拿回来。打了十年仗，赵构真没想到事情会如此之顺利。

所以赵构只考虑了三天，便再派王伦出使金国迎奉梓宫。至于金人有什么条件，赵构根本就没问，能够获得这么大的利益，

第八章　和谈之路

在他看来几乎什么条件都是可以答应的，最多不过就是岁币和称呼的问题。

虽然金国没有在首轮沟通中就提出自己的条件，但是在他们内部，汉官给完颜挞懒（昌）和完颜兀朮（宗弼）提出的方案分为上中下三策：上策是归还徽宗的梓宫和亲族，将以前大宋的所有土地归还，重重地索要岁币；中策是把河东、河北的土地留下来，归还徽宗的梓宫；下策是假装议和，先收一大笔钱，然后出其不意攻其不备，看能不能将赵构一举拿下。

绍兴八年（1138年）二月二十二日，赵构彻底放弃了北伐的计划，自然也觉得没有必要留在建康，于是回到了杭州等待金人的回复。三月七日，他把跟金人关系不错并且支持和谈的秦桧从枢密使提拔为宰相。这是秦桧第二次拜相，也是他和赵构亲密关系的开始——这段亲密关系一直维持到秦桧死去。

四月份，王伦在祁州见到了完颜挞懒（昌），一番沟通之后，完颜挞懒（昌）消除了谈判的顾虑，让人带着王伦去金上京见金熙宗。五月二十三日，金熙宗和上京的权臣们也同意了跟赵构议和，专门派了一个大宋的老熟人、最早参与跟徽宗结成海上之盟的官员乌陵思谋来商谈和议的细节，以表示谈判的诚意。

为了迎接金国的使者，赵构也拿出了相当大的诚意。乌陵思谋出发以后，赵构立刻命令专人去平江迎接，还特别叮嘱一定要尽可能提高接待的规格，不要担心接待费用，这笔钱比起打仗的开销不知道要便宜多少。然后专门安排王伦负责金国使者的陪同工作，力求让乌陵思谋感觉到轻松愉快。甚至乌陵思谋入境之后随口问了一句"老熟人马扩呢",赵构也派人把贬斥多年的马扩紧急叫到了杭州。

但是朝廷中的杂音依然非常大,包括枢密副使王庶在内的大批官员都反对和金人讲和,理由无非就是"父母之仇不共戴天""金人狡诈不可轻信""河南之地不足立国""以待刘豫之法待我",等等。赵构非常烦恼,召来群臣廷对,想要用自己的气势压倒反对声音,但是依然没什么效果,即便是赵构已经当场震怒,他们也不支持和谈。后来,赵鼎教了赵构一个说辞才止住了汹汹之口:"你们说的我都懂,我也知道你们是为我好,但是我父母兄弟都在异邦,他们一天不回来我一天不安心。假如这件事能办成,他们今天回国,金人明天就渝盟,我也心甘情愿。我这哪里是跟金人讲和,我完全是为了父母兄弟啊!"

赵构的话已经说到这个份儿上了,都搬出忠孝二字了,朝中再也没有人好意思反对。赵构终于安下心来,静候乌陵思谋的到来。

一份让南宋占了大便宜的和议

绍兴八年(1138年)六月二十三日,赵构在朝堂接见了期盼已久的金人使者乌陵思谋。在接见之前,双方曾经因为接见的地点和礼仪争论过很久，赵鼎甚至还叮嘱赵构，乌陵思谋不是来传讣音的，让赵构说到自己父母的时候不要表现得太悲伤，免得对方笑话。但是赵构还是没能忍住，当场哽咽以袖擦泪。赵构一哭，群臣也只好跟着哭，几乎把朝堂哭成了灵堂。好在乌陵思谋也是一个厚道之人，并没有出言相轻。但是说到和谈两大核心问题的时候，双方还是产生了一些不愉快。赵鼎问乌陵思谋徽宗的忌日，对方不答，也可能是真不知道；赵鼎又问地界如何划分，对方让他别问，大金赐多少南宋就拿多少。

这样的态度让不少大臣非常不满，认为金人来谈判的时候毫无诚意，言语之间充满了羞辱，即便是签下了和约今后同样也会渝盟。但是赵构不这么看，他敏锐地发现了一个问题：乌陵思谋多次提到了金太祖完颜阿骨打（旻）。赵构对大臣们说："宣和年间完颜粘罕（宗翰）不愿交割燕云，只有完颜阿骨打（旻）坚持要信守承诺。现在他们重提完颜阿骨打（旻），就是要表达和谈的诚意。"

尽管乌陵思谋此次来杭州并没有和赵构达成任何的协议，但是在赵构看来对方传递的是一个非常积极的信号。谈判嘛，总要你来我往才能成功，哪里有第一次就能谈成的道理。七月一日，他继续派王伦陪乌陵思谋回金国，去商讨和约的具体细节。关于副手的人选，赵构纠结了很久，一开始王伦请求派大理寺丞陈括，但是陈括看不起王伦这个没有任何功名的混混，直截了当地说："我们这些当臣子的，出使金国义不容辞，朝廷随便换一个人当大使，我都愿意当这个副手，但是王伦就算了。"随后赵构又准备派从海上之盟开始就从事外交工作的马扩去，但是马扩在跟乌陵思谋见面的时候太托大，两个人聊到当年的金国大将，乌陵思谋规规矩矩地说对方的职位或者谥号，马扩掰着手指头说人家的小名，乌陵思谋一看马扩资历太老，担心这一路上都会被马扩压制，于是就给赵构说："马扩当年多次往来大金，朝廷上上下下都很赏识他，要是去了恐怕就要被扣下来当官了。"赵构一听觉得挺有道理，最终放弃了马扩选择了知阁门事蓝公佐。

七月十四日，王伦辞行的时候，赵鼎专门交代了两件事：第一，赵构当皇帝已经当了十年，跟金国和谈的时候不管怎么说都不能降级；第二，当初钦宗跟金国的协议说是以黄河为界，此后建炎二年（1127年）杜充守开封的时候挖开黄河大堤导致黄河向南改道，但是依然得以钦宗当时划定的界限为准。赵鼎说，这两件事是底线，金人但凡有一条不答应就表示谈崩了，可以立刻回国复命。

王伦出发以后，朝廷之中反对和议的声音又重新开始出现。其实上一次他们并没有被说服，只不过是因为赵构的话说得太狠，他们实在是不好开口明确反对而已。现在他们重新换了一个思路来反对，不断上书讨论"金人渝盟之后我们应该怎么办""现在应该做好哪些方面的准备"，搞得赵构十分难受。就在这个节骨眼上，朝廷跟金人的谈判出现了一个很大的问题。十一月，金国再派人来杭州，大使张通古的名号是"江南诏谕"，副使萧哲的名号是"明威将军"。

这两个称呼彻底将主战派心中的怒火点燃了。在他们看来，赵构继承的是钦宗的大宋，而"江南"只是当年宋太祖对待南唐后主

第八章 和谈之路

李煜的规格。虽然金人这些年来和南宋打交道时经常会在口头上使用"江南"这样的称呼，但在这样的正式沟通中从没用过，再加上"明威"这样的名号，主战派们觉得这就是赤裸裸的侮辱。赵构和谈明明是在刘豫这里取得一场大胜之后的平等对话，到金人这里突然就变成了大国对藩属的压制，这完全是不可接受的。

由于朝廷的反对声音太大，赵构一直定不下来跟张通古见面的时间和规格，就这么让张通古在驿馆闲住了很长一段时间。十二月六日，赵构在和秦桧讨论和谈事宜的时候，定下了两国和谈的四项基本规矩：第一，要求金人将"江南"改成"宋"，把"诏谕"改成"国信"；第二，赵构作为大宋皇帝，不受金国的册封；第三，和议达成之后各自守疆互不干涉；第四，两国除了正旦和生辰之外，没有特别重大的事情不互派使者，保持各自处理事务的独立性。

接下来就是见面的细节，赵构一直担心张通古来递交国书的时候让他按照臣子的礼仪来受书，虽然赵构有拒绝的权利，但是朝堂之上当着这么多臣子的面受到金国一个大使的羞辱，恐怕他再怎么说"为了父母"也无法交差。一直僵持到十二月十八日，御史中丞勾龙如渊建议，为了避免这种情况的发生，不如让王伦去驿馆直接把国书拿到大内来交给赵构，双方不见面，一了百了。但是张通古不同意这个方案，非要赵构亲自来接。二十七日，挨了赵构一顿痛骂的王伦来到驿馆，一阵连哄带吓，再加上给事中楼炤也出主意，说徽宗驾崩，赵构守孝三年不见客，愣是让张通古退让了一步，答应只让宰相过来拿国书就行。

十二月二十八日，右相秦桧去驿馆拿回了金人的国书，算是完成了这一份协议。关于协议的具体内容，赵构在十二月二十五日下发的一份诏书里含含糊糊地提到：金国归还河南、陕西的大宋故地，归还徽宗梓宫和韦太后、钦宗等亲族，其他别无所求。但是这样的说法是站不住脚的，因为就这样看来金人毫无好处可言，既丢了土地又丢了人质。所以，我们完全有理由怀疑，赵构在这份诏书里隐藏了很多关键的信息。

根据现有的金国资料分析，这一份和约是金国综合了北宋钦宗的方案、伪齐刘豫的方案之后拿出来的，主要内容包括以下四点：赵构对金称臣；每年贡银二十五万两，贡绢二十五万匹；金国归还河南、陕西的土地给南宋；金国送还徽宗的棺木及韦太后。这样的内容比赵构的单方面说法要合理很多，至少显得金人并不是那么无欲无求。

这个消息还有一个佐证，绍兴十年（1140年）金人渝盟，五月二十五日赵构发了一封声讨金人的诏书，里面就提到"连遣信使奉表称臣""已许岁输银绢至五十万"，这说明和议中的条款，至少包括"称臣"和"岁币"两项。即便如此，这样的条件对于赵构来说依然算是捡了一个大便宜，尤其是三京和祖宗陵寝尽复，实在是振奋人心的大喜事。

那么，金人为什么要答应赵构如此丰厚的条件呢？其实，这还是金人清除完颜粘罕（宗翰）党之后的权力再争夺的结果。

金太宗的长子完颜薄鲁虎（宗磐）清除了完颜粘罕（宗翰）之后，已经意识到自己原本应该是坐在皇位上的那个人，加上金

第八章 和谈之路

熙宗此时还不到二十岁，完颜薄鲁虎（宗磐）对皇位有了觊觎之心。但是他没有足够大的势力来和金熙宗对抗，于是想到可以用归还土地的方式跟赵构结盟，争取到来自南方的援助。

完颜薄鲁虎（宗磐）的一个重要盟友就是完颜挞懒（昌）。完颜挞懒（昌）一直和秦桧的关系比较好，当年在靖康城外的金营里还和当人质的赵构有过很推心置腹的交谈，他一直想把河南这一片土地当成自己的势力范围，所以扶持了刘豫的傀儡政权。但是非常不幸，他在和完颜粘罕（宗翰）争权中失利，现在完颜粘罕（宗翰）被清除之后，他又重新看到了掌控这片土地的希望，于是和完颜薄鲁虎（宗磐）一拍即合。

至于决策人物金熙宗为什么要答应，其实也不难理解。这片土地交给刘豫也好，交给赵构也罢，只要对方能够称臣纳贡，都是一样的效果。再加上完颜薄鲁虎（宗磐）和完颜挞懒（昌）不停地游说，年纪轻轻的他也就稀里糊涂地答应了这个要求。

在种种因素的综合作用下，就连赵构都没想到，自己的这一次和谈竟然会来得如此顺利。

金国内乱，和约被单方面撕毁了

绍兴九年（1139年）正月初五，赵构因为和议完成大赦天下。与赵构的喜气洋洋相比，岳飞、吴璘、张浚等人失望不已。正月初八，赵构任命韩肖胄为报谢使陪张通古回金国，韩世忠在洪泽埋下伏兵，换上红巾军的衣服，准备在路上截杀张通古以坏和议。要不是他手下的将官郝卞通风报信，可能赵构这个求之不得的和议真被韩世忠搅黄了。为了安抚这些躁动不安的主战派，以及奖励和议的有功之臣，赵构在正月十一日进行了大规模的封赏，韩世忠、刘光世、张俊、吴玠、岳飞、杨沂中、汪伯彦、王庶、刘大中等人都榜上有名，而功劳最大的王伦得到的职务是权东京留守兼知开封府，当然是回收之后再上任。

事情进展得非常顺利，正月十五日，金熙宗爽快地下发了割地的诏书，两国开始进入了土地交割的流程之中，开封府、洛阳府、应天府、寿春府、宿州、亳州、单州、曹州、陕西、京西这一大片土地都将重新回到南宋的管辖之下。赵构也派出了王伦和蓝公佐去交接，然后开始修建徽宗的皇陵，甚至开始为根本就回不来的钦宗修建宫殿。

三月十六日，王伦和完颜兀朮（宗弼）交割了开封，名册上的所有土地已经全部回归了南宋。但是这时候却出现了一个不和谐的杂音，完颜兀朮（宗弼）和乌陵思谋都提到了一个人的名字——赵荣。

赵荣是金国的宿州知府，得知宋金和议之后，按捺不住内心的激动，正月十三日就擅自带兵归顺了南宋。这件事情让金人非常恼火，一方面认为赵荣在交割诏书还没下发的时候就归顺了赵构，具有叛逃的嫌疑；另一方面赵构提前接纳赵荣，即便是没有

第八章 和谈之路

引诱，也属于不讲规矩。

但是幸好金人只是口头表达了不满，并没有深究这件事。但是其他伪齐的官员就比较尴尬了，包括郑亿年、关师古、张中孚、张中彦等人，他们有些人是当初主动跟着刘豫走的，有些是被金人俘虏过去之后安排在伪齐工作的，有些甚至是从大宋叛逃到伪齐的，其中还有不少人跟大宋在战场上有过正面冲突，现在他们连同自己管辖的区域一起回归了大宋，无奈之下只能挨个上表待罪。赵构非常宽宏大量地给他们安排了新的工作，同时任命郭仲荀为东京留守，孟庾为西京留守，路允迪为南京留守，算是将河南地区重新管辖起来。至于陕西的将领，赵构在四月二十一日也给秦桧做出了指示："这帮人都是主动叛逃过去了，别看现在回来了，万一金人渝盟，这帮人依然会叛逃。等我腾出手来，慢慢把这些人换成心腹。"

这段时间对于赵构来说，大部分都是好消息，但是五月九日，赵构被前去巩义拜谒祖宗陵寝的赵士㒟和张焘狠狠地泼了一盆冷水。赵士㒟说，河南的百姓夹道欢迎，纷纷感泣重为宋民，到了巩义之后，他们精心修葺了各个皇陵，完成了祭奠仪式。张焘非常开心地说："诸皇陵下的石涧水自从兵兴以来，一直干涸了近十五年，臣等祭奠仪式刚一完成水就重新涌了出来，当地父老都认为这是中兴之象。"赵构非常开心，问祖宗陵寝如何。这句话问到了最敏感的问题上，张焘无论如何都不肯正面回答，只说"万世不可忘此贼"，听得赵构黯然神伤。

一切都在朝着好的方向发展，赵构也做好了迎接徽宗梓宫和母亲韦太后的准备，但是这时候金国发生内乱了。完颜薄鲁虎（宗磐）主导的宋金和议完成之后，他加快了夺权的步伐，终于被渐渐懂事的金熙宗发现。起先，和什郎君谋反案牵连了完颜薄鲁虎（宗磐），但是金熙宗并没有声张。七月一日完颜薄鲁虎（宗磐）等人见奏事，金熙宗趁此机会安排下伏兵将完颜薄鲁虎（宗磐）抓获，两天以后快刀斩乱麻就将完颜薄鲁虎（宗磐）斩首。金熙宗本来已经赦免了完颜挞懒（昌），将他贬为行台左丞相，但是心高气傲的完颜挞懒（昌）极为不满，声称自己作为金国的开国元老竟然与杜充这个降奴并列，先是想要南逃未遂，随后北上沙漠，被金熙宗的追兵擒获之后送到祁州（今河北安国），于八月十一日处斩。

金国内乱的消息传出来之后，南宋的君臣都惊呆了，他们万万没想到在完颜粘罕（宗翰）刚刚被清理之后，完颜挞懒（昌）和完颜薄鲁虎（宗磐）这样权倾朝野的重臣也会被杀，而且，更不巧的是，这两个人正好就是支持和谈的人。七月二十二日，王伦在中山府听说了金国的内乱，心里开始隐隐担忧和议的走向问题。随后赵构也接到了汇报，立刻想起宣和年间金兵南下的借口正是大宋接纳了金国的叛将张觉。为避免担心赵荣成为下一个张觉，八月二十八日，赵构当机立断地将赵荣送回了金国。

但是情况并没有怎么好转。十月四日，王伦在金上京见到了金熙宗，对方的态度极其冷漠。而此时，金熙宗的亲信已经变成了主战的完颜兀朮（宗弼）和完颜斡本（宗干）。王伦按照规矩转达了赵构的问候，但是金熙宗完全不理，反而开始清算赵构和

第八章 和谈之路

完颜挞懒（昌）之间的私下交易问题："当初完颜挞懒（昌）说要割地的时候，连岁币多少都没问过一句，谁知道你们搞的什么勾当？"随后，王伦被金人扣下，只有副使蓝公佐被放了回来。

朝廷里稍微有一点儿见识的官员都已经开始担心金人要渝盟了，张焘、胡世将等纷纷上书请朝廷备战。到了绍兴十年（1140年）正月初五，赵构已经清楚地认识到局势非常紧张，但是他还是想按照正常流程去执行两国的协议，至少在他的层面上不能毁约。正月初九，赵构派工部侍郎李谊和京畿都转运使莫将为正副使，去金国迎奉徽宗的梓宫和韦太后。李谊也知道两国局势的千钧一发，觉得此行大概率是有去无回，宁愿罢职也不愿意去。赵构一怒之下真将他罢职，然后提拔莫将为正使，另派韩恕为副使。为了避免陷入更大的被动，正月二十七日，莫将出发之前，赵构专门叮嘱："金国提出的所有要求，你只负责记录，一定不要答应。"与此同时，赵构重新调整了三京的人员，以孟庚搭档刘锜守东京，以路允迪搭档李显忠守南京，以仇悆守西京。

果然，莫将并没有能完成迎奉梓宫和太后的任务，甚至都没能如期归来。五月十一日，在赵构的人员和兵力调整还没到位的情况下，完颜兀术（宗弼）率领大军围攻开封，十三日，东京留守孟庚开门投降，开封这座极具象征意义的城市回到赵构手里不过一年零一个月便再度陷落。①

---

① 开封陷落的日子，《三朝北盟会编》记载为五月十一日，《宋史·高宗本纪》记录为五月十二日，《建炎以来系年要录》记载为五月十三日。本书采用第三种说法。

更重要的是，赵构倾注了大量心血的和议，到现在为止算是彻底被毁了，他又重新走到了和金人作战的老路上。

既然战争无法避免，那就来吧

金人的这一次进攻是有备而来的，以完颜兀朮（宗弼）为统帅，从祁州兵分四路进攻南宋：聂黎孛堇从山东出发，撒离曷进攻陕西，李成进攻河南，完颜兀朮（宗弼）自己带着孔彦舟、郦琼、赵荣等将领直扑开封。孟庚投降之后，完颜兀朮（宗弼）入住了当年徽宗当太上皇的时候住的龙德宫，随后金熙宗发了一封诏书，公布了完颜挞懒（昌）擅自割让河南的罪行，表示自己渝盟也是迫不得已。金熙宗在诏书里说得有些愧疚，但是他的手下打起仗来丝毫不含糊。

在金兵蓄谋已久的攻势下，准备工作做得不够充分的宋军被打了一个措手不及。继五月十三日开封失陷之后，五月十四日，金人进攻南京应天府，路允迪出城与攻城的金将葛王完颜褎（即后来的金世宗完颜乌禄，汉名雍）交涉，随即被俘，南京陷落。五月十五日，因为永兴军路经略使郭浩去了延安，权知永兴军郝远打开长安城门投降，长安陷落。五月十六日，西京留守李利用弃城而去，洛阳陷落。也就是说，四天之内，三京连同长安全部

第八章 和谈之路

沦陷，金人的攻势顺利到连他们自己都不敢相信。

率先做出军事反应的南宋守臣是胡世将。绍兴九年（1139年）六月二十一日吴玠病逝以后，赵构于九月六日将川陕防务交给了文官胡世将。胡世将刚上任的时候非常谦和，把将领们都叫过来开会，客客气气地说："我是文官，不能骑射，不知敌情，不熟边事，朝廷派我来主要是因为国家一直有文官制将的老规矩。从今往后，军队的所有安排都以吴玠的为准，什么都不用改。今后我们之间也最好能坦诚相待，我没做好的地方，你们记得给我明说；你们没做好的地方，我也给你们明说。大家齐心协力把入川大门守好就行。"这番话深得西北将领之心，吴璘和吴拱都对这样的安排挺满意。长安陷落之后，胡世将出人意料地展示出了极强的军事素养和指挥能力，安排吴璘去凤翔、郭浩去奉天、杨政去河池，死死守住金人入川的所有通道。随后一段时间里，吴璘在凤翔顶住了金人的压力，让金人在陕西的攻击陷入了困境。

当然，更让赵构担心的是中原战场。因为担心被金人指责"擅自在边境调兵挑衅"，所以赵构虽然明知道金人即将入侵，也没有在靠近黄河——当时的国界线上的三京布置太多兵力。金人的攻势虽然猛烈，但是这样的结局其实也在赵构为首的南宋朝廷意料之中。从后来的兵力调配来看，赵构极有可能一开始就没有打算死守路途遥远、补给困难的三京，而是把兵力布置在了淮河沿岸。五月二十日，金人渝盟的正式消息传到了杭州。五月二十五日，赵构拿出了跟当年完全不一样的底气和勇气，下诏声讨金人的背信弃义，然后开出了擒杀完颜兀术（宗弼）的悬赏。

中原地区最先抵达防线的将领是刘锜。刘锜之所以能够出现在战场上，是因为他接到去开封驻防的任务之后带着一万八千人一直在往前线赶，赶到顺昌（今安徽阜阳）的时候已经听到了完颜兀术（宗弼）攻陷开封的消息。刘锜和知府陈规一合计，决定不再北上，转而死守顺昌。为了表示自己的决心，刘锜将自己的全家都搬到一座寺庙里，周围堆上柴火，对守卫说："一旦城破立刻点火，不要让我的家人落入敌人手中。"主将的破釜沉舟给了部下极大的信心，五月二十九日，他们击溃了金兵的先锋。在开封的完颜兀术（宗弼）完全没有想到一个小小的顺昌竟然能阻挡自己的先锋，当即索靴上马亲自来攻。六月九日，完颜兀术（宗弼）率领十万人和刘锜在顺昌开始了正面交锋。为了激励手下尽力攻城，完颜兀术（宗弼）下令城破之后将三岁以上的男子全部杀掉，妇女玉帛任由士兵处置。但是让完颜兀术（宗弼）没有想到的是，顺昌这样一座看上去简陋无比的城池竟然会成为他的天堑，无论是攻坚战还是城下对战，金人始终占不了任何便宜，甚至金兵之中私下有人议论说："跟南朝打仗十五年从来没遇到这样的情况，恐怕是从外国请的鬼兵来守城吧。"六月十二日，金兵攻城四天无果只能退去。完颜兀术（宗弼）气愤难当，回到陈州（今河南周口）之后将所有的将官都鞭挞了一顿泄愤。后来留在金国的使者洪皓密奏说，这一仗打完，金人震恐万分，甚至将燕京的重宝珍器全部搬到北方，想要将燕京以南的土地全部放弃。

第八章 和谈之路

顺昌一役让金兵势如破竹的攻势大大减缓,也让金兵看到了南宋十五年来整兵备战的结果。经过赵构的励精图治,现在的宋军战斗力和北宋末年、南宋初年相比已经有了非常大的改观,以往那种一见金兵就逃跑的心态再也不存在,"女真满万不可敌"的神话也终于破灭。但是金兵这一仗只是攻坚失败,主力没有丧失,大将没有被杀,如果真如洪皓所言打得金兵想要放弃这么大一片地方,那金熙宗的心理素质也太差了,完全不像一个能够将完颜薄鲁虎(宗磐)一举拿下的人。这个说法,极有可能是和谈之后主战派们的美好希望而已。但是不管怎么说,这一仗始终为赵构在各个战场的布局赢得了非常宝贵的时间,此后很长一段时间,完颜兀术(宗弼)都只能采取一种防守的姿态来面对南宋军队的四面出击。

六月二十一日,吴璘的部队在凤翔大破撒离喝;六月二十七日,韩世忠的部队在淮阳大败金兵周太师部;闰六月一日,张俊的部队在永城县获胜。这一系列的战果表明,南宋军队在各个战场上都已经站稳了脚跟,利用气温的升高,开始发起有效的反击。

如果能够在天气转凉之前将金兵全部赶回黄河以北,这将是一场巨大的胜利。

冲到最前的岳飞被迫撤军了

这一段时间,取得战果最明显的人是岳飞。绍兴十年(1140年)六月一日,赵构下了一道不怎么常见的诏书,韩世忠、张俊、岳飞同时被任命为河南、河北诸路招讨使。意思很明白,三个人没有固定的防区和战场,可以同时在黄淮平原地区对金人展开自由猎杀。

岳飞没有让人失望,他从一开始就在竭尽全力往北方突进。六月二十三日,他的先头部队孙显在陈州(今河南周口)和蔡州(今河南汝南)之间与金兵相遇,大破对手。首战告捷之后,岳飞的军队展示出了极强的斗志:闰六月二十日,张宪攻下颍昌府(今河南许昌);二十四日,张宪收复淮宁府(今河南周口淮阳区);二十五日,杨成攻下郑州,王胜攻下海州;七月二日,张应和韩清攻下了西京洛阳。

收复西京是一件大功,从军事意义上来说,这里可以扼守住陕西和中原之间的要道,并且随时可以去收复巩义的皇陵;从政治意义上来说,这是南宋军队收复的第一座都城,而且可以算是双方交战这么多年来第一次在正面战场上夺回的一座超大城市,极大地鼓舞了全军的士气。这几仗打得如此之漂亮,以至于赵构都开始有点儿飘飘然了。他七月七日得意地对秦桧说："武将们经常说金人铁骑太占便宜，如果是在平原作战我们绝无胜理，必须据险而守才有机会。我一直不同意这个观点，孟子就说过，天时不如地利，地利不如人和，只要人心归顺，即便是在平原上也能战胜金兵。以前武将们对我这个说法不以为然，现在看来我的说法还是有道理的。"

七月八日，北上的岳飞和南下的完颜兀朮（宗弼）在郾城狭路相逢，这是宋金两国的两大名将第一次在战场上正面交锋。这次战斗并不复杂，岳飞非常干脆利落地击败了完颜兀朮（宗弼）。岳飞手下的统制官杨再兴单枪匹马冲入敌阵想要生擒完颜兀朮（宗弼），不过始终没能冲破完颜兀朮（宗弼）的卫队，杀伤近百人之后身披数十创而还。七月十日，岳飞与完颜兀朮（宗弼）再战，再胜，杀金将阿李朵孛堇。在这两场战斗中，岳飞以步兵手持麻札刀砍马腿，破了完颜兀朮（宗弼）横行南北的拐子马，打得完颜兀朮（宗弼）绝望至极。

此战之后，完颜兀朮（宗弼）无奈北撤。岳飞敏锐地看到，完颜兀朮（宗弼）极有可能要顺路进攻颍昌。颍昌是岳飞北伐计划中的一个重要据点，如果不是因为在郾城和完颜兀朮（宗弼）的直接交锋，他现在应该坐镇颍昌指挥。这个时候，颍昌的守将是王贵，岳飞感觉到王贵可能挡不住完颜兀朮（宗弼）的进攻，于是让儿子岳云带兵前去支援，并请刘锜派兵策应。七月十四日，完颜兀朮（宗弼）果然在回开封的途中猛攻颍昌，王贵虽然在岳云的支援下两面夹击打退了完颜兀朮（宗弼）的进攻，但是宋军也伤亡惨重，损失了杨再兴、王兰、高林三将。

接下来发生的一幕大家相当熟悉，七月二十一日，岳飞接到十二道诏令从郾城撤军。这一次撤退，经过后世的演绎，成为一桩巨大的悬案。因为包括《宋史·岳飞传》在内的正史和民间演义里，都把岳飞撤退的地点记载为距离开封四十五里的朱仙镇，而不是距离开封近三百里的郾城。并且，《宋史·岳飞传》上还浓墨重彩地记载了岳飞和完颜兀朮（宗弼）在朱仙镇的正面交锋：双方列阵对攻，岳飞以五百背嵬骑兵冲阵，破了完颜兀朮（宗弼）的十万大军，完颜兀朮（宗弼）无奈只能逃回开封，甚至准备放弃开封渡河北还。随后，岳飞接到朝廷的十二道（最先记载的是十三道）金牌被迫撤军，撤走之前痛哭说："十年之力，废于一旦。"

在距离故都只有四十五里的地方，以五百人破十万金兵，这种史诗级的大胜无论如何都应该浓墨重彩地进入史书，至少比刘锜的顺昌大捷要强。但是除了《宋史·岳飞传》，所有的宋、金官方史料都没有记载这场战斗。《金史·宗弼传》里介绍完颜兀朮（宗弼）撤回开封的原因很清楚：天气太热了，金兵不习惯夏天作战。

事实上，翻遍绍兴十年所有的官方史料，甚至没有任何一支南宋的军队在朱仙镇跟金兵打过仗，那么朱仙镇大捷的史料是从哪里来的呢？答案非常明确——岳飞的孙子岳珂编撰的《金佗续编》。岳珂进献这套书的时候，正是宁宗嘉定年间跟金兵作战的时候，此时岳飞早已平反并被追封为鄂王。在这样的背景下，岳飞的功绩越被夸大，就越能够刺激主战派的斗志、打击主和派的气焰。

我们完全可以这样思考一下：收复开封、渡过黄河这样的重大军事胜利是肯定不能瞎写的，因为这种事情影响力太大找不到其他的史料支撑，但是在距离开封城四五十里的朱仙镇写一场以少胜多的大捷，也没那么多人较真了。这一场战斗，既不涉及重要城市的取舍，也不涉及重要将领的阵亡，反而因为距离开封城特别近，给人一种"功亏一篑"的巨大遗憾，顺便让主和派们看看他们当年是如何误国的，提醒他们不要一错再错。

现在还剩下一个问题：岳飞的撤军是迫于朝廷的压力吗？

《宋史·高宗本纪》里面记载着，岳飞因为多次接到班师的诏书，所以从郾城撤军。《三朝北盟会编》里最初写的是，岳飞在郾城的时候，手下众将请求撤军，岳飞也觉得不可留，于是下达了撤军的命令。非常耐人寻味的是，后来在修订的时候，把"手下众将请求"改成了"一天接到了十二道诏令"，把"岳飞也觉得不可留"里面的"也觉得"删除了。《建炎以来系年要录》里写的是，岳飞接到诏书说"不许深入"，手下众将请求撤军，岳飞自己也觉得不可留，于是下令撤军。

从这些记载里我们不难得出结论，岳飞的撤军并不是单单迫于朝廷的压力，不管是他还是他的部下都意识到，此时刘锜在顺昌，张俊在亳州，杨沂中在宿州，韩世忠在淮阳，岳家军是冲得最前也是最靠近完颜兀术（宗弼）的大本营开封的，孤军深入不可久留。所以，朝廷的撤军诏书只是正好给了他们撤军的理由而已。至于演义里说的，如果岳飞不撤军就能直捣黄龙迎回二圣，不过只是一个美好的愿望，以岳飞的兵力，能不能攻下开封都难说，更不要说渡过黄河、跨越几千里去进攻金上京，救出钦宗了。

但是无论如何，这次撤军的后遗症还是相当之大，本来已经占领的颍昌、淮宁、蔡州、郑州等地重新被金人占领，一个多月以后，西京洛阳也重新丢失，北伐的士气遭到沉重打击。

势均力敌，重新走上和谈的道路

岳飞撤军之后的短时间内，南宋其他将领还在各自的战场上不断取得一些不大但是很能鼓舞人心的战果。但是八月一日，朝廷出现了一个非常耐人寻味的人事任免：以张九成、喻樗、陈刚中为首的七位官员被贬斥。这七个人有一个共同点，他们都曾经旗帜鲜明地反对和议。不管这个任免令是赵构还是秦桧做出来的，至少可以传达朝廷的一个明确信号——不想打仗了。

战役的转折点出现在绍兴十年（1140年）八月的宿州。宿州的守将是杨沂中，他为了稳妥起见，将所有的步兵屯驻于泗州，只留了六千骑兵在宿州。八月十五日，杨沂中被完颜兀朮（宗弼）布下的诱饵迷惑，率领五千骑兵出城去劫营，扑空之后于

第八章 和谈之路

十六日回城途中遭遇完颜兀术（宗弼）的重兵埋伏，杨沂中无奈之下率领骑兵逃奔至寿春，再渡过淮河自保。金兵截杀不成回身围攻宿州，城内的一千骑兵无法守城，于是宿州很快被攻破。金兵气愤宿州百姓开门接纳杨沂中的部队，下令屠城，将宿州杀成一片血海。

宿州的丢失极有可能给了朝廷的主和派一个非常扎实的借口，九月一日，赵构派人去韩世忠军中通知他罢兵，至此，岳飞从郾城撤军，杨沂中回到了镇江，刘光世回到了池州，刘锜回到了太平州，宋军很长一段时间都没有发起过主动的攻势。让人非常诧异的是，这段时间本来天气转凉，正好是金兵发动攻势的大好机会，但是自从九月七日金兵重新占领了洛阳之后，他们再也没有在黄淮平原发动过稍成规模的攻势。而就在同一天，赵构专门将前来面圣的岳飞狠狠训斥了一顿，责他冒进贪功，说岳飞身为大将，应该以天下安危为己任，不应该像一个普通士兵一样贪图功赏。

赵构和秦桧作为朝廷的最高决策者，在这一段时间都非常明显地做出了"防守"的决定，相比之下，年轻气盛的赵构可能更有作战的欲望。比如十月二十一日他跟大臣们聊天的时候就说："带兵最重要的就是明赏罚，要是让我亲自带一支部队，我能生擒完颜兀术（宗弼）。"但是很快他又克制下来，十一月十八日他又感叹道："用武力收复失土并不是最好的办法，收复之后派兵驻守吧浪费兵力，不派兵驻守吧转身就又被敌人夺回去了，吃亏的还是百姓。我们必须想一个永世安宁的万全之策，一举而逐敌，则州县全部为我所有，再也不用一城一池地攻守拉锯了。"从这些举动我们也许能够推断，在这个阶段，赵构和秦桧已经开始寻找一种更省力的解决方案了。

接下来的一段时间，双方的战斗主要爆发在西北战场，这里的金兵主将是可以独当一面的撒离曷，不用劳烦完颜兀术（宗弼）花太多的心思。因为金熙宗南巡到燕京，完颜兀术（宗弼）甚至在九月一日抽空回燕京和金熙宗一起办了一件大事：诛杀了完颜阿里罕（宗尹）和萧庆，这是完颜粘罕（宗翰）在朝廷最后的势力。从此以后，完颜兀术（宗弼）成为金国权力最大的首席重臣，甚至在很多场合都成了金熙宗的代言人，可以在相当程度上独立决定金国的军事、外交等重大事务。

完颜兀术（宗弼）在燕京还给金熙宗提出了继续带兵南下进攻南宋的方案，金熙宗非常爽快地答应了。回到开封之后的完颜兀术（宗弼）立刻开始组织全新一轮的攻势。绍兴十一年（1141年）正月十五日，金兵突然发起了对寿春的进攻，守将孙晖和雷仲集合城里的军队仓促迎敌，由于兵力悬殊，两天之后寿春即告沦陷。得到消息的赵构慌忙派刘锜从太平州渡江增援，派张俊回建康准备拒敌。

鉴于金兵的攻势突然而猛烈，正处在和平幻想期的赵构和秦桧几乎被打了一个措手不及。好在刘锜渡江之后虽然没能救下寿春，但是在正月二十五日扼守住了距离庐州不远的交通要道东关，总算是在巢湖边上站稳了脚跟，也抵挡住了继续南下的金兵。正月二十九日，赵构再派杨沂中率领三万人从杭州出发北上

第八章 和谈之路

迎敌。二月四日，张俊手下王德率军渡江驻扎和州，西北战场的邵隆也收复了商州。到此为止，金兵的这一波进攻虽然没有被打退，但是至少已经被非常有效地遏止了。

战场上的态势让赵构非常自信，二月七日，他甚至可以非常嚣张地对大臣们说："很多人都担心金兵的攻势，害怕他们攻到杭州来。这一次的情况跟建炎年间不一样了，那时候我们所有的军队都退守江南，杜充防守不得法，所以才导致金兵渡过长江。现在韩世忠在淮东，刘锜在淮西，岳飞在上游，张俊在建康，金兵只要敢强渡长江，我军就一定能抄他后路。现在我把镇江空出来，发消息让金兵从这里渡江，他们都不敢。"

形势果然如赵构所料，二月十八日，杨沂中、刘锜、王德、田师中、张子盖等三大军团的五员战将在柘皋和金人韩常的十万大军进行了一次决战。这是双方都在完全知情的情况下进行的一次会战，是硬碰硬的战术和战斗力的较量。结果让完颜兀术（宗弼）大失所望，南宋军队表现出了惊人的战斗力和协作能力，以往那种各自为战的隔阂在这场战斗中分毫未见，宋军干脆利落地将金兵击败，随后张俊顺势收复了庐州。这场胜利让南宋朝廷从上到下极为膨胀，他们觉得自己已经完全能够在平原地区跟金人的重兵团进行阵地战了，赵构是其中稍微清醒的一个人，他在二月二十六日给战将们发去了一封诏书，让他们戒骄戒躁提防金兵的困兽之斗。

但是接下来，一场意外的惨败发生了。三月四日，金兵从柘皋退军之后，顺道围攻濠州。张俊、杨沂中、刘锜三将正在庐州商议退军，接到濠州的警报之后觉得虚实未明，准备观望一下。又过了两天，濠州传来消息说金人已经退军，结果张俊就动了一个小心眼。顺昌之战以后，刘锜战功卓著地位上升很快，张俊和杨沂中很是嫉妒他，决定先让刘锜回去，然后他们二人去濠州捡一个大便宜。三月六日，张俊和杨沂中吃完早饭正准备优哉游哉出发去接收濠州，收到了准确情报说金人并没有撤走，而是正在猛攻濠州。张俊大惊，立刻派人去通知刘锜回军，然后火速驰援濠州。三月九日，等杨沂中等人赶到距离濠州还有六十里的黄连埠的时候，已经传来了濠州失陷的消息。杨沂中等人派兵想要夺回濠州，结果中了完颜兀朮（宗弼）的埋伏，死伤惨重，只能无奈撤军。三月十日，闻讯而来的韩世忠到濠州时，金人已经将濠州焚劫一空，韩世忠也只能撤军回营。

这一仗，将南宋军队反攻以来的士气全部打掉，也让赵构重新看到了手下钩心斗角的本质。三月十二日，在赵构的命令下，张俊、杨沂中、韩世忠、刘锜班师回营；三月十三日，金兵也撤军回到淮河北岸。完颜兀朮（宗弼）的南征和赵构的北伐，两天之内相继告一段落。完颜兀朮（宗弼）已经明白，自己的实力不足以在短时间内直捣杭州；赵构也明白，自己的实力不足以在短期内收复开封，更不用说一劳永逸地解决金国这个心腹大患。双方都开始寻求一种更好的解决方式，比如说，重启和谈。

不过，对于赵构和秦桧来说，极有可能他们从一开始就抱着"边打边谈、以战果作为筹码"的战略思想来应对这一场战争。他们心里有一条底线，不能让金兵渡过长江，而宋军也最好不要渡过淮河，最佳方案是把战场摆到江淮平原之上，这样既能保证杭州的安全，也能保证自己的部队不会太过于孤军深入被金兵歼灭。这些在江淮平原上作战的队伍，是赵构全部的家当，一旦有所损伤，别说谈判筹码，连保命的筹码都没了。

岳飞死了，和议成了

绍兴十一年（1141年）三月，宋金双方各自撤军以后，南宋的将领们都回到了杭州述职。这其实是秦桧的一个小花招，考虑到韩世忠曾经派兵截杀金国使者破坏和谈，力主和议的秦桧一直担心诸将难制。一筹莫展之际，给事中范同给他建议，可以将韩世忠、张俊、岳飞三人调到枢密院，这样就避免他们直接掌握军队。秦桧认可了这个方案，四月二十四日，韩世忠和张俊被任命为枢密使，岳飞被任命为枢密副使，三个人同时失去了兵权。随后，赵构解散了淮东、淮西、湖北、京西宣抚司，将所有的兵马都改成"御前"，遇到军情的时候由枢密院临时调发。

作为长年带兵打仗的人，三位大将骤然之间失去了兵权之后马上就明白了当下的局势。韩世忠和岳飞在秦桧面前表现得非常抗拒，韩世忠自己做了一个一字巾，去都堂上班的时候就披着，下班的时候带着自己的亲兵浩浩荡荡地回家。岳飞也故意敞开衣襟，搞得雍容华贵地在都堂晃荡。所以，韩世忠和岳飞两人让秦桧颇觉不满。三人里面只有张俊迅速倒向了秦桧，他在上任之后三天，也就是四月二十七日就主动申请将自己手下的军马尽快移交给御前使唤。张俊的示好很快就赢得了秦桧的回应，没过多久，两人就成了非常坚固的盟友。

五月十日，秦桧开始正式进入议和的流程，他派张俊和岳飞去淮河南岸的楚州，以巡视边防为名整编韩世忠的军队，然后将其全部撤回长江南岸的镇江，以向完颜兀术（宗弼）展示和谈的诚意。与此同时，金人也在缓和跟南宋的对立局势。早在二月十六日，金熙宗就将徽宗的封号从昏德公追封为天水郡王，将钦宗的封号从重昏侯封为天水郡公。虽然徽宗已经病逝，但是钦宗的待遇确是实实在在提高了不少。这不知道对赵构来说算不算好消息，但是六月份他是真收到了一个期盼已久的好消息。

消息来自一直被金国扣留了十二年的使者洪皓，他派了一个叫李微的人带来一封信，这封信竟然是赵构的生母韦太后写的。赵构喜出望外，对身边的人说："我近二十年不知道母亲的音讯，现在终于有了消息，这些年派出去那么多使者，都不如这一封信管用。"这样的消息让赵构明确了一个想法：母亲还活着，还有把她接回来的可能性。在接下来的时间里，这个想法会一直影响着赵构的策略和行动。

到了七月份，张俊和岳飞从楚州回来之后，两个人的命运发生了天翻地覆的变化。七月二十三日，张俊因为率先倒向秦桧、交出兵权晋升为太傅、广国公。与此同时，岳飞因为得罪了秦桧受到了言官的不停弹劾。

岳飞得罪秦桧是因为三月的濠州之战,赵构让岳飞带兵去增援,但是岳飞闹脾气了。他觉得自己每次刚打完一个大胜仗就被召回,于是就回复赵构说自己没有粮食了,没法去濠州。赵构气得不行,给他发了一封手诏,说:"社稷存亡,在卿此举。"话已经说到这个份儿上了,但是岳飞还是想要继续闹情绪,他带兵出发离开大营走了三十里就停下来观望,直到濠州城破,他都还没走到合肥。这件事情让赵构和秦桧相当恼火,再加上岳飞经常上书反对议和,和朝廷的方针相抵触,于是岳飞终于成了秦桧的眼中钉、肉中刺。

七月十六日,右谏议大夫万俟卨在秦桧的授意下上书弹劾岳飞不救濠州。七月十七日,赵构在朝廷里公开表达了自己对岳飞的不满,他对大臣们说,岳飞和张俊一起去楚州整编韩世忠军队的时候,当着所有人的面说,楚州根本就守不住,没必要加固城防,赵构甚至说出了"我拿岳飞来有什么用"的狠话。赵构的话一出口,秦桧就开始明白,已经到了收拾岳飞的时候。八月八日,岳飞被罢职,得到一个万寿观使的闲职,实际上已经到了任人宰割的地步。

九月八日,岳飞留在鄂州的军中出了一件大事,统制张宪谋反,被都统制王贵镇压之后送到了建康的枢密行府。这件事很快就按照秦桧的意思牵涉到了岳飞,十月十三日,岳飞被送大理寺勘察。

在赵构和秦桧收拾岳飞的时候,朝廷也紧锣密鼓地跟完颜兀尤（宗弼）进行着和谈。九月十三日，完颜兀尤（宗弼）将此前赵构派出去的外交人员莫将和韩恕遣返了回来，虽然这两个人并没有带回来什么实质性的消息，虽然金兵随后又发兵进攻泗州、楚州、濠州，但是赵构非常清楚，这是金人释放出来的强烈的和谈信号。

果然，七天之后的九月二十日，完颜兀尤（宗弼）派人送来了第一封信，措辞比较严厉，主要是讲金国为何起兵、兵势有多大，但是在信里暗示了让赵构"熟虑而善图之"，也就是说让赵构考虑清楚要不要硬碰硬。早就想要和谈的赵构当然不会选择硬碰硬，他在收到信的当天就决定派人去金营中跟完颜兀尤（宗弼）面谈。九月二十三日，刘光远和曹勋带着赵构的国书出发，信里充满了求和的卑微之词。

十月十日，完颜兀尤（宗弼）将刘光远遣送回来，带来第二封信，要求赵构派一个官阶更高的人来。赵构明白，这表面上是羞辱，实际上是要提高谈判的规格，于是在十月十七日派了吏部侍郎魏良臣带着回信过去，主要内容是让完颜兀尤（宗弼）提条件。

十一月七日，和谈终于进入关键的时刻，完颜兀尤（宗弼）派萧毅中等人带来了第三封信，提出了和谈的主要条件：双方以淮河为界，唐州、邓州割让给金国，南宋贡岁币银二十五万两，绢二十五万匹。十一月十八日，赵构在接见了萧毅中之后，态度非常明确：如果把韦太后送回来，这个条件就答应，否则战场上见。随后，赵构派了规格更高的签书枢密院事何铸出发去金国，

第八章　和谈之路

准备正式代表南宋和金国签订和约。

十二月十一日，何铸到了完颜兀朮（宗弼）的军中，完颜兀朮（宗弼）表示他这里已经完全没有任何意见了，直接让他去会宁府见金熙宗，同时给赵构送来了第四封信。当天，赵构开始派人去交割唐州、邓州和陕西的土地，其中陕西地界以刘豫和吴玠当时各自管辖的区域为准。完颜兀朮（宗弼）的信是十二月二十九日送到杭州的，信的内容已经全部是人员遣返、土地交割、各自撤军之类的细节问题了。赵构的回信，也是同样的细节沟通。几乎可以说，到此时为止，双方的和议已经完成了。

赵构收到信的当天将岳飞赐死于大理寺，将岳飞的儿子岳云、部将张宪斩首，家属流放广南。赵构一生最大的污点和成就，就这样在同一天完成了。

用屈辱换来了二十年和平

自从绍兴十一年十一月二十三日（1142年）何铸出发以后，双方就开始了紧锣密鼓的交接过程。除了陕西方面在和尚原的归属问题上产生了一些小纠纷之外，其他一切都非常顺利。从这个细节可以看出，赵构非常相信完颜兀朮（宗弼）在金国朝廷中的话语权，丝毫没有担心金熙宗不认可这份协议的问题。

绍兴十二年（1142年）二月二十六日，何铸一行在会宁府见到了金熙宗，虽然对方态度不是很好，但是依然认可了完颜兀朮（宗弼）的方案，并且同意归还徽宗和郑皇后的梓宫，以及归还活着的韦太后。三月二十三日，金熙宗派人出发去杭州册封赵构为"宋皇帝"，并且开始着手归还韦太后，以及徽宗、郑皇后、高宗邢皇后的梓宫。

为什么会涉及册封呢？因为赵构的这份和议的内容的确很屈辱，主要包括以下几点：赵构向金熙宗称臣，南宋成为金国的属国，世世代代谨守臣节；以淮河中心为国界，将唐州和邓州割让给金国；从绍兴十二年（1142年）起，岁贡银二十五万两，绢二十五万匹，送到泗州交接。和议的最后还有赵构发的毒誓：如果违约，国破人亡。比起两年前和完颜薄鲁虎（宗磐）签订的那份和议，的确苛刻了很多，尤其是领土缩小了很大一片。但是赵构已经清楚地认识到，当初那一份协议的内容是再也不可能兑现了，今天这一份协议都是他在战场上打出来的，在无法取得对金兵压倒性的优势之前，这已经是现阶段他能够争取到的最好的结局。

此后，赵构和完颜兀朮（宗弼）之间陆陆续续各写了三封信，除了完颜兀朮（宗弼）的第五封信原文遗失之外，其他都是关于疆域划分、人员索取之类的细节问题，和议签订之后的执行情况在朝着赵构希望的方向持续良性进行着。接下来，赵构需要完成最重要的一个环节：接回自己的母亲。

四月一日，赵构派孟忠厚迎接梓宫、王次翁迎接太后，带领一个庞大的团队去国界线上等候。四月四日，按照约定，徽宗等

第八章 和谈之路

人的梓宫和韦太后也从他们居住的五国城（今黑龙江依兰）出发，准备到国境线上交接。随后，朝廷中开始了紧锣密鼓的准备工作。四月五日，赵构开始追封太后的曾祖、祖父；四月十八日，朝廷的官员们也开始为迎奉徽宗等人的梓宫和韦太后捐款。

韦太后当初只是郑皇后的侍女，跟她一起侍奉郑皇后的还有一个乔氏。两人关系非常好，乔氏先得到徽宗的宠幸，然后又向徽宗引荐了韦太后，所以才有了赵构。乔氏后来被封为贵妃，和韦太后关系非常好，在开封的时候就以姐妹相称，到了金国之后依然情同姐妹。宋金和议之后，金人派高居安来通知韦太后出发，乔贵妃拿出五十两黄金给高居安，请他路上多照顾韦太后。分别之际，乔贵妃跟韦太后举酒告别，乔贵妃哭着说："姐姐这次回去就贵为皇太后了，请你多保重吧。我是再也没有回去的机会了，只能死在这里了，姐姐，你今后到了快活的地方千万不要忘了这里的不快活。"说完两人抱头痛哭，惹得其他的皇族也忍不住潸然泪下。

韦太后带着徽宗、郑皇后、邢皇后的梓宫从五国城出发之后，先到燕京，然后再到东平府换船，从清河一直南下，于八月六日渡过淮河，正式抵达了她儿子的地盘。[①]其实，韦太后八月

[①] 《宋史·后妃传下》记载邢皇后病逝于绍兴九年（1139年），《三朝北盟会编》记载邢皇后病逝于南归途中。韦太后一行四月四日从五国城出发，《建炎以来系年要录》记载，赵构是四月十八日得到的邢皇后死讯，如果邢皇后死于途中，消息不会这么快传到杭州，所以本书还是采用《宋史》的记载。

三日就抵达了淮河的北岸，但是一直没能过河，因为中途出了一点小岔子——她的欠款没有结清。

韦太后一行人走到燕京之后已是夏季，金人不愿意夏天出发。担心事情有变的韦太后没有多余的钱，只能找金国的使者借了三千两黄金当作民夫、卫士的赏钱，这才能够顺利启行。等到了淮河北岸的时候，使者就要求韦太后先还钱再放人，韦太后无奈，就只能找负责迎接她的王次翁要。王次翁出发之前不知道有这么一回事，也根本没给朝廷申请这笔款项，顿时就蒙了。王次翁是秦桧的亲信，他想来想去决定拒绝金人的要求，因为他担心给了这笔钱，可能在秦桧这里造成"绕开宰相交结外国使者"的嫌疑，他必须先给秦桧汇报了才敢行动。于是，王次翁就一边派人从楚州出发去给秦桧汇报，一边就这么跟金人耗着不给钱，一耗就耗了三天，耗得韦太后在淮河北岸如坐针毡。王次翁的副手王晥终于看不下去了，主动站出来牵头让随行人员凑钱。好在大宋的官员都比较富裕，大家伙儿很快就凑齐了韦太后的欠款，这才有惊无险地把韦太后换了回来。

八月二十一日，韦太后先期抵达临平镇，赵构带着文武百官以及一个二千四百八十三人的超大型仪仗队去迎接，把能够叫上的皇亲国戚全部都带到了临平。赵构母子二人抱头痛哭，哭完之后，韦太后给赵构说了两件事：一件是王次翁不给钱，让她在淮河以北多待了三天；一件是让赵构把韩世忠叫到面前来看看，因为她在金国多次听过这个名字。赵构对于王次翁的行为极为震怒，几乎要杀了他。尽管秦桧百般担保，王次翁从金国报谢回来

第八章 和谈之路

之后依然被贬官，此后终身未能任职。

八月二十二日，韦太后入住赵构为她专门修建的慈宁宫，赵构欣喜若狂，一直在榻前陪着说话。韦太后担心影响赵构次日早朝，主动说自己已经困了，赵构这才无奈告退。

八月二十八日，徽宗、郑皇后、高宗邢皇后的梓宫也抵达了临平，赵构领着百官全部迎接了回来，直到九月一日，赵构才从韦太后这里得知徽宗的准确忌日，以及徽宗下葬时的细节。十月六日，赵构将三具梓宫暂时安葬在越州永固陵，只等将来时机成熟迁回巩义皇陵——虽然他也知道这个时机恐怕很难成熟了。

到此为止，赵构的所有要求金人都已经全部满足，赵构也按照金人的要求交割了土地，提交了誓书。从此以后，宋金进入了长达近二十年的和平期，直到绍兴三十一年（1161年）金国皇帝海陵王毁约南侵，双方才重新开始打仗。

这是赵构和金人之间的第三次正式和谈的尝试，他在承受了来自主战派巨大压力的情况下，以损失大片国土为代价，用非常屈辱的姿态换回自己的母亲，以及南宋二十年的和平。以南宋军队的战斗力，能够在领土方面获得更大的战果吗？应该是可以的，虽然不能像主战派说的那样"直捣黄龙、迎回二圣"，但是全面收复黄河以南的区域还是有一定的希望。但是如果真的这样做了，一方面，赵构要承担每年入秋之后金人随时南下进攻的滋扰，不管是人力还是财力都将捉襟见肘，而且还要面临一不留神造成的惨败风险；另一方面，他和依然在世的生母韦太后将永世无法相见，这对于一个自从靖康元年年底（1127年年初）就再也没见过母亲的人来说，是一种巨大的残忍。

战争对于一个政权的财政来说，是一种庞大而不可控的消耗，而且让赵构的神经随时都处于一种紧绷的状态。也许在他的心里，用损失利益的方式来换取长期的和平，是最好的一种方式。至于对南宋王朝来说是不是最好的一种方式，谁也不知道。

第九章
岳飞之死

绍兴十一年十二月二十九日（1142年1月27日），赵构下令将关押审讯了两个半月的岳飞赐死在大理寺，一代名将就这么把自己的生命定格在了不到三十九岁的年纪。岳飞的死不管是在史学家还是民间传说爱好者的眼里，都算得上是两宋的第一冤案，也算得上是赵构这一生最大的污点。岳飞在战场上的表现足以让赵构放心，不管是对内平定叛乱还是对外对金兵作战，都能取得足够优异的成绩。而且，岳飞的部队不管是在岳飞生前还是死后，都没有出现过所谓的"反叛"的行为，虽然岳飞偶尔会闹点儿小脾气，但是在大方向上始终是听赵构指挥的。单从岳飞自己的表现来说，确实没有被杀的理由，所以民间一直有一种说法：赵构杀掉岳飞，是出于金人尤其是完颜兀术（宗弼）的授意，对方将此作为和谈最基本的一个条件。那么，岳飞是怎么得罪赵构的呢？岳飞被杀真的是金人的授意吗？赵构给岳飞安下的是什么样的罪名呢？

第九章　岳飞之死

一个从普通一兵打出来的大将

岳飞是相州汤阴人，出生于崇宁二年（1103年），早期的履历非常混乱。比较可信的版本是，他宣和四年（1122年）应征入伍加入刘韐的部队，随后又去了王彦的军中。靖康元年年底，还是康王的赵构在相州逗留期间，岳飞以"准备将"的身份跟着王彦一起投入赵构的麾下。年底大军随着赵构去了北京大名府，随后又去了应天府，那时岳飞上了一篇不合时宜的奏折，内容现在已经不知道了，按照推断应该是跟战略方针有关，随后以"不合时宜"被逐，只好投入张所的军队效力，开始了在北方黄河流域作战的经历，直到后来跟着杜充南下江淮流域。

这一次被逐让岳飞错过了赵构人生中最重要的两件大事：建炎元年（1127年）的应天府登基和建炎三年（1129年）的杭州复辟。这两件事对于赵构来说是确定皇位的重要时刻，对他手下的文臣武将来说却是增加信任度、在功劳簿上写下浓墨重彩一笔的绝佳机会。[1]虽然位列"中兴四将"，但是和其他三人相比，岳

---

[1] 《宋史·岳飞传》中记载，岳飞是在赵构登基以后上奏折反对重用黄潜善和汪伯彦被逐，《金佗稡编》中也提到岳飞在应天府上奏折的事情。但是众多史料和岳飞本人在绍兴八年（1138年）六月十三日的奏折都显示，他是在大名府上奏折被逐的，并没有去应天府。考虑到《金佗稡编》和《宋史·岳飞传》的主观性，所以没有采用这个说法。

飞的劣势非常明显，在赵构心中的权重低了许多。

不出意外的话，"岳飞"这个名字再一次出现在赵构的面前是建炎四年（1130年）夏天。这一年的四月十二日，赵构从海上回到了越州，发现韩世忠正巧把完颜兀术（宗弼）截留在了长江南岸，于是满心欢喜地想要活捉完颜兀术（宗弼）。四月二十五日，完颜兀术（宗弼）突破了韩世忠的"黄天荡—金山防线"，率领大军北撤。五月十一日，失去了主力部队支持的金国守军将建康劫掠一空之后，带着陈邦光和李棁放火焚城北渡而去。在这次撤军的时候，只有一个将领主动对他们发起了攻击，他就是岳飞。他率部在临近黄天荡的靖安获得了一场不怎么大的胜利，随后带着权通判建康府钱需进入了建康城，算是第一个收复建康的将领。岳飞真正在赵构心里留下深刻的印象，可能是在七月二十日赵构任命他为昌州防御使、通泰州镇抚使兼泰州知府的时候。因为这一次有关岳飞的任命，是范宗尹和张浚这两位大人物推荐的。这让岳飞很快就摆脱了此前多年来颠沛流离的低级武官的生活，开始正式出现在中高级武官的花名册上。

我们无从知道这段时间里，赵构对于岳飞的印象如何，但是我们至少知道，岳飞在这段时间做了一件赵构想做但是一直不敢做的事：杀了自己的舅舅。

绍兴元年（1131年）正月十日，赵构让张俊去讨伐李成，为了让张俊更有胆气和实力一些，赵构把在江阴驻扎的岳飞调到了他的手下。正月十一日，岳飞从江阴出发，正月十五日到宜兴接上自己的家人一起去洪州跟张俊会师。经过徽州时，有百姓向岳

第九章 岳飞之死

飞投诉,说他的舅舅姚某扰民。岳飞出于军纪的考虑,让自己的母亲去说了一些警告的狠话,其实并没想下手。没想到姚某被激怒了,以为岳飞要杀他,在几天之后的一次行动中,姚某决定先下手为强,找到一个机会用箭射杀岳飞,结果射中了岳飞的马鞍。岳飞一怒之下将姚某擒住,命令手下王贵、张宪拉住姚某的双手,亲手挖出了姚某的心。①

赵构也有一个让他不省心的舅舅,就是生母韦太后的弟弟韦渊。韦渊可能从来没想到过自己的姐姐能够当太后、自己的外甥能够当皇帝,所以有那种骤得显贵之后的暴发户气质,飞扬跋扈,性格暴横不循法度。如果他单单是性格不好也就罢了,关键是办事能力也让人一言难尽。靖康二年(1127年)四月七日,张邦昌派韦渊去济州给赵构称臣,本来是想借着他们的这层亲戚关系示好的,结果韦渊见了赵构以后,居然自称"大楚"官员,让赵构火冒三丈,差点儿杀了韦渊。虽然赵构最终饶了韦渊一命,但是他对于自己的舅舅相当看不惯,也不知道他和岳飞之间的"杀舅"缘分有没有对他们的关系有所促进。

绍兴三年(1133年)九月十五日,平定了虔州群寇的岳飞终于迎来了第一次面圣的机会,他来到杭州,赵构封他为镇南军承宣使、江西制置使、神武后军统制,准备派他去平定杨幺之乱。在《宋史·岳飞传》中,这一次见面,赵构给了岳飞极高的评价,还手书"精忠岳飞"四个大字,做成一面旗帜赐给他。不过

---

① 《三朝北盟会编》卷一百四十四。

在另外的史料中，这次见面岳飞并没有获得这么高的荣誉，赵构反而狠狠敲打了他。岳飞在洪州的时候，曾经和江南兵马钤辖赵秉渊喝酒，两人喝得大醉之后发生了斗殴，岳飞差点儿将赵秉渊打死。赵构得知这件事情之后，虽然没有处罚岳飞，但还是让他戒酒。岳飞非常听话，从此以后在军营里再也没有喝过酒。这次见面之后，赵构将傅选、李山等将的军队划归了岳飞统领，到此时为止，岳飞才开始成军，有了自己独立建制的部队。

此后，赵构和岳飞进入了很长一段时间的甜蜜期，赵构不断给岳飞加官晋爵，不断给他调派人马，在不到一年之后的绍兴四年（1134年）八月二十五日，赏赐岳飞收复襄阳之功，把他封为清远军节度使、湖北荆襄制置使。被封为节度使，称为"建节"，是对武将的一种极高褒奖，岳飞建节的时候才三十二岁，比韩世忠、张浚等人都要年轻，仅仅在月份上次于后来的李显忠，可谓荣耀之至。从这些褒奖和支持中我们不难看出，至少在这个阶段里，赵构是对岳飞倾注了极大心血的，甚至希望把他培养成自己的第二代心腹——毕竟他错过了成为第一代心腹的机会。

而岳飞在接下来这段时间里的表现，也没有辜负赵构的信任。他在平定杨么、对抗刘豫和完颜兀术（宗弼）的战斗中表现出了相当强大的战斗力和纪律性。绍兴六年（1136年）二月十日，赵构依照岳飞的请求，将他镇守的襄阳府路改名为京西南路，把唐州、邓州、随州、郢州、金州、均州、房州、信阳军等地全部划给了岳飞，并且给了他极大的人事权，知州、通判以下的所有官员允许岳飞自行任免。

第九章 岳飞之死

这样的安排,实际上就是将长江中游地区北上进攻河南的一大片战略要地都交给了岳飞,虽然和韩世忠等人直接面对建康、镇江一线的长江防线比起来位置有一些偏远,但是作为资历最浅的一员大将,岳飞能够独享如此广阔的一片战略要地,赵构对他的信任,可以说是掏心掏肺了。

岳飞也是人,也会犯错误

岳飞不是一个完人,他从最低级别的士兵成长为朝廷四大名将之一,当然具备了足够的能力、超凡的运气以及极高的情商。少了这三点中的任何一点,他都不可能在尸山血海之中顺利地爬到这个位置上去。

但是,宋代是一个文官主导话语权的时代,岳飞这样的武将一旦缺乏文官集团的支持,将很难在朝廷中立足。更重要的,岳飞因为资历和根基都非常浅,特别容易成为文官指责武将的突破口。

建炎四年年底到绍兴元年年初这一段时间,由于南宋军队在战场上始终不能取得一场具有说服力的胜利,文臣和武将之间的矛盾越来越尖锐。绍兴元年(1131年)二月二十六日,中书舍人汪藻上书指斥武将,大略如下:"第一,武将享受的特权太大,不但随时可以面见陛下,而且犯错之后也不会受惩罚,这对时刻小心翼翼的文臣很不公平；第二，打仗本来就耗钱，现在朝廷用度又非常紧张，但是武将们根本不体谅陛下的难处，军队里面的作战人员只有三分之一，其余全是占据各种名额只领军饷不打仗的，至于冒领军功、虚派任务的名目更是繁杂，听说岳飞的军队里至少有上百起；第三，祖宗的规矩是武将必须听枢密院指挥，但是现在武将已经骄横到根本不听枢密院的节制，一旦国家不需要打仗了，这帮人可够得陛下您受的。"

这封奏札在武将中掀起了轩然大波，而且大家都知道，汪藻想骂的是基本上不听朝廷安排的刘光世，但是鉴于刘光世的权势太大，他得罪不起，只能找岳飞这个软柿子捏。

除了在文臣这里不怎么讨好之外，岳飞自己也在跟赵构的交流和沟通中犯下了不少错误。

绍兴六年（1136年）正月二十三日，赵构把自己的内侍卫茂恂降了一官，退回吏部。卫茂恂被处罚的原因非常敏感，他此前奉命去抚问岳飞军队的时候，收受了岳飞的超额馈赠。[1]这件事让赵构非常恼火，因为他派卫茂恂去名为抚问，实际上就是想看看这支队伍的忠诚度。卫茂恂既然收受了岳飞的好处，那说明这一次他的任务已经没有任何完成的可能，他的汇报可信度已经降低到让赵构无法接受的地步。并且，这个处罚是赵构亲自决定的，大臣们还在为卫茂恂求情，赵构直接回答："收受超额馈赠应该以贪赃罪论处，按律是应该逐出大内外放的，我只降他一官

---

[1] 《建炎以来系年要录》卷九十七，第1655页。

第九章 岳飞之死

已经是非常开恩了。"沈与求眼见无法说服赵构，只能找补赞颂赵构："陛下惩罚了卫茂恂，足以杀鸡骇猴。"赵构依然怒气未消地回答说："骇什么骇，有一个罚一个，武将勾结内侍这种事情在我这里没有骇这个说法！"

从这件事情我们不难看出，赵构虽然信任岳飞，但是也没有到完全信任如韩世忠的地步。并且，岳飞贿赂内侍的行为，也让他对岳飞有了一个新的思考。绍兴七年（1137年）二月八日，岳飞在平江府又获得了一次面圣的机会。如果他能够把握好这次机会，本来是极有可能成为赵构心腹的。但是很遗憾，岳飞把这次机会浪费了。

岳飞接到命令以后，从湖北坐船去平江府，到九江的时候遇到了参谋官薛弼。岳飞兴致勃勃兼神秘兮兮地对薛弼说："我最近接到情报，金国要把丙午元子（即宋钦宗当年立的太子赵谌）送到开封，另立一个朝廷分化我们。我准备建议陛下也立一个太子，这样金人的阴谋就破产了。"一个手握重兵的武将思考皇帝继承人的问题，这在历朝历代都是犯大忌的事情，薛弼后来在日记里写道："鹏举（岳飞字鹏举）为大将，而越职及此，其取死宜哉。"

二月八日面圣的时候，岳飞果然把心中这一个可以安天下的计划说了出来，也不知道是忐忑还是激动，岳飞说的时候结结巴巴，甚至都不能说出完整的句子。赵构听完果然大怒，说："你虽然是出于一片忠心，但是你手握重兵于外，不该考虑这种事情。"岳飞万万没有想到自己的计划会遭遇这样的结局，神情落寞地退下。赵构也知道自己话说重了，还专门给下一个进来奏事的薛弼说："岳飞好像情绪挺低落，你去安慰安慰他。"

好在这段时间赵构和岳飞还处于蜜月期，这次面圣之后，二月二十五日，岳飞被授予了太尉的头衔，并且获得了陪同赵构一起去建康巡边的机会。在此期间，知道自己犯了错的岳飞急于想要扳回一局，于是想出了一个更宏大的计划，并且在三月十三日辞行回襄阳驻地的时候，勇敢地给赵构陈述了一遍。

当时的情况是这样的，有从中原地区逃到长江流域的老百姓给朝廷汇报，说刘豫此时在金人那里已经失宠，中原遗民天天盼望着王师北上，赵构于是动了北伐刘豫、收复河南的心思。岳飞对赵构说：“收拾刘豫这个目标太小了，我有一个方案可以全部收复中原地区。我们抽调十万精兵，从陕西、河南、淮西三路出击，千里跃进深入敌后，截断金国和伪齐之间的联络，这样不但刘豫即成瓮中之鳖，而中原也将全部收复，可以说一战定天下。”赵构听到这个宏大的计划，愣了一阵，问岳飞：“你这个计划，多久能够完成？”岳飞一看赵构对他的计划感兴趣，马上回答：“只需要三年。”赵构板着脸对岳飞说：“我现在驻跸在江南，全靠淮甸为屏障。如果说动用淮西的军队能够收复中原，我当然没意见，而且求之不得。但是你现在要让淮西的精兵千里跃进到敌后去当屏障，一走就是三年，我面前这一片空空荡荡的开阔地全是些老弱病残，你觉得是刘豫先成瓮中之鳖，还是我先成瓮中之鳖？”岳飞无言以对，羞愧地退下，出发回湖北。

而岳飞真正让赵构生气的，就是他接下来的撂挑子事件。

岳飞陪着赵构去建康巡幸期间，张浚想北伐刘豫，于是在龟山（今江苏盱眙县东北）找韩世忠、刘光世、张俊、岳飞开了一个

第九章 岳飞之死

会,听听他们的意见。刘光世说守,韩世忠说攻,张俊说听张浚的,只有岳飞说战守都不行,最好是不要用兵。结果张浚和岳飞在会上大吵了一架,不欢而散。岳飞心里本来有一股气,再加上被赵构批评了两顿,在路上一直窝着火,走到江州的时候干脆给朝廷上书辞官,也不等朝廷回复,直接去庐山给母亲守墓了。要知道,在此之前,赵构是想过将刘光世的淮西军全部移交给岳飞来统领的。岳飞这么一闹,也让赵构开始重新认识和思考这位少年得志的大将。

岳飞的母亲是绍兴六年(1136年)三月左右去世的,岳飞当时就辞官丁忧,四月六日赵构还亲自下令让岳飞起复。结果现在,觉得自己不受重用的岳飞再度辞官丁忧,把军队交给下属张宪代管,让场面变得非常微妙。赵构再发诏书让岳飞起复,岳飞的犟脾气发作以后,连赵构的命令也不听。这让赵构非常头大,他派了参议官李若虚和统制官王贵去江州跟岳飞面谈,出发之前给他们俩下了死命令:完不成任务就军法从事。李若虚等人在庐山脚下的东林寺劝了岳飞六天,岳飞才终于答应不再耍脾气,去杭州给赵构认错。赵构因为在用人的关键时刻,并没有深究岳飞,反而和他推心置腹地谈了一次话:"你上次的奏陈虽然轻率,但是我并没生气,太祖皇帝说过,对待犯法的人唯一的方式就是剑,我要是生气就处分你了,怎么可能还让你回去带兵。"听到这样的话,岳飞才算是心中一块石头落地。七月七日,回到工作岗位的岳飞派手下王敏求来奏事,一方面是认错,另一方面也算是告诉赵构,自己已经回到了正常的工作状态,一出撂挑子的闹剧才终于收场。

虽然在此后直到绍兴十一年(1141年)岳飞不救濠州之前的

很长一段时间里，岳飞和赵构之间都没有出现摩擦，但是岳飞在这一系列事件中表现出来的政治智商不够、没有大局观、喜欢耍小脾气的缺点，给自己埋下了不少的隐患。

但是这些隐患致命吗？其实并不算，至少同等级别的错误，韩世忠、刘光世等人也犯过。

大理寺，一杯毒酒杀死了一代名将

绍兴七年（1137年）这场撂挑子风波之后，岳飞一直在自己的岗位上工作得中规中矩，战果也足够多，是难得的可以主动出击和金人作战的将领之一，除了绍兴十年（1140年）九月八日赵构批评他贪功、没有大局观之外，他和赵构之间也没有产生明显的矛盾。但是绍兴十一年（1141年）三月濠州失利之后风云突变，四月二十四日，岳飞和韩世忠、张俊一起被收了兵权，八月八日，岳飞被罢枢密副使，原因是万俟卨、何铸、罗汝楫等人弹劾他两大罪状：赵构派他救濠州的时候他逗留不进，去巡视楚州的时候说山阳不可守。

这两条罪状说小不小说大不大，尤其是第二条，几乎可以说是标准的业务讨论。这十多年来，朝廷的文武官员说开封、扬州、建康、杭州不可守的情况多了去了，也没几个人受罚。但是

第九章 岳飞之死

因为赵构曾经在七月十七日公开批评过岳飞的这个观点，所以就顺势成了岳飞的一大罪状。

岳飞被罢职以后，更大的危机来了。九月八日，因为有人汇报岳飞账目不清、私自卖酒，赵构派军器少监鲍琚去鄂州查封岳飞的宣抚司财物。就在同一天，岳飞的部将王俊向都统制王贵举报副都统张宪不满岳飞被解除兵权，计划和岳飞的儿子岳云一起占据襄阳叛乱，以此要挟朝廷将岳飞重新调回鄂州掌兵。如果说此前导致岳飞被罢职的两大罪状还不足以造成巨大后果的话，那么这一个"谋反"的罪名，对岳飞来说是足够致命的。张宪、岳云等涉案人员立刻被拘往枢密院，随后转给大理寺。

这一起告发行为很明显是针对岳飞的，并且后来流传出来的案件卷宗也证实，这是张俊授意王贵和王俊做的一次诬告。但是张宪被收押以后扛住了严刑，宁死不指证岳飞，于是张俊做了一个张宪的假口供，称接到岳飞的密信之后准备起兵谋反。有了这么一份重磅的口供之后一切都好办了，十月十三日，岳飞被收押到大理寺。

岳飞其实并不是被抓捕，准确地说是被诱捕。当天，秦桧给赵构汇报了"岳飞、张宪、岳云谋反"的消息之后，赵构相当惊骇，要求秦桧把岳飞找来跟张宪和岳云对质。岳飞当时还不知道发生了什么事情，或者说还不知道事情已经发展到这么严重的地步，于是就坐着轿子到朝堂去听旨。在宫门外等了半天，然后秦桧派人通知他：“陛下说换一个地方。”岳飞无奈，只能让轿子跟着去，到了地方一看是大理寺。岳飞有点儿蒙，非常惊恐地问：“我为什么到了这里？”没人回答，岳飞硬着头皮进了大理寺，下轿之后也发现四下无人，心里越来越发毛。在厅堂里坐了一小会儿，几个官吏上来跟他说："这里不是说话的地方，中丞在后面等你，问你几个事情。"岳飞壮着胆子说："我为国家出过这么多力，把我弄到大理寺来是什么道理？"还是没人回答，岳飞只能跟着去了后堂，走到一个他没去过的地方，岳飞看到了非常惊恐和绝望的一幕：张宪和岳云赤身裸体戴着枷锁，浑身尽皆血染，痛苦呻吟。随后，大理寺的罗振等人拿出王俊和王贵的举报信，将岳飞逮捕。

岳飞被捕之后下狱，很快到了提审的环节。他当时虽然没有具体职务，但是作为在战场上厮杀出来的一代名将，还是挺硬气。岳飞刚开始被提审的时候，心里愤愤不平，面对主审官，斜着身子晃着手臂表达自己的不满。这时候，站在岳飞身边的狱卒，拿起手里的木杖狠狠击打在地上，同时大喊一声"叉手正立"。这一下把岳飞吓住了，竦然声喏，规规矩矩地照办，然后感叹了一句："我曾经统军十万，今天才知道狱吏的威严。"

岳飞被捕之后才知道自己牵涉的是谋反大罪，一旦承认断无生路可言。所以岳飞前期一直没招供画押，也没承认自己谋反，甚至在狱中还绝食抗议。但是岳飞的想法被一个狱卒改变了。某天岳飞被提审回来，发现一个平常对他很恭敬的狱卒态度大变，倚门斜立，毫无敬意可言。岳飞很奇怪，就问他什么原因。狱卒说："我以前以为你是忠臣，所以对你恭恭敬敬的，不敢怠慢。今天听说你谋反，才知道你是个逆贼，我为什么要对一个逆贼恭敬？"岳飞很奇怪，说："我是被冤枉的，我没造反。"狱卒说："不管你冤枉不冤枉，现在你都定刑了。自古君臣之间不能起疑心，皇帝起了疑心就杀臣子,臣子起了疑心就要造反,这是必然结局。你如果死在大理寺,就是因为造反被诛;你如果活着出了大理寺,你心里愤恨今后一样会造反。总而言之你都是造反,你说你是不是个逆贼?"岳飞反反复复把这段话揣摩了几遍,仰天长叹,随后找狱卒要来了纸笔,在供状上签下了自己的名字。

不过这样的说法并非完全可信,岳飞被杀的罪状见诸众多史料之中,其中并没有"谋反"这样一条,原因是岳云和张宪的通信据说被烧了,大理寺实在是找不到证据,后来只是含含糊糊地给岳飞定了一个"言语怂恿、管教不严"之类的结论。这个问题还引起了韩世忠的不满,他专门找到秦桧问岳飞谋反的证据是什么,秦桧于是说出了大家挺熟悉的那段话:信件虽然找不到了,但是这件事情"莫须有"。最终,大理寺给岳飞定下的主要罪状是这样两条:自称三十岁建节比肩太祖皇帝,濠州之战无视赵构十五次御笔催促逗留不进。

这起案件最终的判决如下:岳飞本应重杖处死,朝廷出于优待,改为赐死;谋反的张宪和岳云斩首;其余相关案犯革职、流放、刺配;岳飞和张宪的家属发配广南和福建关押,每月奏报一次存亡,家业全部没收充公。十二月二十九日,也就是除夕的前一天,岳飞在大理寺被赐毒酒身亡,然后被枭首示众,随后葬在了杭州的一个菜园里。

绍兴十二年(1142年)正月十四日,御史中丞万俟卨、大理寺卿周三畏同时入对,汇报了岳飞案的情况。至此,宋代最大的一起冤案算是正式结案。

是谁点名要杀岳飞，已经不重要了

关于岳飞之死，多年来一直有一种说法：秦桧一直在主导和金国的和谈，金国元帅完颜兀术（宗弼）也有意于此，但是因为岳飞的战斗力太强，引起了完颜兀术（宗弼）的不满，所以完颜兀术（宗弼）在给秦桧的信件中提出，要和谈可以，先杀掉岳飞。

这个说法有一个先决条件，就是完颜兀术（宗弼）和秦桧有密谋，或者说以完颜兀术（宗弼）为代表的金国政权和以秦桧为代表的南宋主和派之间有密谋。

我们先来看看完颜兀术（宗弼）和秦桧密谋的可能性。秦桧是建炎四年年底从金国回到杭州的，不管是逃回来的也好，被金人派回来的也罢，他在金国的人际关系有且仅有完颜挞懒（昌）这一条线。但是完颜挞懒（昌）已经在绍兴九年（1139年）八月十一日在金国内乱中被杀了，下手的人正是完颜兀术（宗弼）。也就是说，秦桧当年在金国积攒的人脉已经被清除完了，而且现在掌权的人，是秦桧可能的上线完颜挞懒（昌）的死对头。在这样的政治局面下，完颜兀术（宗弼）还愿不愿意和秦桧进行推心置腹的密谋，秦桧还敢不敢于和完颜兀术（宗弼）毫无保留地沟通，这是一个非常值得思考的问题。

第九章 岳飞之死

还有一点也是我们需要注意的。秦桧作为宰相兼枢密使，对敌作战的第一负责人，有没有胆量私下跟完颜兀术（宗弼）进行接触。这种事情在北宋仁宗年间是有深刻教训的，康定元年年底，在西北和西夏作战的范仲淹就因为私下给李元昊写了一封劝降信惹出了一个大麻烦，参知政事宋庠甚至上书请求把范仲淹砍了。所以，我们只能这么认为，假如金国真的提了这种要求，那只能是国家与国家之间的正式沟通。

在这一次两国的和谈过程中，双方一共有过七次通信记录，完颜兀术（宗弼）的信送到南宋朝廷的时间分别是：绍兴十一年（1141年）九月二十日第一封、十月十日第二封、十一月七日第三封、十二月二十九日第四封、绍兴十二年（1142年）五月二十三日第六封、八月一日第七封，南宋朝廷每一次都写了回信。其中金人第五封信的时间和内容缺失，史料中只有南宋朝廷回信的记载，时间是绍兴十二年（1142年）三月十九日，可以推断金人这封信送过来的时间大约是三月中旬。这十三封信的内容都是关于和谈的方向、细节、补充，没有提到过任何关于"杀掉岳飞"的内容，而遗失的第五封信发出来的时候，岳飞已经被杀三个多月了，双方已经不可能在这封信里商量杀岳飞的事情了。

官方的通信记录里找不到证据，当然有可能后来史官修改了信件的原文，或者这种机密的问题是通过密函或者口述的方式约定的，毕竟金人写给南宋朝廷的第三封信里有"其间有不可言者——口授"的话语。

有关先杀岳飞，然后和谈的说法先见于岳珂的《鄂国金佗稡编续编》中"兀朮遗桧书，曰'……必杀飞，而后和可成'"。元人修《宋史》粗糙，不作辨别而沿用这一说法。岳珂把元凶指为秦桧，而不敢指向真正的谋主宋高宗，应是受政治环境所迫。那么，我们是否可以质疑，这是岳珂为给祖父鸣冤而在写史时作了锦上添花的叙述，因为有利于为岳飞洗雪冤屈，而真实并不存在这样的书信。

现在我们从另外一个角度来思考一下岳飞被杀的问题。假如说，和谈即将成功之际，秦桧或者赵构为了给金人表明自己的和谈诚意，顺便清除一下朝廷的主战派势力，于是决定杀一个重量级的武将——反正和谈成功之后，武将太多也是一个麻烦。在这样的思路下，赵构和秦桧需要权衡的问题只有一个：杀哪个武将对他们来说才能在震慑力和后遗症之间寻找到一个最佳的平衡点？

而我们今天站在事后诸葛亮的位置来看这个问题，就会发现，这个最佳的平衡点恰好就是岳飞。

我们首先来看当时的重量级武将，即"中兴四将"刘光世、韩世忠、张俊、岳飞。这个说法，可以从绍兴九年（1139年）正月和绍兴十年（1140年）六月的两次任命中得到佐证，这四个人获得的职位和级别都是远超杨存中（即杨沂中）、李显忠（即李世辅）、刘锜等人的。当然，我们不能忽略西北的吴玠（吴玠死后吴璘接替他的位置），他的地位和职位都跟中兴四将不相伯仲，所以，我们的讨论就在这五个人里面进行。

非常清晰的判断是，最先排除危险的人是吴璘（此时吴玠已经病亡）。他们兄弟虽然在民间演义中的名气不够，但是川陕地区的

第九章 岳飞之死

号召力和作用是赵构必须倚重的。跟中兴四将在长江下游地区协同配合作战的局面不一样，吴家兄弟是真正的独当一面，彼时只有他们能够为赵构守好四川的北大门，既能让四川的财赋源源不断地输送到杭州，也能保证赵构不被金兵从长江上游抄后路。

接下来，高宗就需要在中兴四将中选择一个，这个选择很困难，但是并不复杂。从情感上来说，只有岳飞对他没有"拥戴之功"，岳飞两次都没赶上，而其他三人两次都做得非常好，他实在是无法舍弃刘光世、韩世忠、张俊等人在应天府和杭州的功劳，杀了其中任何一个人都可能导致他的老部下们心寒甚至反水。而且，这三人十多年来在朝廷和军队的关系盘根错节，不管杀谁都有"牵一发动全身"的可能性。

唯独岳飞，出身贫寒而且出道太晚，他崭露头角的时候，南宋政坛已经在北宋政坛的基础上洗牌完成了，他属于新生力量。他后来这些年的成功，几乎是全凭自己英勇善战和带兵有方实现的，但是这又给他带来了一个很大的问题：成名太快、锋芒太盛。简而言之，岳飞如果出事了，没什么重量级的人物帮他说话。

岳飞也意识到了这一点，所以这些年来他一直都在试图搞好跟文臣武将们的关系，甚至包括我们先前提到的馈赠内侍卫茂恂的行为，也是他想要在朝廷站稳脚跟的直接表现。

绍兴四年（1134年）五月十七日，岳飞率领自己的部队收复了襄阳。在此之前，赵构命令刘光世去上游给岳飞撑场子，刘光世也确实只负责撑场子，直到岳飞仗打完了之后才出现。但是岳飞后来奏功的时候，主动申请先赏刘光世的部队。而韩世忠和张俊两人，一直都看不起出身低微、上升太快的岳飞，岳飞意识到这一点之后，多次给两人写信企图改善关系，但是依然没什么进展。绍兴五年（1135年）六月十四日，岳飞平定了杨幺之后，送了韩世忠和张俊一人一艘缴获的楼船。这个举动在韩、张二人这里造成了两种不同的结果：张俊觉得岳飞在炫耀战功，更加烦他；韩世忠觉得岳飞挺懂事，开始改变对岳飞的看法。所以，赵构想要收拾岳飞的时候，张俊不遗余力地站在了秦桧这一边帮忙，而韩世忠则愤愤不平地质问秦桧"莫须有三字何以服天下"。

站在赵构的角度来看，岳飞的分量足够重，资历足够浅，关系足够少，影响足够小，正好前段时间闹了一些情绪（实际上其他武将也在闹情绪），如果真的要杀一个武将给金国表示诚意，那么岳飞就是一个"完美受害者"。

事实上，杀掉岳飞以后，朝廷中的重量级人物，除了韩世忠发了牢骚之外，也只有一个知大宗正事赵士㒟替岳飞说话，愿意用全家性命担保岳飞没有造反，然而很快也被秦桧贬到了建州，至死都没能还朝。

岳飞被杀以后，除了西北吴家情况特殊之外，南宋朝廷武将拥兵自重的局面得到了极大改善，以秦桧为首的文官集团重新占据了绝对的话语权。站在赵构的角度来看，和议达成之后金兵不再是威胁，现在武将的威胁也解除了之后，他终于可以高枕无忧地享受自己的皇帝生活了。

所以，岳飞是不是金国点名要杀的已经不重要了，重要的是赵构通过杀掉岳飞，既达成了和议，也震慑了武将集团，一石二鸟的效果可以说非常明显了。

第十章 秦桧专权

赵构之所以能够在绍兴八年（1138年）之后如此执着地选择和谈这一条路，除了他自己的诉求之外，与他身边有一个始终以和谈作为施政纲领的宰相秦桧有关。秦桧于靖康二年（1127年）二月十五日被金兵抓走，建炎四年（1130年）十月二日逃回南宋境内，绍兴元年（1131年）首次被任命为宰相，到绍兴二年（1132年）八月，因为没有做出任何政绩、和谈主要思想触怒了赵构而被罢相，两人的首个甜蜜期宣告终结，赵构甚至一度认为秦桧是一个骗子。到了绍兴八年（1138年），赵构想要再次和谈的时候，重新将秦桧任命为宰相。秦桧回到这个岗位上之后，一直坚定不移地清除朝廷中的主战派势力，不断推进和谈，在王伦等外交人员的协作下，于绍兴十一年（1141年）帮助赵构实现了和平的梦想。从此以后，秦桧开始独揽朝政，担任独相十七年。在这十七年的时间里，秦桧一直都是南宋王朝不可动摇的二号人物。他清除异己、培植党羽、大肆敛财、制造冤狱，甚至以"圣相"自居。而作为皇帝的赵构，一直都在默默地欣赏着秦桧的表演，不但少有打压和敲打的举动，甚至不断地给秦桧加官晋爵，或者用"到秦桧家中视察"的方式来表明君臣之间的亲密无间，用来提高秦桧的威望。秦桧是怎么逃回南宋的？他又是怎么获取了赵构的信任的？他是金国派来的奸细吗？

顺利得让人生疑的生死逃亡

秦桧是江宁（今江苏南京）人，政和五年（1115年）进士，此后仕途一直不顺利，直到十一年之后的靖康元年（1126年），依然是"太学正"这样隶属于国子监的最低级别的官员。当时完颜斡离不（宗望）的东路军渡过黄河即将围攻开封，秦桧上书要求朝廷在谈判的同时"遣兵守备黄河，仍急击渡河寇兵"，算是一个对局势有比较清晰认识的人。

这次上书之后，秦桧渐渐引起了权力集团的注意，于靖康元年（1126年）二月十一日作为朝廷的割地使跟着肃王一起去交割三镇。从燕京回来之后，秦桧的仕途开始一帆风顺，到靖康元年（1126年）十一月金兵第二次围城时，他因为坚决不同意继续割地，对上了钦宗的胃口，被任命为御史中丞。靖康二年（1127年）二月，金人扣留了徽宗和钦宗，要求留守在开封的百官推举张邦昌为皇帝，秦桧上书反对，惹怒了金人，于二月十五日被抓到了金营扣下。三月二十七日，在张邦昌营救无果的情况下，秦桧和孙傅、张叔夜、何㮄、司马朴等人一同北上充军，在金国一留就是三年多，几乎算是杳无音讯。一直到建炎四年（1130年）十一月六日，秦桧终于找到机会逃回行在越州，见到了新皇帝赵构。①

而且秦桧不单是自己回来了，连同当初一起被俘北上的妻子王氏、小奴砚童、婢女兴儿、御史街司翁顺都一个不少地回来了，甚至还带着他在金国时候培养的亲信高益恭。秦桧作为一个手无缚鸡之力的书生，能够带着全家从正在交战的敌国如此顺利地逃回来，可以说是完成了一个几乎不可能完成的任务。所以，朝廷中不少人对秦桧的突然回来表示怀疑，质疑的内容有三点：第一，秦桧是跟何㮚、孙傅、司马朴等人一起被抓的，为什么只有秦桧一个人逃回来了；第二，从燕京到两国交界的涟水军两千八百里，此行路况复杂，处处有岗哨，秦桧一家人是怎么通过层层盘问顺利过淮河的；第三，秦桧被抓到金国之后就充军了，按照金国的规矩，充军的降人，家属是一定要被留在后方当人质的，秦桧是如何带着夫人甚至丫鬟一起逃回来的？鉴于上述分析，他们怀疑秦桧是被金人故意放回来的，甚至有可能是奸细。

面对质疑，秦桧是这样回答的。

秦桧到了金国的上京会宁府之后，金太宗认为他是一个非常有气节的人，就把他赏赐给了自己的弟弟完颜挞懒（昌），做了一个"任用"的小官。正巧，完颜挞懒（昌）也非常欣赏秦桧，于是就把他当成了亲信。金国有个规矩，凡是归顺了的大宋官员，允许他

---

① 在《宋史·奸臣三·秦桧传》《宋史·高宗本纪》《建炎以来系年要录》《三朝北盟会编》等史料中，秦桧从楚州逃回宋界的时间，有十月二日、九月二十五日、九月二十四日三种说法，但是抵达越州被赵构接见的时间是十一月六日。

们的随从自谋生路，但是砚童、兴儿、翁顺都不愿离去，于是就跟着秦桧一起在北方安顿了下来。到了建炎四年（1130年）金兵南侵的时候，完颜挞懒（昌）被任命为左监军，就带着秦桧一起南下。秦桧觉得这是一个南逃的机会，为了带上夫人一起，两人在燕京联合起来演了一出戏。他们在完颜挞懒（昌）隔壁的家中放开嗓门大吵，秦桧对王氏说："你自己留在燕京吧，我要跟着监军去打仗，不能带你了。"王氏立刻大骂："当年我嫁给你的时候，我父亲给了你二十万贯的嫁妆，让你跟我同甘共苦尽此平生。现在你在大金国受重用了，就准备抛下我不管了？"越吵越厉害，终于惊动了完颜挞懒（昌）的夫人一车婆。一车婆是个热心肠，跟王氏平时关系还算不错，听到他们吵架的原因之后，非常爽快地说："这种小事情有什么好吵的，我们大金国的国法允许家属随军，你看我不也是要跟着一起去打仗吗？等我丈夫回来了我就去跟他说一声，让你们夫妇一起南下。"于是，秦桧就这样在完颜挞懒（昌）夫人的帮助下，带着夫人、砚童、兴儿、翁顺一起随军出发，既当任用，又做军事参谋，偶尔还要干一些转运使的工作。

秦桧到了淮河北岸的孙村浦寨中，正好赶上楚州陷落，驻扎在孙村浦寨的金人纷纷冲入楚州去劫掠钱财和妇人，场面极度混乱。秦桧发现有机可乘，于是悄悄买通艄公孙静，对完颜挞懒（昌）说去催促淮阳军海州的钱粮，带着夫人、砚童、兴儿、翁顺以及高益恭登船渡过淮河，据说还杀掉了看守。到了淮河南岸涟水军界，秦桧一行人被守将丁禩的手下当成奸细抓获，绑起来之后准备就地正法。秦桧知道这帮人是宋军，赶紧说自己是大宋的御史中丞秦桧。但是荒郊野地的，士兵和村民都不知道有这么一号人物，准备将他继续凌辱之后杀掉。秦桧情急之下大喊："这里有秀才吗？秀才一定知道我的名字！"正巧村里有个卖酒的王秀才念过书，于是就被叫过来认人。王秀才名叫王安道，本来不认识秦桧，但是担心万一秦桧真的是御史中丞，如果有什么三长两短不好给朝廷交差，干脆就耍了一个小心眼。他见到秦桧之后，长长地作了一个揖说："中丞安乐，劳苦不易。"王秀才是这一片最有见识的人，既然他都说这是御史中丞了，那就一定是御史中丞。于是，大家给秦桧松绑，把他恭恭敬敬地送到了丁祺的帐中。

当天非常不巧，丁祺生病了无法出来处理事务，他的部下们接待了秦桧。席间有个叫刘靖的副将看中了秦桧的包裹，想要杀人劫财，被秦桧戳穿以后才羞愧作罢。当晚，秦桧去丁祺的帐中装醉睡觉，丁祺果然不耐烦，将他赶回了船上去歇息。于是，秦桧一家得以安全地从水路来到镇江，[①]在这里见到了刘光世，闲谈之中说到了"讲和"的事情。正巧刘光世也是一个不喜欢打仗的人，顿时对秦桧的话产生了非常浓厚的兴趣，决定以最快的速度将他送到越州。

秦桧的这番话虽然算是回答了大家的疑问，但是同样疑点非常多，依然有很多人持怀疑态度。此前跟秦桧关系非常好的宰相范宗尹和同知枢密院事李回站出来替秦桧说好话，这才在明面上

---

① 此段参考秦桧《北征纪实》，据《中兴姓氏录》记载，秦桧是被丁祺派王安道、冯由义护送到镇江的，在《宋史·奸臣三·秦桧传》中也有王安道、冯由义、丁祺等人受封赏的记载。

第十章　秦桧专权

封住了悠悠众口。

就这样，北宋末年的御史中丞秦桧开始出现在赵构身边，并且成为赵构比较器重的臣子之一。

一封和谈的国书赢得了赵构的信任

建炎四年（1130年）十一月五日，赵构接见秦桧的头一天，他先让宰执们跟秦桧聊了一下现阶段的主要想法。秦桧的意思很明确，当前最重要的是跟金人讲和。

这段时间，南宋军队在中原战场和陕西战场都打得相当的被动。九月二十九日，淮河交通要塞楚州陷落，金兵终于能够在江淮之间的广袤平原上发挥出骑兵的巨大优势。在此之前，楚州已经被金兵左监军完颜挞懒（昌）围攻了一百多天，守臣赵立多次告急，赵构先后派了张俊、岳飞、刘光世等部去救援，但是始终无法突进到楚州城外。随着赵立在城头中了金兵的飞炮不治身亡之后，楚州终于失守，赵立的妻、妹、儿、女或被杀害，或被掳走。① 消息并不灵通的赵构直到十月十四日还在下诏书，要求刘

---

① 关于楚州失陷的时间，《三朝北盟会编》记载为九月二十五日，《宋史·高宗本纪》《建炎以来系年要录》记载为九月二十九日。

光世抓紧时间出兵去救援楚州。后来，枢密院一度想要治刘光世的逗留之罪，赵构还是没能狠下心，甚至都引起了签书枢密院事赵鼎的不满："陛下你对武将们可以说仁至义尽了，不知道武将们会拿什么来回报陛下。"

相比楚州，陕西战场的惨败更加骇人。张浚以川陕宣抚之职到了汉中之后，年轻气盛兼书生意气，不顾一直在陕西多年征战的王彦和曲端的反对，想要用大决战的方式将一直侵扰关中地区的金兵西路军彻底击溃。九月，张浚集齐了永兴路经略使吴玠、环庆路经略使赵哲、熙河路经略使刘锡、秦凤路经略使孙渥、泾源路经略使刘锜五路大军二十七万人马，来到富平和金人娄室对垒。决战开始之前，骄横的张浚回到邠州（今陕西彬州）督战静候捷报。九月二十三日凌晨，驻扎在富平的大军被娄室三千骑兵突袭，大军随后闻风而溃，堆放在富平县的粮食、军饷、赏银等物资全部丢失，金人所获珍宝钱帛堆积如山。这一场惨败之后，关陕地区再也没有收复的可能性，张浚带着千余名亲兵灰头土脸地来到了兴州（今陕西略阳）。要不是吴玠守住大散关以东的和尚原，关师古守住岷州大潭，孙渥和贾世方守住阶州、成州、凤州，金兵几乎就要攻进四川。

赵构对这样的情形很担忧，虽然他知道金兵一时半会儿打不到越州来，但是这样一直输下去对士气和经济都是一种非常惨重的打击，所以赵构也想讲和。秦桧从金营里来，他是南宋朝廷最知道金营虚实和完颜挞懒（昌）想法的人，赵构想要听听他的意见。

第十章 秦桧专权

见面之后，秦桧先是给赵构回忆了一下他在北迁途中侍奉徽宗的往事，还谈到自己靖康二年（1127年）七月在燕京为徽宗润色议和国书的成就，非常明确地给赵构传递了三个方面的意思：第一，他对赵家忠心耿耿，即便是徽宗已经成为阶下囚之后，他也从来没有怠慢过；第二，他以前虽然是提出过作战思想，但是对和谈这件事有工作经验；第三，徽宗的意思也是和谈，所以和谈并不是投降。

当然，秦桧还有一个巨大的优势：完颜挞懒（昌）跟他非常熟。

得到赵构的首肯之后，秦桧开始讲述自己的和谈思路："如欲天下无事，南自南，北自北。"意思很明白，是南宋和金国如同当年跟契丹一样南北并立，便可以相安无事。

接见结束以后，赵构对秦桧的态度和方案都还挺满意，随后范宗尹给了他一封秦桧草拟的国书，是跟完颜挞懒（昌）讲和的。当天晚上，赵构看完这封国书，觉得每一句都说到他的心坎里了。第二天一大早，他把范宗尹叫过来安排说："秦桧的国书写得非常好，但是现在还不是递交国书的最好时机，且先安排刘光世用私人书信的方式跟完颜挞懒（昌）联系吧。"范宗尹问："那秦桧怎么安置？赐他银帛暂且观望观望吗？或者给一个资政殿学士，先让他在御前讲经以备差遣？"赵构想了一下，决定还是给他一个尚书的实职。十一月八日，秦桧被任命为试礼部尚书。

秦桧的官运还在继续，绍兴元年（1131年）二月十四日，秦桧被提拔为参知政事，算是进入了朝廷的权力中心。秦桧身居要位之后，朝廷一个喜欢巴结权贵的老油子孙觌给他写了一封贺信，信里有这么两句："汉代苏武牧羊回来，只得了一个典属国的官，唐代杜甫穿着麻鞋见天子，只是拜了一个拾遗，从来没有谁像你一样独参大政的。"孙觌写这封信本来是想表扬秦桧命运非凡、深受皇帝器重，但却被心中有鬼的秦桧看成是讥讽自己无功受禄，恨了孙觌很多年，基本上也封死了孙觌在政治上的前程。

仅仅半年以后的八月二十三日，秦桧就接替范宗尹当上了宰相。

当宰相是秦桧的一个梦想，他刚刚当上参知政事的时候就曾经对赵构说："陛下你如果能让我当宰相，我一定有耸动四方的大计划。"赵构听到这句话的反应很耐人寻味——默然。

事实上，秦桧能够当上宰相，也有点儿"捡漏"的运气。范宗尹罢相之后，赵构本来是想用吕颐浩，甚至早早地就先把吕颐浩召到了越州。但是跟吕颐浩关系不好的富直柔、韩璜、辛道宗、辛永宗等人担心吕颐浩拜相之后于己不利，于是就大力推荐秦桧这个看上去对他们没什么威胁的新人，希望能够堵住吕颐浩的上进之路。而正巧，秦桧办了一件让赵构很开心的事情。在此之前，范宗尹上书建议清算崇宁、大观以来朝廷的滥赏，秦桧本来也私下表示了赞同。但是这个建议让赵构非常之恼火，因为靖康之变早就被他定性为"奸臣误国"了，现在要讨论滥赏的问题，那就是明白无误地告诉天下子民，这就是徽宗和钦宗的错误

第十章　秦桧专权

了。秦桧一看苗头不对，不顾自己刚回来时范宗尹拼命帮他说好话的恩情，转身就开始批评范宗尹。

更重要的一个问题是，一个多月之前的七月十二日，完颜挞懒（昌）终于从宿迁撤军北还，将打下来的土地全部交给了伪齐的刘豫。赵构想用这一个短暂的和平期，让秦桧尽情发挥自己在金国的人脉优势，尽快和完颜挞懒（昌）连上线。

正是在各方因素的加持下，秦桧非常幸运地坐上了右相的位置。一方面，赵构在等待着他"耸动天下"的大计划；另一方面，赵构也希望秦桧能够利用自己和完颜挞懒（昌）的老关系，为朝廷争取到一份比较优厚的和约。

给不了赵构想要的，第一次蜜月期结束

很快，赵构发现了秦桧有一个任人唯亲的毛病。绍兴元年（1131年）五月一日，他还在担任参知政事的时候，就推荐了自己舅舅的儿子王鈇入枢密院。秦桧拜相之后，任命了汪伯彦为江东安抚大使。八月二十七日，右司谏韩璜上书弹劾汪伯彦，说他当宰相的时候误国太甚，不应该重新起用他。第一次上书的时候，秦桧没理他，韩璜继续上书。赵构为了避嫌撤销了汪伯彦的任命，但是秦桧一直在说汪伯彦的好话，赵构在秦桧的建议下封

汪伯彦为观文殿学士，提举临安府洞霄宫。后来赵构才知道，秦桧少年时节曾经跟着汪伯彦一起游学，两人交情颇深，所以秦桧处处回护他。对于这种事情，赵构知道永远无法避免，宰相都喜欢用自己顺手的人，只要不是太过分，皇帝一般都能忍受。

一个月之后的九月二十日，赵构觉得已经把吕颐浩叫过来这么久了，如果不拜相的话的确是说不过去，于是就把吕颐浩提拔成了左相，让他和右相秦桧一起协助自己处理政务。正是这个安排，让赵构发现秦桧也不是什么省油的灯，至少不比范宗尹省油。

秦桧非常想独揽朝政，所以对赵构提拔吕颐浩的行为比较抵触，他随即想了一个办法，给赵构上书说："当年周宣王中兴，靠的就是内修外攘，陛下你想要兴复大宋，就得让二相分任内外。"秦桧的意思非常清楚，他主内，负责朝廷的政务处理；吕颐浩主外，负责边事。尽管赵构重用秦桧的目的是通过他和完颜挞懒（昌）的关系达成和谈，但是考虑到和谈需要一定的时间，现阶段必须先稳固江防，一旦长江失守，和谈的根基都没有了。所以，赵构还是答应了秦桧的要求，让吕颐浩择日去镇江建都督府，美其名曰"效仿文种和范蠡的故事，更能让二相各司其职为朕分忧"。

尽管秦桧在杭州，吕颐浩在镇江，但是两个人的暗斗从未停止过。

秦桧一心想要把吕颐浩排挤出朝廷，让自己大权在握，他觉得把吕颐浩赶到镇江去就迈出了成功的第一步。接下来秦桧想要趁热打铁尽快获得斗争的胜利，但是他初回朝廷没有什么根基，无法在要害部门安插人手。于是，秦桧决定反其道而行之，他安排了胡安国、江跻、吴表臣、程瑀、张焘等亲信去了一些看上去没什么实权但是掌握了话语权或者经常在赵构身边出入的岗位，试图用这样的方式来打击吕颐浩的势力，巩固自己的地位。

但是吕颐浩根本不跟秦桧玩虚的，当他感受到秦桧的敌意之后，立刻想了一个办法，绍兴二年（1132年）八月五日，他推荐前宰相朱胜非去当绍兴知府，准备过渡一下就回到朝廷来工作，伺机取代秦桧的位置。这样的招数秦桧当然看得懂，于是他就安排自己最厉害的手下给事中胡安国来上书弹劾朱胜非。

这一招正中吕颐浩的下怀。吕颐浩此前一直想不到办法来对付秦桧，后来从镇江回杭州经过平江的时候，守臣席益告诉他："要扳倒秦桧，需要先扳倒胡安国。"结果吕颐浩还没来得及下手，胡安国就先把自己装进了一个圈套：他低估了朱胜非那时候在赵构心中的地位。朱胜非被罢相，并不是犯了错误，也不是赵构不喜欢他，而是迫于形势的不得已而为之。赵构始终都记得朱胜非在苗、刘兵变中的巨大功劳，甚至朱胜非辞官以后继任者都是他推荐给赵构的。

胡安国被逼到悬崖边上了，他非常清楚，朱胜非要是回来就没秦桧什么事了，秦桧一走他的好日子也就到头了。所以，当赵构亲口跟他讲了朱胜非的功绩之后，胡安国还想努力一把，于是他又上了一道折子想要和赵构辩论，但是赵构根本就不理他了。胡安国一怒之下，托病不出。

场面一度陷入僵持，连朱胜非都惶恐不安地上书请求赵构收回绍兴知府的任命书了。而秦桧的日子也不太好过，北方有消息传来，说天气转凉之后金人又要再度南侵，早在七月九日，起居郎王居正就曾经给赵构说："秦桧当宰相之前说，几个月之内就有耸动天下的计策，现在马上满一年了，没见着耸动啊。"虽然秦桧转身就把王居正外放了，但是他的话语让秦桧已经不太稳的相位更加摇晃。

事情的转折点出现在八月十六日，完颜粘罕（宗翰）把赵构以前派出去的使者王伦遣送回来了，并且还带回来和谈的意愿。这个结果让赵构对秦桧大为失望。他让秦桧当宰相最根本的目的，就是想利用他和完颜挞懒（昌）的关系讲和，现在他拜相一年毫无建树，而另一条线的小混混王伦却带回来明确的消息。从这一刻起，赵构对秦桧的态度开始变了。

突破口还是胡安国。胡安国在家里托病不上朝之后，赵构没有丝毫的退让意思，胡安国于是上书请求辞官，明明白白地告诉赵构："你在我和朱胜非之间选一个吧。"很明显，他上次低估了朱胜非，这次高估了自己，八月二十一日，赵构非常爽快地答应了他的辞呈。这时，秦桧只能亲自出手了。他连续上了三篇奏折请求留下胡安国，赵构没有搭理他。也被逼到悬崖边上的秦桧于是选择了跟胡安国同样的招数，在家托病不上朝。

秦桧一闹脾气，吕颐浩、权邦彦、黄龟年等人立刻开始动手弹劾，赵构一看大家都对秦桧不满，也拿出了秦桧的方案，气鼓鼓地对大家说："秦桧的方案是南人归南、北人归北，意思是河北人给金国，中原人给刘豫，我是河北人，难道也要把我送到金国去吗？"话已经说到了这个份儿上，秦桧再也没有留任的理由。八月二十七日，右相秦桧被罢，提举江州太平观。九月一日，秦桧再被弹劾落职，算是一落到底了。

赵构和秦桧的第一次蜜月期就此结束，秦桧进入了一个长达四年的闲置期。他被冷落的原因非常简单：赵构想要的，他给不了。

但是，这几年里，秦桧一直都在思考这个问题，然后，他渐渐想明白了，赵构想要的究竟是什么：他要的不是毫不犹豫的战，也不是毫无原则的和，而是要用战来换取和的筹码，用和来延缓战的威胁，最终达到一个他虽然没有明确标准但是绝对有心理预期的目的。

重新回到权力中央

秦桧自从绍兴二年（1132年）九月一日落职以后，赵构不喜欢他，朝廷没什么重臣为他说话，他就这么闲置着，等待可能出现的机会。

这个机会出现在绍兴四年十一月二十五日，出使完颜挞懒（昌）金营回来的魏良臣和王绘给赵构说了一件事。他们从金营出发之前跟金人聊天，一个叫萧赫噜的将领突然问道："秦中丞现在怎么样了？他以前在我们军中待过，是个好人。"魏良臣等人回答了秦桧的现状之后告辞回宋营，走了两三里地就遇见完颜挞懒（昌）带着三百骑兵回来。完颜挞懒（昌）眼看他们要走了，给了一个态度不怎么和善的忠告："你们既然要讲和，就不要耍什么花招，这种小小的掩袭（指韩世忠在大仪的军事行动）根本起不了什么作用。你们真要打仗的话，就约定个时间，我们来一次干脆利落的决战。一边讲和一边派人来偷袭，就跟当年我们围开封的时候你们派姚平仲来劫营一样，早晚要误了大事。你们要是不了解我朝的作风，可以回去问秦桧，他清楚得很。"

魏良臣的话给赵构明白无误地传递了一个信息：秦桧在金国的确有关系，而且上上下下的关系都还不错，秦桧虽然说是从完颜挞懒（昌）军中逃回来的，但是现在看来和完颜挞懒（昌）的关系还没崩。

很快，绍兴五年（1135年）二月，秦桧就恢复了资政殿学士①的头衔。秦桧从这个任命中看到了自己复出的可能性，闰二月二十三日，秦桧上书说："金人长于弓箭，请朝廷多造强弩和神臂弓，以便和强敌对攻。"这个时候，南宋军队已经跟金兵作战快十年了，但凡一个在前线打过仗的将领都能提出这样的平庸建议。但是神奇的是，这个平庸的建议居然获得了赵构的热切回应："秦桧虽然没工作，但是依然不忘朝廷，这份心还不错。"

---

① 《三朝北盟会编》记载为"观文殿学士"，《宋史·奸臣三·秦桧传》记载为"资政殿学士"。

第十章　秦桧专权

三月，面对金国因为皇位更迭形成的短暂和平期，赵构要求大臣们提交战守方略。三十日，秦桧也跟着吕颐浩、朱胜非、李纲等人的步伐上书，提出了"战和并行，先取河南，再图河朔"的思路。

很显然，这段时间秦桧的积极表现为他迎来了一个复出的好机会，两个多月以后，也就是绍兴五年（1135年）六月，秦桧被任命为观文殿学士、温州知州。虽然职务不太高并且距离朝廷挺远，但这毕竟是秦桧被罢相之后的第一份工作。不管是对他还是对赵构来说，这都是一个难得的破冰机会。

但是秦桧此前一段时间的无所作为让人颇为不解，至少从今天的角度看来疑点重重，让我们对"秦桧到底是不是金国奸细"这个问题几乎无法准确判断。

赵构重用秦桧，就是想利用他的关系来促成和谈。如果秦桧是完颜挞懒（昌）派到南宋的奸细，但是为什么在他就任宰相的这一段时间里，双方没有达成任何意向性的协议，反而是小混混王伦从完颜粘罕（宗翰）这里带来了和谈的消息；如果秦桧不是奸细，为什么他这样一个深受完颜挞懒（昌）器重的人当逃兵之后，没有受到完颜挞懒（昌）的任何记恨，反而会当着南宋的使者说秦桧的好？要知道，不管在哪个国家，逃兵受到的惩罚都将是极其严重的。而且，更让人浮想联翩的是，魏良臣是秦桧当年在建康郡学的同舍同学，他回来说的话，可信度有多高？

秦桧身上的谜底还没有解开，但是这并不妨碍他一步一步地往权力中央进发。绍兴六年（1136年）六月十九日，秦桧被调任绍兴知府。绍兴，便是赵构长期驻跸过的越州，改元之后以年号为名，可见多受重视。这里相当于赵构的一个陪都，并且和杭州只有一江之隔，和朝廷沟通非常方便。他把秦桧调到这里来，已经很显然有了"随时召见"的目的性了。果然，八月四日，秦桧从温州来到绍兴连椅子都没坐热，就被赵构叫到了杭州见面。这一次见面，双方并没有记录下什么实质性的谈话内容，但是可以从史书上非常简单的记录中看到两人关系已经开始融洽起来——赵构给秦桧赐坐赐茶。

这一次见面之后的第八天，也就是八月十二日，秦桧还没来得及离开杭州，就领到了新任务。赵构准备趁着现在没打仗的时候去巡视一下江防，于是就安排了秦桧和孟庾两个人一同留守行宫。消息刚传出来的时候，孟庾和秦桧开始为了谁当正职谁当副职争论不休。此时两人都是观文殿学士，级别不相上下，孟庾说自己先获得任命，应该自己当正职。秦桧慢悠悠地说："我曾经当过宰相，孟庾不过是参知政事而已，怎么也是我来当这个正职。"果然，任命书一下来之后，秦桧为正，孟庾为副。八月二十八日，赵构出发的头三天，秦桧试图朝着赵构的身边再走近一步，于是上书请求跟着赵构一起去巡视江防，口口声声说自己身陷敌营多年，对敌情还是有一些了解的，一旦有什么情报送过来，他还能帮着分析分析。赵构听到这样的话，虽然非常感动，但拒绝了他的请求。

很快，秦桧的好运来了。到了年底，赵构打退了刘豫的进攻之后，两个宰相矛盾开始公开化，赵鼎请求辞官，张浚转身就推荐了秦桧。推荐秦桧的原因并不是张浚明面上所说的他在靖康年间冒死给金人上书乞留赵氏、反对张邦昌登基，堪称德艺双馨，而是因为他觉得秦桧在朝廷里没什么势力，非常容易控制，毕竟上一次秦桧被罢相的时候一点儿反抗的举动都没有，很干脆地就离开了相位，没有留下一点儿后遗症。

赵构显然对这样的推荐非常受用，十二月九日赵鼎罢相，十二月十五日，赵构把秦桧叫到了平江府，随时陪伴在身边，让孟庾一个人留守杭州。

朝廷凡是有点儿眼力见儿的人都能看到，秦桧的好日子又要来了。绍兴七年（1137年）正月二十五日，在赵构从出使金国回来的何藓处得知徽宗和郑皇后死讯的那一天，秦桧被任命为枢密使，享受宰相待遇。从绍兴二年八月被罢相，到现在四年多的时间，秦桧终于重新回到了权力中心，成为赵构身边的红人。很快，他就将在这个岗位上展示自己的实力——顺从赵构心意的实力。

这一次终于站稳了脚跟

淮西兵变郦琼叛逃之后，张浚因为在此事上的一系列失误，觉得自己在相位上也待不下去了，于是请求辞官。绍兴七年（1137年）八月十四日，赵构问张浚谁能接替他的宰相位置。让人非常意外的是，张浚并没有推荐他此前力挺的秦桧，而是选择了因为跟他不合而被罢相九个月的赵鼎，并且张浚还非常直接地跟赵构说："以前觉得秦桧不错，共事一段时间之后才发现，他这人有点儿阴。"赵构想来想去，认可了张浚的意见。特别具有讽刺意味的是，赵构让张浚拟旨通知赵鼎来建康的时候，秦桧以为张浚会像以前一样推荐自己，还在乐悠悠地跟张浚聊天。聊着聊着，赵构派人来催问张浚，为什么赵鼎的调令还没写好，秦桧这才尴尬地错愕而退，气了个半死。

这件事对秦桧的仕途来说，是一个小小的波折，但却种下了他对张浚和赵鼎两人仇恨的种子。没多久，等赵鼎来了建康之后，他找到机会跟赵鼎说："陛下一直想要你回来，但是张浚不停地说你坏话，这才让你闲置了那么久。"赵鼎罢相就是因为和张浚不和，听了秦桧的话也有几分相信。等赵鼎九月十七日重新拜相之后，秦桧在枢密院对赵鼎言听计从，赵鼎开始渐渐对秦桧产生好感，反而对张浚有些怀恨在心。这事儿，直到很久以后赵鼎和张浚在福建碰面了，两人说开了之后才明白上了秦桧的当。

秦桧一直在赵鼎的手下隐忍着等待机会，结果两个月以后机会就出现了：金国发生了内乱，金熙宗废掉了刘豫政权，跟秦桧最熟悉的完颜挞懒（昌）现在掌控了朝政大权。消息传到建康的时候，秦桧跟赵构进行了一次意味深长的对话。

秦桧说："金国现在发生内乱了，我们跟金国的关系可能要发生很大的变化。"

赵构说："我大宋太祖皇帝兵不血刃得天下，所以福祚悠远。像金国这样穷兵黩武连破大国，到现在都不收兵的国家，在历史上就没有一个能长久的。"

秦桧说："陛下积德如此，国家中兴有望。"

赵构说："也不能就这么干等着，总得要有所施为才能中兴国家。但现在我们的状况就像病人吃错药，尚且有些虚弱，等明年春天我们调理好了再来极力恢复中原。"

这段对话透露出来的信息量是巨大的。

第一，赵构和秦桧都认为，金国的这一次内部震荡并没有导致他们的实力削弱，所以他们都没有"趁乱进攻"的想法，反而在担心金国发生人事变动以后对南宋的政策有变。

第二，赵构已经清醒认识到南宋和金国之间的差距，尤其是近期朝廷出现的各种混乱更是削弱了自身的实力，赵构需要花几个月的时间来平复当前的局面，这样才有精力去恢复中原。

第三，即便金国已经开始衰落，但是和平不是等来的，必须有所作为才能实现他期望的"一劳永逸"的局面。但是这样的作为，究竟是用武力换回来，还是用谈判换回来，需要进一步考虑。

绍兴八年（1138年）二月二十二日，已经放弃北伐计划的赵构觉得没有继续留在建康的必要，回到了杭州。一个月之后的三月七日，秦桧被任命为右相兼枢密使，重新回到了相位。这个任命让人觉得非常巧合，金国跟秦桧关系最好的完颜挞懒（昌）掌控大权之后，秦桧随后也在南宋掌控了大权，并且双方立刻开始了新一轮的对话。

于是，在当年的年底，宋金之间达成了一项到今天看来依然是匪夷所思的协议：金国把包括开封、洛阳、应天府在内的河南、陕西的土地全部归还给了南宋。这件事情秦桧付出了多大的努力，或者说做出了多大的贡献，我们现在已经不得而知。但是在这一年的十月，秦桧曾经和赵构达成了一个约定：讲和的事情，其他人不能参与，由秦桧一个人来操作。

十月初，秦桧和大臣们奏事完毕之后，秦桧单独留下来对赵构说："其他大臣畏首畏尾，害怕担责，所以说话都是模棱两可，这样是成不了大事的。陛下你要是决心讲和，那就让我全权来处理这件事情，你有什么意见只跟我一个人讨论，其他人都不要知会了。"赵构点头同意。秦桧说："我担心陛下你没想好，我过几天再问你吧。"三天之后，秦桧再问了一次，赵构依然同意这个方案。但是秦桧依然不放心，又过了三天再问了一遍，看赵构态度依然坚决，这才放心大胆地去执行议和的事情。

因为太像演义，这个细节的真实性颇让人怀疑，但是我们可以从中分析出一个结论：跟完颜挞懒（昌）议和这件事情，是赵构和秦桧共同决策和共同参与的，并且赵构的主观意愿相当强烈。

另外还有一件因为漏洞百出而导致我们今天判断不了真假的事情。秦桧在拜相以后，立刻派自己当年从金国带回来的亲信高益恭给完颜挞懒（昌）送去一封信。如果信件的真实内容如我们看到的这样的话，那我们也说不清这到底是一封挑拨离间的信，还是一封示好联动的信。秦桧先是祝贺完颜挞懒（昌）被封为鲁

第十章 秦桧专权

王,然后非常得意地告诉完颜挞懒(昌),自己在南宋也当上了宰相。秦桧说:"你既然被封为鲁王,干脆就把鲁地收归己有,我在这边尽全力配合你。"高益恭带着信,是刘光世派涟水军山寨统领官王勋送他去的沂州刘令庄金人山寨,王勋完成任务之后回国,到清河的时候被祝友的部下杀害,王勋的儿子王恪还因此补了一个承信郎的官。但是高益恭到了金国之后没多久就碰上完颜薄鲁虎(宗磐)和完颜挞懒(昌)的势力被清除,高益恭因为这封信成为罪状,于是也一起在祁州被杀。而且他死得更惨烈一些,他是被放到大鼎里活活煮死的。

秦桧是绍兴八年(1138年)三月七日拜相的,双方的和议是当年十二月二十八日达成的,完颜挞懒(昌)是绍兴九年(1139年)八月十一日被杀的,中间隔了接近一年半的时间。祝友占据楚州、刘光世驻扎涟水军、完颜挞懒(昌)被封鲁王,这些日子都对不上。但是鉴于这个记载涉及的人物、地点都非常详细,我们完全有理由相信这件事情发生过,只不过记录之人把时间完全搞混了。至于这封信在这次和谈中起到了多大的作用,我们不得而知,因为按照这个记载来看,高益恭把信送到祁州的时候,和谈已经完成八个月了,完全没起到任何作用,反而成为金熙宗处死完颜挞懒(昌)的证据。

但是,这个记载至少能够证明,秦桧的确在利用自己和完颜挞懒(昌)的私交促成双方的和谈,而这一切行动,赵构是知情并且认可的。所以,这也能解释,为什么以完颜挞懒(昌)为首的主和派被杀、金人后来撕毁协议主动发起南侵的时候,赵构丝毫没有追究秦桧的责任，反而更加坚定地使用秦桧，进行第三次和谈的尝试。

因为秦桧主导的第二次和谈，赵构得到的好处实在是太大了，他不但已经完全认可了秦桧的能力，并且已经把秦桧当成是最了解自己外交意图的那一个人。这一君一臣，已经被共同的目的牢牢地捆绑在一起。

有一封诏书可以证明这一点。绍兴二十六年（1156年）三月二十四日，秦桧病逝以后，进士梁勋担心金国会毁约南侵，于是伏阙上书。赵构非常愤怒，将梁勋送到千里外州军编管，并且在次日下诏书告诉所有人："讲和是我的决定，秦桧只是一个执行者而已，别以为秦桧不在了合约就失效了，我还在呢！"

肆无忌惮地清除潜在的竞争对手

从绍兴十二年（1142年）八月二十九日徽宗等人的梓宫抵达杭州起，赵构和秦桧主导的绍兴和议算是达到了他们预期的结果。

对于三十五岁的赵构来说，他结束了和金国（含刘豫的伪齐）之间长达十五年的战争，从此以后再也不用担惊受怕，不用把大量的金钱和人力都投入这个无底深渊一般的战场上，不用对那些他随时小心提防的武将妥协忍让。更重要的是，他从金国接

第十章 秦桧专权

回了母亲，迎回了父亲和妻子的尸骨，他终于可以昂首挺胸地向天下人昭告自己这些年全力促进和谈的原因和成果，终于摆脱了那些"不忠不孝不救父母"的流言蜚语。

而对于秦桧来说，他忠实地落实了赵构的思想，完美地执行了既定的计划，从一个北宋的流亡臣子，几经沉浮变成了权倾朝野的独相，成为赵构最得力的助手，并且在南宋朝廷积攒了足够的人脉，有了数量庞大、能量不俗的追随者。秦桧接下来要做的，只有两件事：一是继续获取赵构的好感，因为赵构是他权力的源泉；二是继续清除朝廷中反对他的势力，不管是文官还是武将，有一个清除一个。他要吸取绍兴二年（1132年）自己被罢相的教训，一定不能把大好的局面葬送在自己的手里。在刘光世早就因病赋闲、韩世忠被迫交出兵权、岳飞已经被杀的情况下，秦桧开始盯上了中兴四将里硕果仅存的张俊。

张俊是在绍兴十一年（1141年）四月二十四日跟韩世忠一起被任命为枢密使的，因为他以非常迅猛的姿态加入了秦桧的阵营，所以韩世忠和岳飞被罢职的时候，他依然坚挺，并且在构陷岳飞的事情上出力甚多。和议完成之后，秦桧看着张俊武将的身份希望他能懂事地申请退休，但是张俊以为经过岳飞案以后自己的地位已经非常牢固，成了武将中的扛把子，所以丝毫没有动过任何辞职的念头。终于还是秦桧先忍不住，他让人弹劾张俊"可能谋反"。这招非常狠，直接把张俊往万劫不复的路线上逼。这个时候赵构非常仗义地站出来帮张俊说话："当年我在杭州复辟的时候，张俊功劳极大，如果没有铁证，传言就不必相信了。"

秦桧在这种重大人事任免上还是不敢驳赵构的面子，于是另想了一个办法，在绍兴十二年（1142年）九月六日将徽宗山陵使孟忠厚任命为枢密使，和张俊并列。张俊与孟忠厚一向不和，到这时候也看出了自己的结局，只好主动申请辞职。十一月五日，张俊罢职。十七天之后，也就是十一月二十二日，秦桧借口外戚干政，将孟忠厚罢职，可以说彻底将孟忠厚当枪使了一回。

随着刘光世在绍兴十二年（1142年）十一月十三日病逝，所谓的"中兴四将"已经对秦桧完全构不成任何威胁。接下来，秦桧要开始收拾那些不听话的重量级文官了。在此之前，张浚、赵鼎、王庶、韩肖胄、李光、胡铨等跟秦桧意见相左，或者秦桧觉得比自己资历老的文臣，已经被清理得差不多了，接下来秦桧把枪口对准了他曾经非常看重的一个人：万俟卨。

万俟卨是从朝廷开始考虑收大将兵权的时候倒向秦桧的，在此后的岳飞案中贡献极大，和张俊堪称秦桧的左膀右臂。跟张俊不同的是，万俟卨在岳飞案审理完毕之后，依然费心费力地为秦桧出力，弹劾范同、李光、孙近、张浚极其用心。绍兴十二年（1142年）八月十四日，万俟卨被秦桧从御史中丞提拔为参知政事，随后派他出使金国。回国之后，秦桧给万俟卨安排了一个任务："你给陛下汇报的时候，记得说金国特别欣赏我。"万俟卨犹豫了一下，觉得没必要给自己留一个"欺君"的把柄，拒绝了秦桧的这个要求。秦桧没想到自己还能被拒，两人的关系开始出现裂痕。既然出现裂痕了，那万俟卨的仕途就不那么顺利了。他出使回国之后，于绍兴十三年（1143年）六月二十七日被提拔为兼权签书枢密院事，但是此后就再也没有升迁的消息了，这个"权"字也一直没能去掉。万俟卨心中窝着一股火，到了绍兴十四年（1144年）年初，某天奏事完毕之后，秦桧派人交给万俟卨一份以赵构名义签发的人事任命文件，让他去执行。万俟卨一看里面全是秦桧的亲信，突然一硬气，将文件原封不动地退了回去说："方才奏事的时候，没听陛下说有任命文件。"这件事情让秦桧极度愤怒，从此以后再也没有跟万俟卨说过一句话。当然，万俟卨也因为自己的这一下硬气断送了自己的仕途。二月十五日，他被罢职，秦桧换上了楼炤。三个月之后，秦桧发现楼炤不听使唤，开始不停地更换参政和枢密，将朝廷变成了"铁打的秦桧，流水的大臣"。

梳理好了身边的人之后，秦桧非常细心地想到了另外一股势力——和谈成功以后从北方归朝的那批以洪皓为首的外交人员。绍兴十三年（1143年）六月十五日，金人将洪皓、张邵、朱弁等人释放回朝。洪皓是建炎三年（1129年）八月十七日从开封出界去金国的，在金国足足待了十四年。由于金国有规定，只要在金国任过职就不能被遣返，所以洪皓这十四年来一直拒绝在金国当官，生活过得相当之凄苦，说是死里逃生也不为过。正因为如此，洪皓在朝廷尤其是赵构心中的地位相当之高，再加上他在金国派人带回了赵构生母韦太后的信，更是让赵构赞赏不已，甚至将他比作牧羊的苏武。不但赵构对他青眼有加，连韦太后也非常信任他，在接见他的时候主动让内侍撤帘，说："我以前就见过洪尚书，不用帘子了。"所以，他回朝以后，秦桧非常担心自己的位置受到威胁，一度十分紧张。但是很快，洪皓就暴露出了自己的问题：他离开朝廷太久，已经不知道赵构的真实想法了。洪皓心里全是"收复故土"的概念，即便是知道和议已签的情况下，依然觉得这是朝廷的缓兵之计。他在面见秦桧的时候，直言不讳地指出："金人那么害怕张浚，现在他却被闲置起来。陛下说的是在钱塘暂居，但是我看景灵殿、太庙都修建得极其豪华，看来是再也不想回中原了？"这些话，句句都直戳赵构和秦桧的软肋。

没过多久，洪皓再次触及秦桧不能触碰的地方。秦桧在从完颜挞懒（昌）军中逃回来之前，完颜挞懒（昌）正在围攻楚州，久攻不下的完颜挞懒（昌）让秦桧写了劝降的檄文。秦桧回来一直没说过，虽然现在完颜挞懒（昌）已经死了，但是他手下一个叫室捻的亲历者还活着。结果洪皓跟秦桧聊天的时候说："你还记得室捻吗？我回来的时候他让我问你好。"秦桧大惊失色，没有接任何话，九月十日，洪皓被秦桧贬到饶州当知州，远远离开了权力中央。

可能是老天也在帮着秦桧，不到一年之后的绍兴十四年（1144年）七月九日，在和谈中起过重要作用并且深得赵构信任的王伦因为坚持要回到南宋不愿意在金国为官，于金人的步步紧逼下，在金国自缢而死。

与洪皓、王伦相比，名气更大的宇文虚中遭遇更加悲惨。宇文虚中在建炎二年十二月二十六日（1129年）过河去了金国，以"二帝未还，我不可归"为由留在了金国，成为金国学识最高的那一批人，官越做越大，直到被金人称为"国师"。但是宇文虚中身在金营心在宋，多次给赵构传回非常有价值的情报。绍兴

第十章 秦桧专权

十二年（1142年）五月二十三日，和议达成之后，完颜兀朮（宗弼）来索要宇文虚中和张孝纯等人的家属。在此之前宇文虚中就曾经托王伦带信回来说，如果金人要接他的家属，就说已经死在战乱之中了。但是秦桧根本不理宇文虚中的请求，直接就派人去福建将他的全部家人送到了金国，甚至连"留下宇文师瑗一个儿子传宗接代"的要求也不答应。绍兴十五年（1145年）九月九日，宇文虚中在金国被牵扯进了一桩谋反案，全家百口同日被焚而死。

不过，在另一个版本的记载中，宇文虚中之死更加悲壮，秦桧的罪过也更大。九月九日，金熙宗要去城郊祭天，宇文虚中悄悄联络人准备趁这个机会劫杀金熙宗。在此之前，宇文虚中先派人送蜡书给秦桧，希望他能派兵接应，秦桧拒不接受。随后，宇文虚中的计划泄露，被满门处死。

经过这么一系列的运作，秦桧所有潜在的竞争对手已经被牢牢地打压了下去，很长一段时间内再也没有任何人能够对他构成威胁。

秦桧享受的优待，可以说是两宋之最

现在我们把话题回到这个"不许以无罪去首相"秘密条款上

去。可能是因为太过屈辱，绍兴和议的誓书没有在《宋史》等官方史料里被原文记录下来，但是《金史·宗弼传》（即完颜兀术的传记）里是有记载的。非常遗憾的是，原文中并没有这句话。叶绍翁的《四朝闻见录》里给出的解释是："本来有的，后来被删掉了。"

假如说赵构或秦桧强迫南宋的史官删掉了这一句，但他们无论如何也没有能力要求金国的史官也删掉这一句，更没可能控制未来元代史官修《金史》的时候删掉这一句。

我们假定这样的条款是存在的，然后我们再来分析一下，金人提出这个条款的时候有多么幼稚。

第一，当时的宰相只有秦桧一个人，这条协议的内容就是明白无误地告诉赵构："秦桧是我们的内应。"赵构再怎么想和谈，也不是毫无原则地和金人一条心，现在金人在他身边安插一个眼线，金人肆无忌惮地说出来不怕线人暴露，赵构毫不在乎地重用他不怕底牌曝光，秦桧明目张胆地当宰相不怕众口铄金，这么一来显得三方都比较缺心眼。

第二，以赵构和南宋朝廷庞大文官集团的权谋，既然金人要求的是不以无罪去"首相"，那么再安排几个宰相就可以破这个局了。秦桧当自己的首相，但是人事权、经济权、军事权全都不给他，底下的几个人分工合作，加上赵构的加持，随随便便就能把秦桧架空成一个金人的吉祥物。但是赵构没有去破这个简单至极的局，一直坚持让秦桧担任独相，并且给了他足够的权力。

第三，金人并没有提出一定不能换首相，只说"不许无罪"，也就是说要找到足够的理由。大宋朝廷罢免宰相的理由多了去了，洪水地震是理由，彗星日食是理由，言官弹劾是理由，贪污腐化是理由，任人唯亲是理由，结党营私是理由……以秦桧当宰相这些年的所作所为，真要找一个罪，简直是唾手可得。

但是赵构一直没有找，任凭秦桧在相位上折腾。

第四，如果这句话是写入条款之中的，那么就不仅仅是秦桧在世的时候生效，而是宋金两国政权只要存在就一直有效。但是绍兴二十五年（1155年）秦桧病死在任上以后，南宋皇帝就开始频繁更换宰相，其他人就不说了，单是赵构就换了万俟卨、沈该、汤思退、陈康伯、朱倬等五人，对于这种明目张胆的违约行为，金人也从来没有抗议过。所以，这句记载于《四朝闻见录》里的话究竟是不是真的，我们还是应该狠狠地打上一个问号。

从上面的分析来看，秦桧能够独揽朝政十七年，的确是因为赵构喜欢他，而秦桧在处理和赵构关系的问题上，表现出来的权谋简直是让人叹为观止，至少是高出同僚很大一截。绍兴十二年（1142年）三月九日，当时还是普安郡王的宋孝宗出阁就外第，因为吏部尚书吴表臣、礼部尚书苏符等七人希望用皇太子的礼仪，而秦桧坚持只用皇子的礼仪，双方大吵了一架，然后秦桧将这七人罢免。秦桧这么做是有深意的，之前秦桧的政敌赵鼎也曾经建议扶正普安郡王，但是秦桧上书说，赵鼎就是暗讽赵构无后，然后就派人上书斥责赵鼎"邪谋密计深不可测"。秦桧这么一招，几乎可以说是一石三鸟：既讨好了赵构，又打击了政敌，还阻止了可能出现的东宫势力跟自己争权。

秦桧犯过错吗？除了大家熟知的敛财、结党、大兴文字狱、制造冤案之外，他哪怕是在面对赵构的时候，也留下了不少硬伤。

绍兴十二年（1142年）九月六日，孟忠厚被任命为山陵使，负责徽宗等人的安葬事宜。这一次任命非常有玄机，因为按照大宋的规矩，山陵使都是由宰相担任的。但是秦桧怕离开朝廷之后自己的位置动摇，愣是说动了赵构，派了孟忠厚去顶了这个任务，孟忠厚因此也成为大宋第一个不是宰相的山陵使。

绍兴和议之后，赵构经过一段时间的观望，发现金国对于和约的遵守程度还是让人放心的，于是开始慢慢减少供给军队打仗用的月桩钱，以减少百姓的负担。到了绍兴十八年（1148年）十月十九日，和谈已经过去六年多，赵构觉得这笔钱是真的没必要再收了，于是下令全面罢除月桩钱，交给秦桧去办理。到了十二月十八日，赵构发现这笔钱还在收，专门给秦桧再次强调了一遍。秦桧这一次倒是没含糊，果断安排人去处理了，不过并不是免收，而是换了一个名目继续收取。

如果说人事、经济这样的问题对于赵构来说并不是什么伤筋动骨的事，那么在绍兴二十四年（1154年）五月发生的一件事，就有点儿挑战赵构的底线了。五月一日，衢州百姓俞八作乱，带人围攻州城失败之后，逃到严州寿昌县劫掠一番。秦桧竟然在没有给赵构汇报的情况下，派了殿前司将官辛立带着上千士兵去平叛。赵构是怎么知道这件事的呢？是赵瑗（也就是后来的宋孝宗赵昚）去奏事的时候说出来的。赵构听到这个消息的时候非常震惊，秦桧不经过他的同意就私自调动上千人的军队去作战，这种事情直接挑起了他心中当年苗、刘兵变的阴影。第二天，他专门找到秦桧询问这件事，秦桧轻描淡写地回答："这种小事不需要劳烦圣虑，等平叛成功之后一起上奏即可。"关键是，这样的解释在赵构这里通过了。不但如此，秦桧退朝以后还到处打听是谁透露的消息，得知是赵瑗之后，他竟然上书给赵构说，赵瑗在给生父秀王居丧期间不应该领俸禄，需要把每月二百缗的薪水退回来。赵构也没说什么，拿自己的内帑替赵瑗缴纳了这笔钱。

按理说，以赵构的防备心理，他早就该对秦桧下狠手了。但是赵构这十七年来，除了不停给秦桧加官晋爵、让他位极人臣之外，还做出了很多本分之外的举动力挺秦桧。

绍兴十二年十二月二十五日，秦桧生日，赵构在秦桧家中赐宴，从此形成惯例，每年都没有缺过。绍兴十五年（1145年）四月一日，赵构赐给秦桧的顶级府邸落成，四月三日秦桧搬家的时候，赵构除了重重赏赐外，还下令让内侍东头供奉官王晋锡带着教坊乐队去祝贺。十月三日，赵构觉得秦桧的宅子还不够气派，干脆亲书"一德格天之阁"六个字，做成匾额赐给秦桧。绍兴十六年（1146年）二月十四日，赵构命令临安府为秦桧修建家庙。绍兴十九年（1149年）九月二十九日，赵构命令人为秦桧画像，并且亲自写了极尽褒扬的赞文。

从以上种种记载来看，赵构对于秦桧的恩宠，真的是发自内心、超乎常人的。他完全可以不这么做，但是他不但这么做了，而且还是主动的。可以这么说，大宋的任何一个宰相都没有受到这般的恩宠，包括太祖朝的赵普、神宗朝的王安石、徽宗朝的蔡京，只有南宋末年理宗、度宗两朝的贾似道可以跟他一比。考虑到贾似道最后被诛，而秦桧得以善终，他真可以说是大宋一朝天下无双了。

能给赵构安全感的人，只有秦桧

既然赵构并没有什么白纸黑字的承诺要遵守，也没有昏聩到任由手下摆布的地步，那只能说明他对秦桧的喜爱是发自内心的，至少秦桧身上有足够的优点让赵构欣赏。

最重要的一点，就是安全感。

这种安全感对赵构来说，并不是两个人之间相处的信任感，而是能够安安定定待在一个地方享受皇帝乐趣的感觉。赵构从靖康元年十一月十六日踏出开封城门的那一刻起，就一直处于一种颠沛流离的焦虑之中。他要考虑金兵会不会突袭把他抓走，手下会不会发动叛乱逼他退位甚至杀了他，他有没有足够的钱来维持自己的统治，他需不需要随时准备逃离皇宫甚至到海上去漂泊……这样的生活一直持续了十六年，直到在秦桧的主导下签订了绍兴和议，他才真正安定下来。而他已经从一个十九岁的小伙子，变成了一个三十五岁的中年人。

第十章 秦桧专权

有一个记载可以证明这一点对赵构来说有多重要。秦桧第一次被罢相的时候，赵构曾经痛斥他的"南自南北自北"的方案，还说："我就是北方人，那我去哪里？"到了绍兴十八年（1148年）八月二十八日，赵构当着签书枢密院事詹大方的面对秦桧说："当年你刚从金国回来的时候，说过'如欲天下无事，须是南自南北自北'，当时我心里虽然认可，但是迫于大臣们的反对声音太强，一直拖了很久才施行。如今南北罢兵已经六年了，现在天下无事，果如卿言。"其实这已经不是赵构第一次发出这样的感叹了。早在绍兴十六年（1146年）四月十一日，赵构在批阅奏折的时候就对秦桧说："最近一段时间基本上无事可做，当初打仗的时候奏折太多，我经常看到半夜。现在如此轻松，还是议和好啊。"

这种对安全感的渴求，可以说是赵构成长过程中性格变化的一个重要因素。他刚刚登基的时候，思考的首要问题是天下百姓会不会拥戴他、他的位置是不是牢靠、他的手下会不会发动叛乱，所以他的战略思想是对内的，需要收天下之心。在这样的思想指导下，他的安全感取决于手下，为了保证这一点，所以必须用"收复中原"这个口号和国策来笼络天下之心。但是当他意识到自己的皇位已经非常牢靠并且手下军队的战斗力有了一定的保证之后，他开始考虑的问题就是如何在敌国也就是金国这里争取到更大的利益。进入这一个阶段以后，他的战略思想变成了对外，不管战也好，和也好，终归是要跟金国打交道。而这时候，他的安全感就全部取决于金国的态度了。

为了获得这两种安全感，他先后换了李纲、黄潜善、张邦昌、汪伯彦、朱胜非、吕颐浩、杜充、范宗尹、秦桧、赵鼎、张浚等十一个宰相，主动或者被动地在"战与和"之间来回切换，最终还是二度拜相的秦桧完成了这个任务。我们完全可以想象到，当赵构见到自己母亲的时候，心里是多么庆幸自己选择了"和谈"这一条路。如果单靠武力进攻，别说接回母亲，他自己能不能全身而退都是一个很大的问题。而"和谈"，正是秦桧一直在努力做的事情。

我们大家都知道，和谈的真正主导者是赵构。秦桧的出现，既让赵构有了一个坚定不移并且效果还不错的执行者，也让他在面对武将和主战派文官们的责难时有了一面巨大的挡箭牌。主战派那些毫不客气的奏折，不用再像建炎年间那样直接针对赵构，而是开始把矛头对准了秦桧。所以，主战派的态度越激烈，赵构就对秦桧越倚重。这种相辅相成的状态，几乎把君臣二人紧紧地捆绑在一起。

除了对外的安全感，秦桧也给了赵构一种对内的安全感。也就是说，赵构再也不用担心有人来威胁他的皇位。绍兴和议之后，除了情况相当特殊的西北吴家外，武将在朝廷中已经没有了任何的话语权，这让经历过苗、刘兵变的赵构十分放心。而秦桧本人虽然贪腐成性、任用亲信，但是从来没有暴露出想要争夺皇位的野心。

有记载说，秦桧死后，赵构曾经对杨存中说："我终于可以把靴筒里的匕首拿出来了。"以此来证明秦桧的不臣之心和赵构

第十章 秦桧专权

的防备之意。这句话的真实性如何我们不太能够确定，但是如果秦桧真的要刺杀赵构，断然不会亲自执行，一定是派士兵或者孔武有力的亲信动手，这种情况下赵构靴子里的一把匕首能起到什么作用，稍微有点儿常识的人就能判断。宋太祖赵匡胤刚即位没多久，有个军官敬献了一柄手杖剑，让他缓急时用来防身。赵匡胤毫不犹豫地就将手杖剑扔到地上说："真遇到事情了，这个东西能管什么用？"赵构和赵匡胤一样，也算是在战场上历练过的人，长短兵器之间的实战效果差异，他自然明白。

而事实上，涉及礼仪、规格之类的小细节，秦桧在赵构面前绝大部分时间还是谦卑得很，有一个本想证明秦桧奸猾但是正好证明了秦桧谨慎的记载。赵构的吴皇后有一次召秦桧的妻子王氏进宫赐宴，席上有一道非常名贵的淮青鱼。吴皇后有些得意地问王氏："你吃过吗？"王氏说："早就吃过了，更大的都吃过。"回家之后，王氏就把这件事说给秦桧听了，秦桧大惊失色，第二天就派人给吴皇后送去了数十条长得像淮青鱼但是便宜许多的草鱼。吴皇后心里本来挺不舒服，一看见草鱼，顿时笑了起来："我说她怎么可能吃过更大的淮青鱼，原来她不认识。"

所以，秦桧担任独相的这十七年，宋金两国的外交正常化，边境没有起过摩擦，南宋派去金国的使者没有受到刁难，金国来杭州的使者除了要求赵构按照规定起立受书之外也挺讲礼数、挺给面子。国内的武将们手里没有了兵权，规规矩矩听枢密院的安排，文臣们虽然绝大部分都是秦桧的亲信，但是秦桧听话他们就听话，没有任何人敢对赵构有不恭敬的言辞。至于困扰各个朝代的农民起义，在这一段时间内几乎可以忽略不计，很少有超过一个州辖区的起义发生。在这样的局面下，赵构怎么可能觉得不安全。

还有一个原因也值得我们注意，因为不用打仗，南宋朝廷的国库应该是越来越充盈。之所以说"应该是"，主要是因为现有的资料缺乏相关的明细数据。但从绍兴十三年（1143年）开始，赵构就开始不断下诏书减免各地的税收和前些年地方拖欠的粮食、款项，如果没有足够的财政节余，他肯定不会做出这样的举动。绍兴十五年（1145年）七月二十五日，赵构在跟秦桧聊天的时候也说："休兵以来，上下渐觉富贵。"可以说，绍兴和议之后节省下来的军费，让赵构当了皇帝以后第一次过上了富裕的日子。

除此之外，秦桧对于赵构个人的吹捧也是恰到好处。步入中年之后的赵构醉心书法，最喜欢听别人表扬他字好。而秦桧既是书法大家，也是拍马屁的大家，多次公开恭维赵构的书法。绍兴十三年（1143年）十一月十五日，秦桧上奏说，赵构御笔亲书的《尚书》，既能展示书法之精妙，又能展示圣学之不倦，拍得赵构心旷神怡。秦桧随即又说，赵构已经将"六经"《论语》、《孟子》都手写了一遍，建议将书法刻石摆放在国子监，然后将印刷本赐给诸路州学学习。赵构龙心大悦，当即就答应了请求。

有了这种种因素的加持，我们实在是找不到赵构更换秦桧的理由，况且一旦换相，他还要面对朝廷重新洗牌的风险和麻烦。既然秦桧当宰相对赵构而言就是一个他期待已久的舒适区，那他为什么非要跳出来呢？

赵构不是管不住，而是不想管

不少人对绍兴和议之后的赵构一直有一个错觉：他昏庸无能，任由秦桧把持朝政。甚至还有人说，赵构一方面是金人的儿皇帝，一方面是秦桧的傀儡，这个皇帝当得太屈辱了。

赵构虽然一心主和，在很多情况下战斗欲望都不是很强，但是要说他"昏庸无能"，这可真是错怪他了。他十九岁出城去谈判，从来没接受过皇帝职业培训，从来没处理过具体政务，从来没有带兵打过仗，除了康王府的宦官之外没有任何亲信（这批宦官还导致了他在苗、刘兵变中退位），即便是在这样的情况下，他也收拢了北宋政权留下来的残余力量，建立起了一个王朝，并且跟最大的强敌实现了和平共处。当意识到这个问题之后，我们就再也不会给他做出"昏庸无能"这样的评价了。

秦桧担任独相的这十七年里，赵构对于朝政几乎没有做任何干涉，把所有的政务和人事权都交给了秦桧处理。他把这个权力当成是对秦桧最大的信任，以及对和谈成功的褒奖。但是，从绍兴二十五年（1155年）十月秦桧病重之后赵构的表现来看，他的这个褒奖仅仅止于秦桧一个人，绝不会延续到他的后代或者他的亲信。

很明显，秦桧也清楚这一点。秦桧没有儿子（私生子林一飞不被承认），秦熺是他妻兄王唤的儿子。秦熺也算是一个远近闻名的才子，绍兴十二年（1142年）四月七日本来被赵构钦点为状元，但是秦桧上奏说自己身为宰相，按照大宋的规矩，儿子不能当状元，于是秦熺被降为第二名，把状元给了陈诚之。秦桧本来是想着力培养秦熺的，但是绍兴十三年十二月底他生日宴前后发生的一件事，让他改变了这个想法。那段时间为了给秦桧庆生，他的宅子里经常有伶人来表演杂剧，演到诙谐之处，秦熺笑声略高。秦桧盯着秦熺看了半天没说话，然后起身说去更衣，离席而去。过了很久秦桧都没回来，他夫人王氏派人去找，结果发现他根本没去更衣，而是去了一个房间里静坐，感叹秦熺沉不住气，今后必然不堪大用。

不过，赵构不知道是出于给秦桧面子，还是真的喜欢秦熺，一直在提拔秦熺，绍兴十八年（1148年）三月二十三日甚至把秦熺任命为知枢密院事。这让朝野之间开始议论纷纷，因为大家很容易就联想到了徽宗时期的奸臣蔡京父子。四月十三日，秦熺在压力之下主动上书请求辞职，赵构答应了他的辞职请求，但是依然让他担任了侍读和提举秘书省，让他上朝的班次进入宰辅序列，位于右仆射之下。

这样的恩赐让秦熺有些膨胀，开始动了接秦桧的班拜相的念头。绍兴二十一年（1151年）闰四月四日，左朝散郎王扬英上书称，既然秦桧经常生病影响处理朝政，不如让秦熺当宰相。虽然我们不知道这样的举动是不是秦熺授意的，但是它很明显惹怒了秦桧，王扬英被送到泰州当知州，远离了朝廷。

真正的权力争斗发生在绍兴二十五年（1155年）十月秦桧病重之际。十月十七日，秦桧也许已经知道自己时日无多，上书请求自己和秦熺同时致仕，然后将两个孙子秦埙、秦堪派到外地宫观任闲职。这样的请求极具深意，实际上就是给赵构传递一个信号：他死以后，整个家族都将退出政坛。十八日，秦熺跟着父亲上了一道请求致仕的折子。十九日，两人再请。二十二日，赵构同意了两人的致仕请求，秦桧当晚就病死在家中。

秦桧父子二人是真心想要从此退出政坛吗？其实并不是这样的。

我们先说说秦熺，他的野心一直都很大，十月二十一日秦桧病危，赵构去他家中探病的时候，秦熺就曾经直言不讳地问赵构："接下来谁来接替宰相的位置？"赵构的回答也非常之不客气："这种事情不是你该问的。"但是秦熺依然不死心，当天晚上他就让儿子和亲信上书，请求让他接替父亲秦桧担任宰相。当然，他等来的并不是任命书，而是赵构同意他们致仕的批文。从此以后，秦熺再也没有担任过任何具体职务，闲居六年之后，于绍兴三十一年（1161年）二月在建康家中病亡。

不单单是秦熺，秦桧其实也在默默地布局，希望自己的亲信能够接任宰相，至少不至于为难自己的子孙后代。他在病重的时候，找来了参知政事董德元和签书枢密院事汤思退来安排后事。非常值得一提的是，董德元两个月前才被提拔，而汤思退更是履新不到一个月，秦桧布局之心昭然若揭。安排完后事之后，秦桧给两个手下一人封了一个大红包——黄金一千两。考验两人政治素养的时候到了,他们在"收还是不收"的问题上产生了巨大的分歧。

董德元收下了这一千两黄金,他的理由是:"如果我不收,秦桧就会怀疑我不愿意听他的话。现在他虽然病重,但是还能说话,万一得罪了他,一句话就把我降职了,所以,他说什么我就听什么,他给什么我就要什么,这才是最稳妥的办法。"而汤思退就没收这笔钱,他的理由也很正当:"秦桧是我的老上级,他交代的事情我从来没有出过差错。有什么好处,事情办成之后他自然会考虑我,从来没有先给我钱再让我办事的道理。现在他弄这么一出,有可能是考验我,我要是一收钱,就是觉得秦桧马上要死了,办事都要拿钱了。所以,这个紧要关头千万不能得罪他。"

天下没有不透风的墙,秦桧死后,他的临终交代也很快被人捅到了赵构那里。赵构得到的信息是:董德元收了秦桧的钱,而汤思退没有收。所以他认为,董德元是秦桧的党羽,汤思退不是。于是,两个人的仕途从此发生了翻天覆地的变化。这一年的十二月,董德元罢职,从此以后再也没有进入过朝廷核心层,八年之后病逝。第二年六月,汤思退拜相,后来虽然被弹劾奸诈而罢职,但是他没收秦桧红包的事情,在赵构和赵昚心里留下了非常好的印象,两度拜相,把持朝政多年,直至隆兴二年(1164年)才因为跟金国和谈失败而被罢免。

董德元和汤思退的案例只是秦桧布局和赵构破局的一个缩

第十章 秦桧专权

影。在秦桧病逝之后，赵构非常干脆利落地完成了对朝廷的布局，清除了秦桧的势力，把大权重新掌握到了自己的手中。

四十八岁的赵构处理这件事情的手段显得格外老到，他一方面以非常高的规格给秦桧办后事，追封为申王、赐顶级谥号忠献、赐题额为"决策元功、精忠全德"的神道碑、亲临秦桧府上祭奠；另一方面毫不留情地大面积清理朝廷中秦桧的亲信。两件事情做得极其自然。到了绍兴二十五年十二月，赵构开始做出一系列倾向性非常明显的人事安排：二日，他把万俟卨复官资政殿学士，调回身边任侍读；二十一日，他把沈该任命为参知政事。这两人都是秦桧的仇家，他们被贬都是秦桧亲自下达的命令。如此一来，朝廷中的所有官员都已经看明白了赵构的意图：在不毁及秦桧名誉的情况下，全面彻底地清除秦桧的残余势力。

绍兴二十六年（1156年）五月二日，沈该、万俟卨拜相；五月四日，汤思退知枢密院；五月七日，汤鹏举试御史中丞；六月七日，程克俊任参知政事。到此为止，赵构已经全面完成了对朝廷的布局，秦桧的后人和余党再无反扑之力。

从这半年来的操作看，我们完全可以得出这么一个结论：赵构这十七年来不是对朝政失去了把控，而是他一直在冷眼旁观秦桧的所作所为。当他认为秦桧的行为不会威胁到他的政权的时候，他完全懒得去管这一切；而一旦秦桧不在了，他是决不允许出现第二个秦桧的。

这一对顶级的利己主义者

在讨论这个问题之前，我们先来分析一下，赵构和秦桧这两人各自的诉求是什么？

我们先看看秦桧。

北宋的灭亡，导致朝廷丧失了数量庞大的精英文官，作为当时高级官员的御史中丞秦桧迎来了自己最好的机会。他想要获得更大的利益，无非是三条路。第一条，自己当皇帝。这个完全不现实，他没有任何机会，要当皇帝也只能像张邦昌和刘豫这样当一个处处受制于人的傀儡皇帝，风险太大自由度不高。第二条，到强国当二把手。强国，也就是当时的金国。秦桧有机会去当二把手吗？显然不可能，他的血统注定了这一点，别说二把手，前十名他都挤不进去。第三条，到弱国当二把手。弱国，也就是当时的南宋。很明显，这是他最方便也是最容易实现的一条路，所以，他坚定不移地选择了回到南宋赵构的身边。

做完了第一道选择题之后，他要面临第二道选择题：施政方针。就当时南宋和金国的态势，也是三条路：第一条，战。南宋和金国作战，对秦桧来说是非常凶险的，打赢了功劳肯定是武将的，轮不到他一个文官来摘桃子，打输了他就跟北宋末年那批文官一样，能不能活下来都是一个问号。况且谁都知道，打赢的机

第十章 秦桧专权

会相当渺茫，所以他一定不想战。第二条，降。投降，对秦桧来说可能待遇稍微好一点儿，至少能够活下来，但是想要堂堂正正地当一个国家的二把手，享受经济分配权、人事安排权，那是绝无可能，充其量当得上金国的一个尚书，说不定也就是一个知府。与其这样，那还不如当初留在金国，也能混一个知府。第三条，和。只有在这条路上，秦桧才能实现自己的利益最大化，牢牢把自己放到二把手的位置上不动摇。让武将去打仗作为自己谈判的筹码，打输了是武将的责任，谈成了是自己的功劳。所以，回到南宋之后，全力主和，是秦桧坚决的施政纲领。

接下来，我们来聊聊赵构。

对于赵构来说，他作为宋徽宗的第九子，能够坐上皇帝的位置，简直就是一个奇迹。所以，他的利益诉求，一定是要保住自己皇帝的位置。因此，他有三个问题必须保证。第一，他要有独立的政权。这是最根本的一个问题，他当皇帝，不是冲着傀儡或者儿皇帝去的，是要当一个有决策权的皇帝，哪怕累点儿苦点儿，也必须有独立自主的权力。不能灭国，这是他的底线。第二，有自己做决定的权力。意思就是徽宗和钦宗不能回来，尤其是钦宗。即便是他的皇位已经非常牢固了，但是家里摆着两个太上皇，三天一拜爹，五天一拜哥，隔三岔五要听他们指指点点，想想都难受。第三，有指定继承人的权力。赵构失去了唯一的儿子，也失去了生育能力，这就意味着，他必须选一个跟自己血缘关系不紧密的人来继承自己的皇位。这是一个非常严峻的问题，关系到他死亡或者退位之后自己如何被定性。他爹徽宗能生儿子,他哥钦宗也能生儿子,他们随便弄个儿子、孙子来都比赵构指定的继承人有血统资格,这是赵构完全接受不了的。

所以,摆在赵构面前的形势越来越明朗:边打边谈,既不能把两个皇帝抢回来(当然,军事实力也不允许),也不能丢掉自己的江山;打到最后一定是和谈,割地、赔款都好商量,但是一定要争取最大的独立权;耗时间,耗到两个太上皇归天,什么都好说了。

到了这个时候,我们就能发现,赵构和秦桧两人的思路终于完美地契合起来,这两个顶级的利己主义者,就这么一拍即合,进入了长达十七年的甜蜜期。

赵构对秦桧的忍让,可以说到了无以复加的地步,他在明知秦桧背着他甚至是当着他的面胡作非为的时候,依然对秦桧极力放纵、鼎力支持,很大程度上就是因为他知道,满朝文武,只有眼前这个人在能力匹配和思路匹配这两个维度上,跟他最合拍。

绍兴十二年(1142年)十月五日,宋金和议之后安葬徽宗梓宫的前一天,他意味深长地跟大臣们说:"现在天下已经太平了,我唯一担心的就是那些士大夫妄作议论扰乱朝廷的计划。治天下应该以清净为本,大家各自安分互不打扰,这就是我的最高目标了。"这段话传递出赵构一个非常重要的治国思路:不折腾。

现在金兵已经不会南下了,困扰大宋近百年的西夏再也没有和大宋接壤,赵构已经没有了来自国外的军事压力,他现在需要的是国内的安宁,只有一个声音的那种安宁。这些年来被秦桧排

第十章 秦桧专权

挤走的大臣、言官不计其数，但是假如这帮人没有被排挤走，会是一个什么样的局面呢？

对赵构来说，无非就是今天你弹劾我，明天我弹劾你，然后为了某一个在他看来小得不能再小的事情吵成一锅粥。吵得轻一点儿，换掉一两个尚书级别的官员就可以；吵得严重一点儿，就换一个宰相。然后，朝廷又要开始围绕着这个新的宰相重新进行人事洗牌，如此循环往复。

赵构已经过够了这样的生活。文官之间的互相缠斗，本来是为了让皇帝能够掌握其中的平衡，更能够把控整个局面，避免文官集团联合起来抗衡君权。但是现在赵构觉得，既然他能够对秦桧完全掌控，那么又何必让文官们来互相缠斗、扰乱自己的情绪呢？他不如将一切权力都下放给秦桧，然后自己只需要管好秦桧一个人即可，哪怕秦桧将手下全部换成自己的亲信，只要他没有威胁到皇位，让他放手去做就是了。无非就是捞点儿钱，捞点儿尊崇感而已。

秦桧比赵构大十七岁，这个年龄差是一道巨大无比的鸿沟，足以保证赵构能够笑看秦桧走到生命的尽头，到时候再来收拾这一切也不迟。

赵构和秦桧，这两个目的性极其明确的人，就这么联手走过了南宋王朝最平静的十四年（从"绍兴和议"到秦桧病亡）。

第十一章
还位太祖

自从建炎三年（1129年）七月十一日元懿太子赵旉夭折以后，赵构就再也没有了子嗣。三年以后的绍兴二年（1132年），他选择了一个名叫赵伯琮（即赵昚）的宗室侄儿养在宫中，并最终把皇位传给了他。值得一提的是，赵构是宋太宗赵光义的后人，而赵伯琮却是宋太祖赵匡胤的后人。赵构的这一做法，将太祖和太宗两系之争又重新摆到了台面上。北宋开宝九年（976年）十月二十日，赵匡胤在宫中暴毙，他的弟弟赵光义即位，史称"宋太宗"，并改年号为"太平兴国"。太宗死后将皇位传给了自己的儿子宋真宗，直到北宋灭亡，太祖的子孙都没有能够当上皇帝。朝廷中的大臣们虽然心里有一杆秤，但是碍于此为皇家内部事务不好开口，但是当赵构决定将皇位传给太祖后人之后，朝廷中赞声一片，可见大家都觉得太祖后人失去皇位是一件特别委屈的事情。那么，赵构为什么会做出这样的选择呢？太宗一系的后人真的选不出来继承人了吗？他选择赵伯琮有什么讲究吗？

第十一章　还位太祖

太宗继位，大家都心知肚明的悬案

宋太祖赵匡胤是开宝九年（976年）十月二十日晚在万岁殿突然驾崩的，此时还不满五十岁。在此之前的大半年，身体素质超强的赵匡胤没有任何的疾病记录，他的工作正常，身体正常，情绪正常。从八月份开始，他除了处理日常政务之外，还开开心心地去视察了很多项目，包括逛寺庙、看表演、游花园，还去了赵光义的家里玩了一趟。但是他就这么突然驾崩了，而赵光义当晚就接过了皇位，完成了一次无缝交接。

当天的交接过程，比较公认的一个版本是这样的。十月初，赵匡胤开始生病。什么病没说，反正就是挺严重的，严重到十月十九日晚在开封的漫天大雪中，赵匡胤觉得自己的身体实在是扛不住了，于是连夜召见赵光义交代后事。两个人办交接工作的时候，所有的外人被赶到了屋外，大家只能从门窗上的烛影猜测两人的行为。到了十月二十日深夜两点左右，赵光义起身离席做谦让推辞状，然后赵匡胤拿起从不离身的柱斧戳地大喊："你好好干吧！"说完这句话，赵匡胤就中气十足地驾崩了。[①]这个故事

[①] "赵匡胤十月初开始生病一说"见于《宋史纪事本末》，官方正史中没有相关记载。

就是民间非常熟悉的"斧声烛影"。

按照此前绝大部分皇帝传位的习惯来看，这次皇权交接非常不合理。因为赵匡胤这时候有两个儿子，一个是二十五岁的二子赵德昭，一个是十七岁的四子赵德芳。按照史书的记载，这两个儿子智商、能力、品行都没有什么问题，接替皇位并不难，但是赵匡胤依然把皇位传给了自己的弟弟。

根据众多史料的记载，传位的过程还有另外一个今天看上去更加合理的版本：当天晚上赵匡胤和赵光义两兄弟并没有在一起喝酒，赵光义是在赵匡胤暴死之后紧急入宫获得皇位的，现场其实还有一个见证者，就是赵匡胤的宋皇后。

宋皇后是洛阳人，大将宋偓的长女，母亲是后汉的永宁公主，是一个见过大世面的人。开宝元年（968年）二月，十七岁的她被册封为皇后。赵匡胤驾崩的时候她二十五岁，按说已经完全具备了处理紧急事务的能力。于是，她立刻让内侍都知王继恩去召赵德芳入宫继位。至于这是赵匡胤生前的主意，还是宋皇后自己的主意，我们不得而知，但是王继恩非常神奇地去叫来了赵光义。宋皇后听说王继恩回来了，大声问道："德芳来了吗？"王继恩回答："来的是晋王（赵光义）。"宋皇后显然没有做好赵光义当皇帝的准备，因为她的第一反应是相当诧异。当然知道事情已经不可逆转的时候，她立刻高呼："我母子的性命全部托付给官家了。"[①]从这句高呼里我们不难看出，宋皇后当时的内

---

① 参考《宋史纪事本末》《宋史·宦者·王继恩传》《涑水记闻》，《涑水记闻》中将"王继恩"误作"王继隆"。

第十一章 还位太祖

心是相当的惊恐,并且直接以"官家"这个皇帝称谓来称呼赵光义,完全放弃了抵抗。

除此之外,还有个更加让人觉得惊恐的细节。赵光义担任开封府尹的时候手下有一个叫程德玄的武官,医术很好,正巧赵光义也是一个医术爱好者,所以赵光义很喜欢他,经常留在身边。赵匡胤去世的这个晚上,程德玄在开封信陵坊睡觉,晚上有人砸他家门,让他跟着赵光义一起进宫。程德玄按照命令赶紧到了赵光义府上,但是赵光义府的大门还没开,程德玄不知道应该怎么办,又不敢敲门,只能在门外等着。等了不一会儿,宦官王继恩就赶来传旨,称:"遗诏迎晋王即位。"于是,赵光义开门带着程德玄一起进宫。为什么会叫上程德玄?我们可以这么假设,如果这是一场阴谋的话,精通医术并且打过仗的程德玄,不管是验尸还是善后,都能在赵光义身边起到非常重要的作用。

而关于这件事的定论,辽国的记载也很有意思:"宋主匡胤殂,其弟炅自立,遣使来告。"意思就是"赵匡胤亡故,他弟弟自立为皇帝","自立"两个字用得尤其意味深长。

那么,赵光义接替皇位的理论基础是什么呢?就是那个著名的金匮之盟。

据说,赵匡胤和赵光义共同的母亲杜太后指出,赵匡胤能够当上皇帝,很大一部分原因是后周孤儿寡母当政,镇不住手下的武将。为了避免赵宋政权重蹈覆辙,她想了一个办法,让赵匡胤传位给弟弟,等赵匡胤的儿子能够独当一面了,再接过皇位。这样世世代代更迭下去,就可以避免孤儿当皇帝的局面。说完,杜太后让赵普把这段话记下来，藏到金匮之中，作为子子孙孙的契约。

按照这样的传位方式，赵光义继承人的顺位应该是这样的：弟弟赵廷美、侄儿赵德昭或者赵德芳。然而，一个意外发生了，在他即位之后的八年之内，这三个继承人都先后死去。

最先死去的是赵德昭。太平兴国四年（979年）七月，赵光义北伐亲征失败，在燕京高梁河（今天的北京西直门一带）惨败，乘着驴车南逃，跟部队失散。一时间，众臣发现群龙无首，于是准备立赵德昭为帝。这件事情给赵光义留下了很大的心理阴影，一个月之后，赵德昭为将士请命，希望赵光义把攻下太原的奖赏发了，赵光义勃然大怒，说："等你自己当了皇帝再发吧，我看也等不了多久了！"听到这句话之后，惊恐万分的赵德昭回到家中拔剑自杀，年仅二十八岁。

两年之后的太平兴国六年（981年），赵德芳病逝，年仅二十二岁。史书上没说他是什么病，但是从他此前四年生了三个儿子、两个女儿的状况来看，恐怕也没差到会英年早逝的地步。

现在，皇位继承人只剩赵光义的弟弟赵廷美。赵廷美此前一直顺风顺水，但是太平兴国七年（982年）传出来一个消息说他要谋反，然后赵光义趁此机会将赵廷美贬到了房陵。两年之后的太平兴国九年（也是雍熙元年，即公元984年），忧悸成疾的赵廷美病死，年仅三十八岁。

所以，赵光义"迫于无奈"无法遵守金匮之盟，"只能"将皇位传给了自己的儿子赵恒，也就是宋真宗。

太祖的后人对于失去皇位继承权这件事一直耿耿于怀，而朝野上下对于太祖的后人也颇有几分同情。太祖的永昌陵完工之后，司天监苗昌裔曾经悄悄跟王继恩说："太祖的后人今后会再夺天下的。"这个说法一直激励着太祖系的宗室重夺皇位。熙宁年间，临沂主簿李逢和方士李士宁就曾经拥立赵德昭的曾孙赵世居，事败被杀；靖康年间二帝被俘北上之后，赵世居的侄孙淮宁知府赵子崧也曾经试图与赵构竞争皇位，随后也于建炎二年（1128年）二月二十三日被贬。

所以，赵构挑选太祖的后人作为继承人，从某种程度上来说是顺乎民意的，至少能够让朝中的不少士大夫觉得他没有私心，是个顾全大局的好皇帝。

选择太祖系后人，一个聪明而正义的决定

建炎三年（1129年）七月十四日，也就是元懿太子赵旉病故之后三天，朝廷里发生了一件让赵构觉得不可理喻的事情。仁寿进士李时雨上书，以仁宗皇帝四十二年无子而传位濮安懿王之子的故事，请求赵构在宗室子弟里择一人备位太子。这个建议让赵构下不来台，虽然五个月之前从扬州溃逃的时候，赵构因为惊吓过度失去了生育能力，但是他才二十三岁，一方面有足够的时间

来调理和治疗自己的身体，另一方面他也没想到就连一个普通的进士都知道了他的身体状况。所以赵构非常生气，决定处罚李时雨。李时雨是元祐党人李新的儿子，当时正在为元祐党人平反，本来朝廷是要给他一个小官作为补偿的，他上了这封奏折之后，官也没当成，反而被赶出了建康。

赵构这段时间的确是在努力治病，他后来在秦桧的介绍下认识了一个名叫王继先的医生。此人祖上卖"黑虎丹"，因此得名"黑虎丹王家"。王继先给赵构服用了"仙灵脾"，也就是"淫羊藿"。赵构一直信任了他三十多年，这说明也许王继先的调理还是有一定的效果，但是始终不能恢复赵构的生育能力。

也许是赵构的嫔妃一直没能怀孕，也许是宫中有人泄露了赵构的病情，催促赵构建储的声音越来越多，甚至包括让赵构无法翻脸也无法拒绝的元祐太后。建炎四年（1130年）八月十日，元祐太后从江西回到了赵构驻跸的越州，给赵构说她做了一个奇怪的梦，促使赵构把这件事情迅速提上了日程。史书上并没有说这个梦是什么内容，但是从后来发生的事情来看，元祐太后是让他建储，甚至有可能是建议他选择太祖的后人。随后没多久，右相范宗尹也提出让他选择宗室子弟当养子的问题。这一次赵构没有再避讳，而是召集大臣们推心置腹地说了一下自己的想法："太祖的后人没能享受大位，如今零落各地颇有些艰辛。我想在太祖的后人中选择一个来当养子，如果我像仁宗皇帝一样没有子嗣的话，今后就把皇位传给他。"这个说法得到了范宗尹、同知枢密院事李回、参知政事张守等人的一致同意，决定在"伯"字辈的

第十一章 还位太祖

太祖后人中选择一个养子养在宫中。

不管元祐太后有没有做过梦，选择太祖的后人当养子，都是赵构亲自决定的。而他为什么不选择本系也就是太宗的后人，这里面是大有讲究的。

在选择养子当太子的问题上，大宋王朝是有过深刻教训的。仁宗无后，于是将皇位传给了自己堂兄濮安懿王赵允让的十三子赵曙，是为英宗。因为仁宗对待英宗并不怎么亲爱，宝元二年（1039年），仁宗生下儿子之后甚至把赵曙给退回了家中，后来儿子夭折之后出于无奈才又把他接了回来。所以，英宗登基以后就开始想要将自己的生父追封为皇帝，朝中大臣因此分为两派，韩琦、欧阳修等人支持英宗，司马光、范纯仁、吕诲、吕大防等人表示反对，吵成一团，直到英宗驾崩都没有定论，对朝廷的分裂极其严重。

这段历史让赵构意识到，仁宗挑选了一个家族势力庞大的宗子作为养子，以至于新皇登基之后有足够的能力和欲望将太后和旧臣的权威打压下去。尤其是对赵构这样身边没有父母、没有兄弟、没有家族势力的人来说，这极其危险。现在太宗系的后人，虽然神宗、徽宗、钦宗的儿子全军覆没，但是濮安懿王一系的势力依然足够强大。英宗的父亲一共生下了二十八个儿子，到南宋初年已经枝繁叶茂到一个让人无法想象的地步，在朝中做官和带兵的也大有其人。一旦在他们中间选择一个宗子过继，今后朝廷之中谁说了算，恐怕谁都不敢打包票。所以，太宗系的后人被赵构排除在外，虽然是意料之外，但是仔细想想也是在情理之中。

当然，太祖系的后人也并非都流离失所、泯然众人，其中最大的一支力量就是安定郡王，也就是太祖之子燕王赵德昭一系。当年神宗下诏书，要求安定郡王的爵位世袭罔替，到宣和末年的时候因为太常寺和礼部对于安定郡王的人选各执己见，一直没能定下来，到南宋初年依然空缺，可见这一系不单实力足够强，而且内部争斗也非常激烈。这一潭浑水，赵构完全没有硬蹚进去的必要。所以，赵构非常有心机地挑选了这些年一直跟着他的知西外宗正事的赵令懬（又称赵令廊），让他去寻找太祖一支的宗子送到宫中供挑选。

赵构这个决定有三个好处：第一，断绝了濮安懿王一系的子孙继承大统的可能性；第二，赵令懬自己就是安定郡王一系的，他为了避嫌或者不惹麻烦，一定不会选择同一系的宗子，所以安定郡王一系的子孙也被排除在外；第三，这件事办成以后，赵令懬就可以当安定郡王，这一支势力庞大的宗族就将牢牢掌控在赵构的手中。

当赵令懬还没什么实质性的进展时，建炎四年年底就发生了一件事，让赵构决定加快寻找养子的进程。临江军宣教郎范焘因为不满太后侄儿孟忠厚对他的惩罚，上书诬陷太后和孟忠厚藏了钦宗的一个儿子，准备养大了之后取代赵构。赵构看到这封奏札的时候十分生气，不是因为怀疑太后和孟忠厚有什么阴谋，而是觉得连范焘这样的低级别官员都知道利用他子嗣的问题来做文章，说明朝野之中对此事的私下议论已经明目张胆了。他当即要求大臣们将范焘治罪，范宗尹还想为范焘说情，认为警告一下即可。这个提议被赵构坚决拒绝，要求必须将范焘押送至行在，进行公开审理之后再送偏远军州编管，以便让天下人明白，拿这件事情来刺激他属于重罪。

绍兴元年（1131年）六月，越州上虞县丞娄寅亮上书，请赵构选择太祖后裔作为养子以慰太祖在天之灵。这个建议深得赵构之心，他在六月十六日下诏接见娄寅亮，随后将其提拔。以此为契机，六月二十三日，赵构主动给大臣们通报了寻找养子的情况。赵令懬将第一批四五个孩子送到了越州，都是两三岁大小。但是赵构看了之后觉得不太满意，以"看上去不够聪明"为由退了回去，让他再去泉南地区寻找。这是一个颇有深意的要求，泉南，即今天的福州以南，远离中原地区和富庶城市，彼时南外宗正司刚刚搬迁过去，在这里生活的宗子们有很大概率没什么庞大的家族势力，这正是赵构的核心需求。所以，赵令懬找来的第一批孩子的家族背景极有可能还是不能达到赵构的要求。

绍兴二年（1132年）五月，赵构在赵令懬提供的人选中终于确定了一个叫赵伯琮的孩子。这个孩子是赵德芳的后人，建炎元年（1127年）十月二十二日出生于秀州（今浙江嘉兴），父亲赵子偁只是一个普普通通的嘉兴县丞，跟其他宗室基本上没什么往来，虽然不是来自泉南，但是完全满足"血统正、家族势力小"的要求。赵伯琮的生母姓张，也算是名臣之后，她的五世祖是真宗的心腹张耆。当年太宗不喜欢刘娥，让真宗将她送出王府，真宗就是把刘娥托付给了张耆，他的后人还包括靖康年间殉难的张叔夜。

赵伯琮是和一个叫赵伯浩的孩子一起被送过来的，赵伯浩长得胖嘟嘟的，赵伯琮很瘦小。可能是觉得胖点儿好养活，赵构最先是属意赵伯浩的，但是在决定之前，赵构给他们做了一个测试。他让两个孩子并排站立在面前，正好有一只猫经过，赵伯浩忍不住伸脚踢了猫一下，而赵伯琮依然规规矩矩地拱手站立，没有受到丝毫的影响。因为这一脚，赵构对赵伯浩失去了好印象，认为他太过轻率不能担当重任，于是给了赵伯浩三百两银子把他送回了老家，留下了赵伯琮。五月十二日，赵构下诏书让赵子偁来杭州接受面试，基本上确认了赵伯琮的养子身份。

就这样，一个符合基础要求的孩子，来到了赵构的身边。

一个叫赵伯琮的孩子笑到了最后

在绍兴四年（1134年）以前，赵伯琮在后宫的成长顺风顺水，基本上是作为唯一的皇位继承人在被培养。绍兴三年（1133年）二月十四日，赵构升赵伯琮为和州防御使，准备给他赐一个"玉"字旁的单名。学士院拟了二十八个字，赵构亲自挑选了"瑗"字，从此以后，赵伯琮就改名为赵瑗。二十六日，赵瑗又改为贵州防御使，开始在宫中按照皇子甚至太子的规格培养他。

但是到了绍兴四年（1134年），情况发生了变化。吴才人，也就是后来的吴皇后一直给赵构建议再养一个孩子在宫中作为双保险。五月二十七日，赵构选中了赵令懬送来的赵伯玖，交给了吴才人抚养。

吴才人这么做是有私心的。绍兴二年（1132年），赵伯琮被选到宫中之后，赵构让潘贤妃、张婕妤、吴才人环座，然后让赵伯琮自己选养母。潘贤妃看到这个孩子想起了丧子之痛，心情抑郁不想说话，正巧张婕妤伸手去招呼孩子，不到六岁的赵伯琮就走向了张婕妤。于是，赵构就让张婕妤当了赵伯琮的养母。大家心里都清楚，这个孩子今后极有可能是要当皇帝的，谁跟孩子的关系好，今后谁的权势就大。吴才人本来深得孟太后的喜欢，极有可能在孟太后的支持下扶正，但是孟太后早早去世，让她的进阶之路遭遇了严重挫折。她想来想去，如果任由事情发展下去，今后可能永无出头之日，最好的办法莫过于再养一个孩子来参与竞争。赵构不知道有没有看穿吴才人的真实意图，但是对"双保险"这个想法很是认可，于是便有了赵伯玖的入宫。

赵伯玖入宫之后，很快就享受了和赵瑗一样的待遇，绍兴六年（1136年）正月十四日，他被赐名赵璩，并被封为和州防御使。随后，两个人的发展轨迹几乎是一模一样：赵瑗于绍兴五年（1135年）五月二十六日被封为宝庆军节度使、建国公，绍兴十二年（1142年）二月十三日加检校少保、普安郡王；赵璩于绍兴八年（1138年）八月被赵构御笔封为节度使兼国公，因为群臣反对而作罢，但是绍兴九年（1139年）三月七日，赵构在秦桧的支持下，坚持封赵璩为保大军节度使、崇国公，绍兴十五年（1145年）二月十三日加检校少保、恩平郡王，一年之后改武昌军节度使。

在这段漫长的时间内，有很多文臣武将冒着得罪赵构的风险，对这件事情提出了反对的意见。

绍兴七年（1137年）二月八日，岳飞到平江府面圣的时候，就曾经直言不讳地建议，说赵瑗为人相当不错，请赵构尽快将他扶正，以正国本。[①]当然，这样的建议遭到了赵构的当场呵斥，也成为后来岳飞下狱的"疑似罪状"之一。

更激烈的一次讨论出现在绍兴八年（1138年）八月，也就是赵构御笔封赵璩为节度使兼国公之时，包括宰相赵鼎、枢密副使王庶等人在内的大臣纷纷抗争。王庶说："两个儿子并列，自古以来都是皇家大忌，容易引起夺嫡纷争，请陛下三思啊！"赵鼎说得更加直白："虽然建国公赵瑗还没被立为太子，但是大家都知道他是陛下的长子，陛下前不久巡幸平江和拜谒太庙都带着建国公一起，国人无不欢欣鼓舞，认为是苍生之福。现在陛下又让赵璩享受同样的待遇，岂不是让百姓们大惑不解、空欢喜一场吗？"赵构面对这样的诘问无言以对，甚至开始用有些耍横的口吻说："两个都是小孩子，先就这么安排着，大家理解一下不行吗？"到后来，朝廷中甚至有人开始拿赵璩的封号"普安郡王"来说事，认为"普"字就是"並日"，代表着有两个太阳并列。

这些说法几乎可以用"朝野汹汹"来形容了，但是赵构的态度非常坚决，一定要把两个儿子同等对待。赵构虽然从主观上还

[①] 此说为《建炎以来系年要录》记载。按照《建炎以来朝野杂记》记载，岳飞提出此建议的时间是绍兴十年（1140年）五月金人叛盟之后。

第十一章 还位太祖

是很喜欢赵瑗,但是他依然认为现在立太子还为时过早。一方面,他觉得自己还年轻,也许在王继先的调养下还能生一个儿子出来,不愿意这么早就确定太子,免得重蹈当年仁宗的覆辙,搞得养子怀恨在心;另一方面,有两个人一直在支持他。

第一个是秦桧。

秦桧当政的十七年来,对于扶正赵瑗的建议从来不支持,甚至将提出建议的大臣毫不留情地逐出朝廷甚至问罪,包括弹劾赵鼎"讥讽陛下无后"。秦桧是有多么讨厌赵瑗,或者是有多么喜欢赵璩吗?其实不然。秦桧没有最喜欢,只有最担心,他最担心的是有人分他的权。他已经把所有的竞争对手都清除干净,连稍微对他有点儿威胁的人他都不会放过,当然不会允许新的竞争对手出现。赵构一旦确立太子,那么东宫势力必然会坐大,直接威胁他的相权,这是他根本不愿看到的。从当前的形势来看,虽然二子并列,但是赵瑗因为先后顺序领先了半个身位,所以秦桧就要不顾一切地打压赵瑗、扶持赵璩。对他来说,最好的局面就是两个皇子持续竞争,太子的名分一天不定,就没有东宫势力来分他的权。我们完全可以想象,如果赵璩占了上风,他也会毫不犹豫地打压赵璩,直到谁也看不到当太子的希望。

第二个更加重量级,是赵构的生母韦太后。

韦太后于绍兴十二年(1142年)从金国回来之后,赵璩遇到了两个千载难逢的机会。第一个机会是已经被封了国公的赵瑗在当年的正月初八离开了后宫,住到了自己府邸,而且去了资善堂学习,赵璩则单独留在宫里,直到绍兴十五年(1145年)二月才离开，有很多机会跟韦太后见面。第二个机会是赵璩的养母吴才人创造的。吴才人虽然在赵构这里并不特别受宠，但是很会讨老太太喜欢，先是孟太后对她青眼有加，韦太后回来之后同样对她极为喜欢，甚至在绍兴十三年（1143年）闰四月二日让赵构把她册立为皇后，爱屋及乌，也就喜欢上了赵璩。赵构虽然更喜欢赵瑗一些，但是碍于母亲的面子，所以一直不敢将赵瑗扶正。

那么，赵构的吴皇后态度还是那么坚决吗？其实她后来慢慢转变了态度，倒向赵瑗一边了。赵瑗的养母张婕妤（后升为婉仪）于绍兴十二年（1142年）二月七日病逝，赵构将赵瑗一起交给了吴皇后抚养。吴皇后当初不喜欢赵瑗是因为担心张婕妤和她争权，等她已经当了皇后之后就无所谓了，再加上赵瑗本身聪明伶俐、知书达理，她也开始慢慢喜欢上了赵瑗，甚至在韦太后驾崩以后主动给赵构说赵瑗的好话，希望将他扶正。

绍兴二十五年（1155年），秦桧病死；绍兴二十九年（1159年），韦太后驾崩。在之前这段时间里，赵构对赵瑗的认可度越来越强，尤其是他在汇报秦桧私自调兵平叛和秦熺暗中操作想当宰相这两件事上，做得非常符合赵构的心意。朝廷之中再也没有任何人能够阻止赵构立赵瑗为太子了。绍兴三十年（1160年），赵构开始执行这个他几乎耽搁了三十年的计划。二月十五日，他主动跟汤思退、陈康伯、王纶、叶义问提起要将赵瑗封为真王，并且除少保、使相；十九日，他再给汤思退说，要给赵瑗加开府仪同三司；二十四日，赵构将赵瑗改名为赵玮，立为皇子；二十六日，正式的制书下发，皇子赵玮为宁国军节度使、开府仪

第十一章 还位太祖

同三司，进封建王。

当然，对于陪跑了二十六年的赵璩，赵构也给予了足够的关怀，一个月之后的三月二十七日，赵璩被封为判大宗正事，跟赵瑗立为皇子不同的是，他被立为皇侄。子侄之别，高下立判。

至此，这一场持续了二十多年的太子之争落下帷幕，赵构的继承人也终于敲定了这个没有后台、没有家族势力的太祖后人赵伯琮。

最后聊聊一个流传了很多年的故事。方万里、罗濬编撰的《宝庆四明志》说，因为赵构喜欢赵瑗，而韦太后喜欢赵璩，所以赵构在赵瑗和赵璩之间犹豫不决，于是决定对两人进行一个测试。他给两个皇子各赐了十个绝色美女，结果赵瑗在老师史浩的提醒下坐怀不乱，而赵璩没能控制住自己的欲望。赵构因此认为赵瑗更能担大任一些，于是就决定把皇位传给了他。事实上，这个故事的真实性是很值得推敲的。韦太后活着的时候，赵构肯定不会冒着得罪母亲的风险来搞这种无聊的测试，要测试也只能在韦太后驾崩以后才做。韦太后于绍兴二十九年（1159年）九月去世，赵瑗绍兴三十年（1160年）二月被确认为皇位继承人，这段时间赵构、赵瑗、赵璩都是应该给太后守孝的，虽说在各自宫里不能禁绝女色，但是赵构无论如何也不会用这样明目张胆挑战礼法的方式来测试两个养子，要知道，绍兴七年（1137年）二月，他父亲徽宗的死讯传来之后，他是主动要求守孝三年的，现在怎么可能在母亲尸骨未寒的时候做出这种事情来。所以这就权当一个不实的传闻听听而已。

第十二章 提前退位

绍兴三十二年（1162年）六月十一日，赵构在杭州将皇位传给了养子赵玮（即赵昚），自己安安心心当起了太上皇。鉴于建炎三年（1129年）苗、刘兵变时他已经当过了二十多天的太上皇，所以这已经是他第二次获得这个称号了。他是大宋王朝第二个太上皇，上一个太上皇正是他的父亲徽宗。徽宗传位，是为了逃离即将成为战乱中心的开封，把烂摊子丢给自己的儿子钦宗，是在极其被动的情况下做出的决定。跟徽宗不一样的是，赵构传位的时候刚刚迎来了一场大胜，政权非常稳固，他是主动把皇位交给赵玮的。这时候他本人才五十五岁，除了失去生育能力之外，身体没有任何的问题，神志也没有昏聩。他当太上皇都当了二十五年，一直到淳熙十四年（1187年）十月八日才驾崩，活到了接近八十一岁，成为宋朝寿数最长的皇帝。赵构为什么会做出这样的选择呢？他在做出这个决定之前都发生了什么？他对于皇帝这个岗位在抗拒什么？

第十二章 提前退位

他的平静生活被海陵王打破了

绍兴二十五年（1155年）十月二十二日秦桧病逝之后，赵构开始着力清除他留在朝廷中的势力。但是从这个时候起，朝廷里开始涌动着一股暗流："主和的秦桧死了，我们要和金国打仗了。"没人知道这股暗流是谁先挑动起来的，有可能是朝廷中对于金国局势比较敏感的人发自肺腑的担忧，也有可能是秦桧的余党想用这样的方式警告赵构：要是把主和派都清除了，可能会迎来战争。

这样的担心确实是有必要的。五年多以前的绍兴二十年（1150年）三月三日，金国派使者来传递了一个让人意外的消息，不到三十一岁的金熙宗完颜合剌（亶）驾崩，完颜斡本（宗干）的二子完颜迪古乃（亮）即位。而真相更让人意外，完颜迪古乃（亮）是在绍兴十九年（1149年）十二月七日带人杀死了完颜合剌（亶）之后即位的，也就是说，这是一场不折不扣的宫廷政变。

赵构得到金国换了皇帝的消息之后，四天之后的三月七日立刻派参知政事余尧弼去贺登基。余尧弼到了会宁府之后，完颜迪古乃（亮）赐给他一个非常重要的礼物——当年宋徽宗用过的玉带，并且给赵构带话："这是你父亲平常佩戴的，望你见到玉带之后能够想起我对你的善意。"赵构拿到玉带之后非常高兴，以为是一个非常友善的信号，但是他不知道余尧弼离开会宁府之后，完颜迪古乃（亮）跟他的宠臣张仲轲之间发生了这样的对话。张仲轲说："这条玉带也算是稀世珍宝了，赐给宋帝太可惜了。"完颜迪古乃（亮）说："今后整个江南的土地都是我的，先放到他那里而已。"

在随后金国传来的情报中，南宋君臣慢慢知道，完颜迪古乃（亮）这个人极其残暴、荒淫、贪婪、无信，即位之后杀大臣、杀宗室、杀心腹、后宫乱伦，几乎是无恶不作，以至于赵构都有点儿不太敢相信，为什么这样的人能够当上皇帝，为什么金人能够容忍这样一个暴君。

但是不久以后，这股压力开始从金国内部蔓延到了南宋。绍兴二十三年（1153年）三月，完颜迪古乃（亮）迁都至燕京，将燕京改为中都，将开封改为南京。金国的权力中心南移，这是一个极其微妙而危险的信号，会宁府的白山黑水的确苦寒不堪，燕京的条件的确比会宁府好很多，但是南宋君臣总觉得心里不太踏实。更重要的是，他们还开始经营开封了。到了绍兴二十五年（1155年），完颜迪古乃（亮）甚至开始准备迁都去开封，派了金国的参知政事冯长宁去修建宫室，结果五月七日工地失火将宫室焚为灰烬，完颜迪古乃（亮）盛怒之下将冯长宁贬为庶人，随后乱棍打死。

在这样的局势之下，绍兴二十六年（1156年）三月，进士梁勋伏阙上书，说金人一定会叛盟，请朝廷抓紧时间备战。赵构非

第十二章 提前退位

常生气，他生平最恨的就是伏阙上书要挟朝廷，明明设了登闻鼓院，非要走捷径投机。现在梁勋不但不顾他的三令五申，而且还全面否定他亲自主导的和议，实在是太不给他面子了。三月二十四日，赵构下令将梁勋送千里外州军编管，第二天又专门下了一道诏书说："议和是我亲自决定的，秦桧只不过是一个执行者而已，谁说他死了和议就要被撕毁了？今后谁再有这样的论调，从重处罚！"

赵构虽然统一了论调，但是他心里同样觉得不踏实。摆在他面前的难题跟绍兴九年（1139年）差不多，虽然担心有危险，但却不敢冒着"违约"的风险主动往边境要塞增兵。最让赵构痛苦的是，依然有很多不知轻重的大臣在建议备战，甚至包括他想要重新起用的张浚。张浚被秦桧排挤，贬到永州居住，本来秦桧是要将他置于死地的，结果没想到秦桧自己没挺住，死在了张浚前面，让张浚捡回一条命。绍兴二十五年十二月二十四日，张浚复观文殿大学士、判洪州。绍兴二十六年（1156年）五月，张浚因为母丧归葬四川，走到荆州的时候接到消息，赵构因为出现彗星求直言。张浚不知道是在永州没收到赵构的诏书，还是觉得赵构可能改变主意了，顶着风头上书，核心思想就是："金人一定会叛盟，大宋一定要备战。"

赵构都要气晕了，这些年金人按常例每年派两拨使者过来，一拨来祝贺五月二十一日赵构生日天申节，另一拨来祝贺正月初一新年，正好上半年下半年各一次。一旦朝廷有备战的举动或者言论，金人肯定能够发现，立刻就能成为完颜迪古乃（亮）兴兵的借口。赵构决定敲打一下张浚，吓一吓主战派。绍兴二十六年十二月二十九日，朝廷下令让张浚别去洪州了，依旧永州居住，守孝期满之后等朝廷的命令。

赵构就在这么忐忑不安兼心存侥幸的复杂心情之中度过了一年多的岁月，到了绍兴二十八年（1158年），情况开始紧急起来了。五月，完颜迪古乃（亮）准备重修开封大内，等落成之后继续从燕京南进到黄河以南。九月二十四日，朝廷大臣已经全然不顾赵构的诏书，开始公开讨论金人南侵的事情了。赵构也没办法封住大家的口，因为他自己也越来越担心，想来想去选了一个折中的办法，先让王刚中去金国使者断然不会去的四川稳住上游，以防不测。

尽管到这个时候金人还没有正式的南下动作，但是赵构的和平生活已经被打破了，他重新回到了备战的状态，至少心理上已经开始备战了。好在赵构是一个"说一套做一套"的高手，这些年来虽然罢兵休养，绝口不提备战，但是并没有忽视军队的战斗力。他一直担心在"重文轻武"的大环境下，朝廷再也无人习武，一旦边境有事连兵将都凑不齐。绍兴十六年（1146年）三月一日，赵构下令兴办武学，首批录取了弟子员上百人；四月十五日，再定武举科目和考核标准。绍兴十八年（1148年）十月十一日，赵构视察了规模越来越大的武学之后，更是欣喜地说："今年挽强弓射中的比去年多了上百人。等一两年以后，他们的武艺更加精熟，射中者必然比今年还多。"如今武学已经兴办了十年，当初培养的那一批人才也应该成为军队的中下级官员中的中坚力量了。

第十二章 提前退位

经过这些年的和平发展，赵构手里有钱、有人、有粮，如果完颜迪古乃（亮）真的要南侵，他在心里安慰自己，拼死守住长江防线跟金兵打消耗战，完颜迪古乃（亮）也未必真能打到杭州来。

这些年最正确的决定就是没有放弃战备

进入绍兴二十九年（1159年）以后，坏消息接踵而至。同知枢密院事叶义问从金国出使回来，出发之前赵构就让他一定要留心金国的动静，结果叶义问回来以后汇报说，金国已经开始制造战船、武器，请朝廷先在沿海要地加强戒备以防不测。

随后果然传来了更让人震惊的消息，正月初六完颜迪古乃（亮）下了一道诏书，称因为走私泛滥，关闭密州、寿州、颍州、唐州、蔡州、邓州、秦州、巩州、洮州、凤翔府等榷场，只保留泗州一个，每五日开一次场。这个决定几乎将两国的关系一夜之间打回到了打仗时候的水准。作为回应，二月一日，刚刚得到消息的赵构也立刻下令关闭了泗州以外的所有榷场。两国之间突然做出这样的决定，将南北的商人吓坏了，以为马上就要打仗，不少人丢掉货物就逃命，榷场里遗留的货物堆积如山。逃走的商人很快衣食无着，开始沦为山贼，朝廷花了很长一段时间才把他们安定下来。

赵构在做心理上的准备，而这时候完颜迪古乃（亮）已经开始做实实在在的物质准备了。四月十七日命令在山东增兵，二十六日，命令全国将所有的武器全部送到燕京。鉴于从三月起金国就又开始在开封大兴土木建造皇宫，所以制作武器的各种材料都不够，民间为了筹集制作弓箭所需的箭翎和皮革，大肆捕杀耕牛、猪狗、乌鸦、喜鹊，场面极其混乱。

赵构的心里开始越发不安起来。四月八日，从金国回来的黄中上奏说，完颜迪古乃（亮）修建开封皇宫的规格，不像是行宫，而像是长期驻扎的样子，金国肯定是要南侵了；随后归朝官李宗闵上书说金人已经开始在关陕附近伐木造浮桥，并且大集兵马。六月四日，赵构派王纶和曹勋出使金国顺便刺探一下敌情。这两个人不知道是没敢四处打探还是被完颜迪古乃（亮）蒙蔽，等到九月五日回来的时候，竟然汇报说金国恭顺和好，一点儿事情都没有。这个消息让赵构大大放松了警惕，他第二天还特意跟宰相汤思退等人说："昨天晚上我几乎失眠，想起此前的备战情况就不寒而栗。金国既然没有南侵之意，我们在这边增兵补粮，差点儿就成为他们兴兵的借口了。"然而赵构不知道的是，就在他跟汤思退说这件事的时候，完颜迪古乃（亮）已经在通州开始造海船了。

这一次误判让赵构浪费了三个月的时间，但是从某种程度上来说，也让赵构有时间来安心处理母亲的丧事。绍兴二十九年（1159年）九月二十日韦太后驾崩，十一月二十六日下葬在徽宗

第十二章 提前退位

之侧,十二月十四日在太庙安放好了神主,算是将母亲的一生做了一个了结。十二天以后的二十六日,金国正旦使施宜生来到了杭州,传递了一个让他陷入惊慌的消息。施宜生是政和四年(1114年)的进士,后来因为犯法北逃金国,但是对大宋依然心存善意。他在驿馆悄悄对接待他的张焘说:"今日北风甚劲。"意为北方的威胁非常急迫。随后施宜生再把架上的笔取下来放到桌面上说:"笔来。"意为"必来"。

绍兴三十年(1160年)正月初七,施宜生带着金人副使等离开杭州,接到了示警之后的赵构君臣立刻开始讨论敌情。吏部员外郎虞允文说:"金国要想南侵,不过五条路可以走。四川和荆襄我们已经有军队布防,他们会知难而退;淮东全是沼泽地,不利于骑兵;剩下的只有主力进攻淮西,出奇兵从海上助攻。所以现在我们需要加强淮西和海上的防备,以策万全。"

这一次谈话给赵构留下了非常深刻的印象,他记住了这个身材极其高大的文官。

从金国回来的使者不断传来消息,说金国一定要叛盟,赵构也开始尽最大的努力调整自己的军力部署。八月二十七日,淮东总管许世安奏报,完颜迪古乃(亮)已经抵达开封,起重兵五十万在宿州、泗州一带,随时准备南下进攻。十月三日,赵构借着贺正旦的机会,派虞允文去开封查看详情。虞允文在开封转了一圈发现完颜迪古乃(亮)还在燕京,于是继续北上,结果见着了无数运粮和造船的役夫。虞允文在燕京非常直接地问了这个问题,完颜迪古乃(亮)并没有承认即将用兵,而是说"只是为了去洛阳看花"。好在虞允文并没有被完颜迪古乃（亮）的话迷惑，回国之后他明明白白地告诉赵构，金兵已在备战，依然是淮西和海上两道防线最危险。

赵构已经清楚地认识到局势的危急了，十二月一日，他罢免了主和的宰相汤思退，让陈康伯来主导这场保卫战。情势越来越紧急，赵构也越来越小心。但是刚刚进入绍兴三十一年（1161年），老天就开始出现异象。一月十四日晚，突然风雷雨雪交作，第二天群臣纷纷议论，说这比孔子记录的春秋时期鲁隐公那次大变更加凶险，讨论金人叛盟的奏折像雪片一样飞来。这些奏折已经不重要了，赵构极有可能连看都没看，他现在需要做的是赶紧进行朝廷和边境的部署。三月十七日，陈康伯升左相，参知政事朱倬升右相，朝廷算是统一了跟金人作战的思想，接下来就是布防了。在此之前，各个战略要地几乎都已经安排得力干将驻扎，吴璘守武兴、姚仲守兴元、王彦守汉阴、李道守荆南、田师中守鄂渚、戚方守九江、李显忠守池阳、王权守建康、刘锜守镇江，四月二日，赵构命令吴拱去守襄阳，完成了防线上的最后一块拼图。

四月二十九日，赵构派同知枢密院事周麟之出使金国贺迁都，出发之前给他交代，千千万万要弄清楚完颜迪古乃（亮）南下的目的，究竟是迁都开封还是仅仅去洛阳看花。结果周麟之还没出发，五月十九日，金人贺赵构生日的使者高景山、王全就先来了。高景山一行入境的时候就十分凶悍，过平江、秀州的时候在船里用弓箭射杀两岸的居民，官府拿他们毫无办法，只能通知居民们关上门窗躲避。二人在紫宸殿面见赵构的时候，也相当不礼貌地给赵构通报了三件事：第一，钦宗已经因为风疾驾崩了；第二，当初完颜兀术（宗弼）划分的国界不合理，需要重新勘定；第三，完颜迪古乃（亮）即将于八月初去开封，要求南宋派宰相、枢密使级别的文官，以及武将杨存中一起去开封道贺。

这三件事，除了第一件是正常通气之外，第二件是要求南宋割地，第三件是要求派人质去开封，都是充满了火药味的要求。最先做出反应的人是非常害怕的周麟之，他面奏赵构称，现在金人摆明了要撕破脸皮，他已经没有必要去开封刺探情报了。赵构大怒，却也无可奈何。五月二十二日，赵构生日刚过，他就开始同时做两件事：第一件事是安排钦宗的丧事，虽然金人连钦宗驾崩的具体时间都没说；第二件事就是召集文武百官开会。在会上，赵构明确提出："今天不讨论和与守的问题，直接讨论如果开战的话应该怎么打！"

尽管这次会议否定了主动出击的战术思想，但是至少朝廷上上下下都已经统一了思想：这一仗已经在所难免，躲是肯定躲不过了，接下来就是检验这休养生息二十年的国力储备了。

长江成为最后的防线

原定的使者周麟之因为害怕被扣为人质，在绍兴三十一年

（1161年）六月十三日又上书喋喋不休地陈述不能派使臣去开封的理由，赵构一怒之下罢免了他同知枢密院事的职务，然后另派了徐嚞等人去开封。

七月二十一日，徐嚞等人抵达淮河南岸的盱眙，结果金国的使者韩汝嘉已经在淮河北岸的泗州等着了。徐嚞准备在双方划定的国界线也就是淮河中心线的船上沟通，谁知道韩汝嘉不待这边回复，直接就过了淮河来到南岸下船。徐嚞只好退而求其次准备在岸边的亭子里相见，但是韩汝嘉根本不管，带着随从策马去了宴馆。徐嚞等人只能无奈跟去，韩汝嘉让徐嚞等人跪下听完颜迪古乃（亮）的宣谕："北方蒙古、鞑靼犯边，已经威胁到燕京的祖宗陵寝了，我十一月左右需要回去亲征退敌，大概一两年的时间就回开封。你们的使者既然没有达到我先前要求的宰相级别，那就不要去开封了，马上回去换人，赶在九月初之前来开封还能见我一面。"韩汝嘉传完宣谕扬长而去，留下徐嚞等人面面相觑不知道如何是好。这次荒诞的会面，成了宋金之间在战争之前的最后一次外交沟通。

与南宋朝廷的处处被动相比，完颜迪古乃（亮）的动作毫不拖泥带水。四月七日，完颜迪古乃（亮）从燕京出发，六月二十二日进入开封，到了之后立刻开始做南侵的准备，随后毫不留情地杀掉了辽国亡国之君耶律延禧、北宋亡国之君徽宗和钦宗的男性后人一共一百三十多人，以免开战以后他们成为赵构的内应。八月十三日，完颜迪古乃（亮）杀掉了不让他南侵的皇太后徒单氏，将其尸骨焚烧之后丢入水中，决意南侵。九月十一日，完颜迪古乃（亮）完成了进攻部署，他亲自带三十二万主力大军进攻寿春，苏保衡率领水军从海上包抄杭州，刘萼带着汉南道的军队进攻蔡州，徒单合喜在西北方向从凤翔进攻散关，徒单贞率两万人进驻淮阴。九月二十五日，完颜迪古乃（亮）从开封出发，[1]这场令赵构忐忑了几年的大战，终于开场了。

与此同时，赵构的备战工作也没敢有丝毫懈怠。八月十五日，赵构命令江淮制置使刘锜从镇江渡江屯兵扬州，以此为据点扼控江淮流域。为了鼓舞士气，刘锜决定使用大将军出征的军礼。要知道，这可是自靖康元年（1126年）六月二十七日李纲从开封出发去救太原以来，朝廷第一次使用军礼。当天镇江府军容整肃、旗帜鲜明，正在生病的刘锜乘坐竹制肩舆招摇过市，着实让镇江的百姓欢欣鼓舞了一把。过江之前，刘锜对前来送行的镇江官员说："过江时间紧迫，茶我就不喝了，这一仗必然兴复中原，诸公在西北有祖坟的，可以准备好祭品等着去扫墓了。"

两国的先头部队在完颜迪古乃（亮）还没有从开封出发的时候就已经接上火了，九月五日，西北战场的金兵开始进攻凤州黄牛堡，被吴璘挡住。然后，各个战场的军队迅速缠斗在一起。宋军在战争的初期还有一些进攻的势头，夏俊过淮河攻克了泗州，吴璘收复了秦州和陇州。但是随着完颜迪古乃（亮）的出发，江淮战场的压力陡然之间增大。十月一日，赵构发了一封亲征诏书，决定带兵北上与完颜迪古乃（亮）正面对垒。非常神奇的是，杭州百姓在一个月之前就能把这封诏书里面的语句一字不

---

[1] 见《金史·海陵本纪》。另：太后徒单氏不是海陵王生母。

漏地背诵出来，说明这封诏书已经写好很久了，也说明赵构对于亲征这件事已经筹备了许久，只等完颜迪古乃（亮）出发他就发布，几乎算是做足了功课。

十月二日，金国的大军从涡口（今安徽怀远）造浮桥渡过了淮河，开始威胁赵构精心布置的长江防线。远在杭州的赵构还没来得及出发，江淮平原就已经打成了一锅粥，这让赵构直接停下了北上的脚步。刘锜和金兵在淮阴隔着淮河对峙，随后发兵主动渡过淮河寻求决战的机会，在战果有限的情况下被朝廷召回参与长江防线的守备工作，于十月十六日撤军回到长江北岸，死死守住瓜洲这个最后的据点。为了稳定军心，病情已经非常严重的刘锜甚至把自己的家人都接到了瓜洲前线。

但是其他部队的战况就更加惨淡，尤其是淮西战场。十月九日，金兵进攻庐州，在这里驻防的建康都统王权闻风而逃，把城池留给了完颜迪古乃（亮）。这段时间若不是西北战场和襄樊战场死死拖住了完颜迪古乃（亮）的包抄部队，赵构的形势将更加危急。庐州沦陷的消息传到了杭州之后，朝野上下一片慌乱，大批官员开始将自己的家属送出城外南下避敌，整个杭州城混乱的样子像极了建炎三年（1129年）的扬州。这时候，幸亏有两个人站出来稳住了局面。

一个是宰相陈康伯，为了表示坚守的决心和必胜的信心，他反其道而行之，将自己的家人从老家江西接到了杭州，勉强稳住了杭州百姓的信心。十月十八日，赵构不知道是在重压之下心理崩溃，还是想要孤注一掷测试一下大臣们的态度，未经商量就降

第十二章　提前退位

下手诏，称准备解散百官出海避敌。陈康伯毫不犹豫地烧掉了赵构的诏书，劝他拼死一战，才让赵构下定决心留下来。

另一个站出来的人是虞允文。去年出使金国回来之后，虞允文被提拔为中书舍人。王权刚刚从庐州溃逃的时候，虞允文就用自己跟文官毫不相称的军事敏锐性意识到，王权一旦退走，孤军作战的刘锜也没办法坚守，退师是迟早的事情。他带着几个侍从找到宰执通报事态的严重性，但是右相朱倬和参知政事杨椿都觉得这是王权的诱敌深入之计，并未重视。这个举动让赵构看到了虞允文的军事才能，十月十九日，赵构安排虞允文参议军事。随后的事态发展证明了虞允文的正确判断，王权从庐州退走之后，先是来到了长江北岸（因为这段长江是南北走向，其实算是西岸）的和州，然后十月二十一日再弃和州，渡江回到了长江南岸的采石矶。

十月二十四日，驻扎在采石矶的知太平州王传给朝廷连续发来急报，先是说金兵已经占领采石矶，然后又说到了杨林。这两封语焉不详的急报震慑了赵构，很多人都以为金兵已经突破了长江南岸的采石矶防线直奔杭州而来，至于杨林，没人知道在哪里，大家猜测是采石矶到杭州之间的某个地方。聪明一点儿的官吏放下工作赶紧回家收拾东西，先让家人抓紧时间出城往南方转移。城里的居民一看官员都开始搬家了，觉得他们的信息无论如何都比老百姓灵通多了，于是也跟着一起跑，好不容易被陈康伯稳定下来的民心又开始慌乱。没跑的官员赶紧去查地图，翻遍档案室的所有图册，也不知道杨林离杭州有多远、重不重要、能不能守住。这时候有人提出一个无可奈何的建议："说不定杨林是江对面和州的一个小地名，要不我们找个当地人来问问？"这个建议得到了所有人的认可，但是问遍朝堂都找不到一个和州人，朝廷只好派出大批人员到杭州街头挨家挨户地搜查和州人。本来大家都在忙着收拾东西逃命，官吏再这么一问，杭州城更是慌乱，以为金兵杀过来了，朝廷在想方设法搜寻奸细和内应，即便是和州人也不敢承认，更是加紧了收拾包裹的动作。这一下，终于把杭州的混乱推向了高潮。皇天不负有心人，到了当晚二更天，朝廷终于找到了一个读书人，这才搞明白杨林就是长江西岸的杨林渡口，金兵还没过江，着着实实是虚惊一场。

杭州的混乱只是整个战场的缩影，这时候淮东、淮西之间的军队和信息传递渠道已经完全被金兵截断，宋军在江淮平原已经陷入了金兵的包围圈，情况已经相当危急了。

金兵哗变，金主被杀死了

绍兴三十一年（1161年）十一月三日，长江北岸唯一的据点瓜洲渡口发生了一件大事，在这里苦苦支撑的刘锜因为病情急剧恶化渡江撤回了镇江，第二天，瓜洲沦陷。

刘锜到镇江的当天，知枢密院事叶义问从建康来到镇江督

第十二章 提前退位

师。叶义问是文人,素来不懂军事,当初刘锜的捷报发到建康之后,其中有一句话说"金贼又添生兵",意思是金国又补充兵力了。但是叶义问完全不明白,转头问手下"什么是生兵",惹得大家掩口而笑。到了镇江之后,叶义问听说金兵就在长江对岸,又惊慌失措地开始布置江防。他让民夫在江边的沙滩上挖了一尺多深的壕沟,然后在壕沟里插满了树枝当鹿角,信心满满地说:"金人如果抢滩登陆,就用这个来拦住他们。"这一回不但士兵,连民夫都笑了起来,说:"枢密你这个吃羊肉的见识还不如我们这些吃糟糠的,晚上江潮一来,明天早上沙滩上毛都不剩一根了,你还怎么拦住金人?"

大家笑归笑,但是每个人都意识到了形势的严峻,长江北岸的两个渡口,采石矶对面的和州,镇江对面的瓜洲,已经全部落到了金人的手里,整个江防已经岌岌可危了。十一月六日,赵构被迫做出人事调整,起用张浚去守建康,派成闵去接替病重的刘锜,李显忠去接替被罢职的王权,派虞允文去采石矶协助李显忠交割兵马。

赵构很紧张,但他不知道的是,这时候完颜迪古乃(亮)更紧张,因为他的大后方出事了。完颜迪古乃(亮)来开封之后,任命了完颜阿骨打(旻)的孙子、完颜讹里朵(宗辅)的儿子完颜乌禄(雍)为东京(今辽宁辽阳)留守。因为完颜迪古乃(亮)嗜杀,朝中人人恐惧,完颜乌禄(雍)就动了篡位的念头,并且付诸行动了。十月六日,完颜乌禄(雍)率领自己的心腹军队击杀了东京副留守高存福,然后在名义上废了完颜迪古乃

（亮），自己登基称帝，改元大定，同时历数完颜迪古乃（亮）的数十项大罪，一时之间大批不堪完颜迪古乃（亮）残暴统治的文臣武将纷纷倒向完颜乌禄（雍），连中都的官员都主动接受了完颜乌禄（雍）的号令。在开封留守的左丞相张浩看到了完颜乌禄（雍）散发天下的赦书之后大惊失色，立刻派人给驻扎在和州准备渡江的完颜迪古乃（亮）送去。十一月二日，完颜迪古乃（亮）看到赦书长叹一声说："我准备平定江南之后取'一戎大定'之意改元'大定'的，想不到这小子居然抢在我前面去了。"头脑清醒的完颜迪古乃（亮）立刻做出了一个决定，派郭药师的孙子郭瑞孙带兵北上讨伐完颜乌禄（雍），命令他尽诛黄河以北的叛臣。虽然知道郭瑞孙不可能完成这个艰巨的任务，但是至少能够保证自己的后方不受攻击。与此同时，他亲自带兵强攻长江防线，一定要在最短的时间内平定江南，然后回师北上夺回皇位。

一场无论对完颜迪古乃（亮）还是对赵构来说都是最后机会的决战，一触即发。

十一月八日，虞允文赶到采石矶的时候，王权已经罢职去杭州接受处罚，李显忠还在赶来的路上，所以出现在虞允文面前的是一幅非常糟心的画面：无人统领的士兵们乱七八糟地坐在路边毫无斗志，一统计人数只有一万八千人加几百匹战马；江对面完颜迪古乃（亮）筑高台、张黄盖、披金甲、坐胡床，几十万大军刀枪耀眼、衣甲鲜明。两相对比，没有任何一个人觉得这会是一场可以打赢的仗。但是虞允文知道完颜迪古乃（亮）的大船必须靠风力才能行动，他想赌一赌完颜迪古乃（亮）渡江的时候风半渡而停，这是宋军唯一的胜机。于是，他安排步兵和骑兵在岸边布阵，防止金兵抢滩；安排灵活机动的海鳅战船在江中游弋击敌。

江对面的完颜迪古乃（亮）也在等。在此之前，他已经杀了黑马、白马各一匹以祭天，给手下下达了必须渡江的死命令，只要江风一起他就命令战船过江。他事先问过当年跟着完颜兀术（宗弼）一起过江的老兵，对方回答："梁王［完颜兀术（宗弼）］是从马家渡过江的，宋兵一看见我们的战船立刻作鸟兽散，等我们过江的时候对岸已经没有一兵一卒了。"完颜迪古乃（亮）听完兴致勃勃地说："我过江的时候也会是这样。"

虞允文的战阵刚一布好，江风就起来了，完颜迪古乃（亮）战旗一挥，金兵战船从杨林渡口络绎不绝地冲出，直奔南岸而去。但是很快，金兵遭遇了三股力量的夹击：第一股是虞允文在江边的战阵，好不容易冲上滩涂的金兵在这里跟以逸待劳的宋军展开了肉搏，宋军在虞允文的指挥下死战不退，将金兵的后续登岸部队堵在了江上；第二股是江风在这个时候真的突然停止，宋军的海鳅战船穿行其间，金兵的大船移动极其缓慢，船上的金兵几乎成了宋军弓箭手的活靶子；第三股说起来更是富有戏剧性，是江岸的围观群众。金兵的战船从杨林渡口出来以后，江对岸的当涂百姓纷纷登上山崖围观，人群连绵十多里。完颜迪古乃（亮）隔江看不清楚，以为是宋军的援兵，江中作战的金兵更是恐慌，毫无斗志，最终惨败回师。就这样，虞允文一个从未带兵打过仗的文官，竟然在采石矶挡住了完颜迪古乃（亮）的全力进攻，复制了靖康元年（1126年）李纲守城的奇迹。

渡江失利以后的完颜迪古乃（亮）狠狠责罚了手下，决定换个地方试试，他把目光转移到了长江下游的瓜洲。十一月二十三日，完颜迪古乃（亮）来到了瓜洲，然后下了一个死命令：如果这一次再过不了长江，就杀光所有的万户。这个命令下达以后，完颜迪古乃（亮）的军中一股暗流开始涌动起来，不少人开始悄悄商量杀掉完颜迪古乃（亮）保命，先和南宋讲和，然后北上归顺完颜乌禄（雍）。但是完颜迪古乃（亮）手下有一支特别忠心的紫茸军，必然会成为哗变的障碍。于是，大家想了一个办法，派代表找到完颜迪古乃（亮）说："紫茸军出来几千里了，一直没有赏赐。现在旁边的泰州已成孤城，几乎唾手可得，不如派他们去攻下泰州，也能有点儿犒劳。"完颜迪古乃（亮）对这个建议非常认可，当即就派紫茸军去攻打泰州。

调走了完颜迪古乃（亮）的亲信之后，以完颜阿列（汉名元宜，本姓耶律）为首的将官们决定开始行动。十一月二十七日深夜，哗变的将官们率领上万人携带着武器直奔完颜迪古乃（亮）的寝殿。完颜迪古乃（亮）被惊醒之后，伸手去拿自己的剑甲，发现已经被人悄悄拿走，呼唤左右亲兵也无人应答。哗变士兵冲到完颜迪古乃（亮）的帐前，箭如雨下，完颜迪古乃（亮）中箭之后大呼："你们是南人还是金人！"哗变士兵们承认了身份，随后继续放箭，将完颜迪古乃（亮）连同五名侍寝的妃子全部射死。随后，哗变的将士将包括参知政事李通、兵部尚书郭安国、左补阙马钦等汉人在内的完颜迪古乃（亮）心腹尽数杀死，控制了军队。

十一月三十日，金兵的使者来到了镇江，送上了户部尚书梁球拟定的国书，表示金兵愿意撤军，两国重归旧好。杨存中和虞允文得到了完颜迪古乃（亮）的死讯，亲自渡江去瓜洲查看，发现金兵果然已经开始退师。随后，宋军开始趁势收复失地，金兵哪怕受到攻击之后也并不恋战，只顾着迅速北撤。十二月十二日，南侵的金兵全部渡过淮河，一场本来残酷无比的大战就这么侥幸地以宋军的胜利而告终。

倦了，回去当个太上皇吧

赵构十二月二日得到完颜迪古乃（亮）的死讯之后，于十二月十日开始兑现自己"御驾亲征"的计划，从杭州出发去建康，而已经被立为皇子的赵玮也获准随行，并且排序在所有宰相的前面，倾向性已经非常明显。

赵玮能够享此殊荣，跟他的老师史浩密不可分。完颜迪古乃（亮）南侵的消息刚刚传来的时候，朝廷不少大臣建议赵构暂避强敌。当时史浩因为生病请假了，所以赵玮自己上书申请带兵去前线阻击完颜迪古乃（亮）。赵构看着既忠心又勇敢的赵玮还挺高兴，觉得颇有自己当年的风采。但是没想到过了几天之后赵玮又上书，要求不去前线了，留在赵构身边供差遣。赵构非常生气，然后赵玮解释说："史浩跟我说，皇子不要带兵，免得有人挑拨离间影响父子感情，我留在父皇身边更能为父皇分忧。"赵构听到这样的解释怒气全消，专门表扬了史浩"确实是个称职的王府官"。等到这一次赵构要去巡幸建康的时候，有人建议让赵玮留守杭州，又是史浩给赵构申请让赵玮同行，以便让前线将士们认识认识皇位继承人。

这次巡视后，赵构最后一次否定定都建康的想法，于绍兴三十二年（1162年）二月十八日回到了杭州。虽然此时宋金两国之间还有零零星星的战斗，但是两国的外交已经重新开始启动，开始逐渐走向和平。然而赵构已经开始厌倦这种生活了，他好不容易忍着屈辱换回来的和平局面就这么被打破了，如果这是他手下犯了错，他可能还会好受一点儿，但是这一次完全是金国的背信弃义。这让他意识到一个问题，既然金人已经挑起了战端，那么今后随时都有可能将小摩擦转为大战役，甚至引发对方倾国而出的战争。自从宋金之间的国界线被压缩到淮河之后，金兵很有可能随时威胁到长江防线，他的安全重新失去了保障。

这对于已经五十五岁的赵构来说，是一种非常巨大的煎熬。建炎三年年底那次出海避难的经历给他留下了惨痛的记忆，他再也不想过这样的生活。这次完颜迪古乃（亮）南侵，赵构不管是测试手下也好，内心恐惧也罢，提出解散百官出海避敌的想法，

第十二章 提前退位

立刻就被大家否决了，他被裹挟着留在杭州稳定军心。这一次他的运气好，完颜迪古乃（亮）在占据优势兵力的情况下被哗变的手下杀死，下一次金兵入侵的时候，他还会有这么好的运气吗？谁都保证不了。所以，最安全的做法就是学习他的父亲徽宗做一个太上皇，平时享享清福，一有紧急情况就南下避险，反正天塌下来有皇帝顶着。他已经当了三十六年皇帝了，对这个位置也没有太多的留恋，而对父母、兄弟的悲惨遭遇更加警惕。

除此以外，还有一个让人非常尴尬的问题，那就是受书礼。

金国每年派使者来贺正旦的时候，要带来一封国书。金国的使者见到赵构之后跪下献书，但是要求赵构以金国臣子的身份起身来亲自接过去，这对于大宋的皇帝来说，是一个非常大的羞辱。更关键的问题是，金太祖完颜阿骨打（旻）和宋徽宗赵佶算是平辈，但是现在金国的连续三个皇帝金熙宗、海陵王、金世宗都是完颜阿骨打（旻）的孙子，比赵构还要低一辈，但赵构却不得不起立亲自接国书。这个问题让日渐苍老的赵构越来越受不了，此后很多年一直也是南宋皇帝跟金国交涉的大矛盾。

在这两大因素的综合作用下，回到杭州之后的赵构，开始对皇位产生倦怠，他甚至跟宰相陈康伯说过这种想法。陈康伯并没有阻拦他，而是告诉他，如果真的想退位，那就先向天下昭告继承人，这样才能稳定军心和民心。

赵构接受了陈康伯的建议，五月二十八日，他下诏书将赵玮改名为赵昚，立为太子，并于六月十日下诏传位于赵昚，自己退居德寿宫当太上皇。六月十一日，赵构在紫宸殿举行了一个隆重的内禅仪式。这是大宋王朝第二次在两个活着的皇帝之间举行的皇位交接仪式。

当然，第一次是徽宗传位给钦宗，场面极其荒诞。

宣和七年年底金兵入侵的时候，徽宗曾经想过让太子赵桓留守京城，然后自己南逃。这个建议被吴敏、宇文虚中等人否决，他们觉得赵桓只是太子，无实权，在开封调兵调不动，喊人人不听，根本没法处理事务，暗示徽宗最好是传位于太子。十二月二十三日早上，徽宗终于下定决心，让大家伙儿晚上来商议要事。晚上大家到了玉华阁之后，徽宗没说几句话突然身子一歪倒在了御床之下，表示自己呼吸困难。大家把他架到保和殿之后，徽宗缓了过来，但是表示失去了语言功能，伸出左手要纸笔，然后用左手写了一张条子："我右边使不上力了，没法办公了，你们说怎么办吧。"

大家伙儿没想到他来这一招，一时之间竟然不知道说什么好。徽宗只好继续写条子说："你们为什么不说话？那就让皇太子即位当皇帝吧，我去龙德宫当太上皇。"条子到手以后，大臣们立刻就派人以"陛下生病"为由把后来的钦宗赵桓叫了过来。赵桓到了之后正准备哭，谁知道大臣们根本就不给他机会，拿着一件龙袍就往他身上套。搞不清状况的赵桓吓坏了，不知道群臣当着徽宗的面给他披龙袍是宫廷政变还是正常传位，只能转头看着徽宗，希望得到一点儿指示。但是这时候徽宗正在扮演一个偏瘫的哑巴，既不能说话也不能做手势。赵桓

第十二章 提前退位

吓得不行，灵机一动，也学着父亲的样子装疯卖傻，身子一歪就倒在地上晕了过去，群臣只能把他抬到福宁殿去休息。当天晚上，北宋朝廷群龙无首，三王子赵楷又想趁机夺位，大家没办法，紧急推举耿南仲去福宁殿给赵桓做思想工作。聊了整整一晚上，赵桓终于答应即位，自此以后，徽宗和钦宗的病不治而愈，再没复发。

相比宣和七年的这一次交接，赵构和赵昚的皇位更替要和谐和顺利得多。当天早上，赵昚留在东宫不去仪式现场，摆出一副不想当这个皇帝的样子。赵构非常满意地派人到东宫把赵昚请过来，面对面地进行了鼓励和期望，赵昚依然不愿意，找了个机会从侧门逃往东宫。赵构赶紧派人把他拉回来，一个拼命地劝，一个拼命地推，勉谕再三之后，赵昚终于答应了，但是有个前提条件：请父亲再上一天班，给儿子打个样。

赵构盛情难却，于是父子二人其乐融融地来到了紫宸殿，宰辅奏事完毕之后，赵构发表了一个深情演讲，大概意思是："今天是我最后一天当皇帝了，退朝之后我就去过太上皇的欢乐日子了，你们今后就听新皇帝的话吧。"说完，赵构退场，去旁边的偏殿暂时休息，赵昚和百官出殿相送。送走了赵构之后，大家伙儿重新回到紫宸殿，请赵昚坐到御座上去。赵昚推辞几番之后，终于非常拘谨地坐下，于是百官称贺，新皇登基。

就职典礼结束之后，赵昚带着百官去偏殿，亲自扶着辇车送赵构回德寿宫。当时雨一直下，气氛非常融洽，赵昚一直扶着辇车冒雨走出了皇宫门还不消停，看上去想要送到德寿宫去。赵构非常心疼,再三劝赵昚不要送了,赵昚坚决不听,最后是赵构派宦官把赵昚架回了皇宫。回德寿宫的路上,赵构感慨地说:"这个儿子真的没有白养啊,我托付对人了。"

到此为止,赵构顺利地将自己的权力移交给了养子,南宋王朝迎来了第二个皇帝,也就是宋孝宗。

第十三章 晚年生活

赵构当了太上皇之后对于朝政的干预程度，一直是不少人关注的话题，毕竟"太上皇"这个词在民间的含义就是"比皇帝权力还要大的老皇帝"。明代小说《宋高宗偏安耽逸豫》里就记载了赵构找赵昚给被罢官的行者要官的故事，也被很多历史爱好者当成赵构干预朝政的证据。赵构当皇帝的这些年来最主要的建国方针就是和谈，但是赵昚绍兴三十二年（1162年）六月十一日登基之后，不到一年的时间就在隆兴元年（1163年）四月二十八日主动发起了北伐，然后因为战场失利，在三个多月之后的八月十五日而决定议和，用一种非常快速的方式匆匆结束了这场被后世称为"隆兴北伐"的战争。按照史书记载，赵昚每个月至少得去见赵构两次，那么，赵构知道他想要采取的军事行动吗？赵构曾经阻止过他吗？战场失利之后两人的关系有什么改变吗？

他微笑着看儿子给岳飞平反

赵昚主动发起针对金国的军事行动，是从给岳飞平反开始的。绍兴三十二年（1162年）七月十三日，赵昚登基之后一个月零两天，他就给岳飞官复原职，重新按照岳飞应得的规格改葬。到了十月十九日，赵昚又给岳飞的六个孙子封官，岳飞家族算是彻底恢复了名誉。

这样的做法固然非常得人心，但却毫不避讳地向全天下传递了这么一个意思："当年杀岳飞确实杀错了。"好在赵构这些年将秦桧这面挡箭牌用得非常得心应手，虽然大家都知道杀岳飞是他的意思，但是有一个秦桧在这里替他挨骂，赵构作为一个太上皇倒也没有受到那么多的责难。

那么，赵昚这么急急忙忙地给岳飞平反，算是打了赵构的脸吗？岳飞是绍兴十一年十二月二十九日（1142年1月27日）被赐死的，随后家属被流放，住宅被充公改成了国子监，连他待过的"岳州"也因为有个"岳"字被改名"纯州"，一副永世不得超生的样子。但是绍兴二十五年（1155年）十月二十二日秦桧病逝以后，朝廷开始给秦桧的死对头纷纷平反，当时还有不少人建议给岳飞恢复名誉，只不过宰相万俟卨认为全力主和的秦桧刚死，金人和民间都以为要重新开战了，现在又给主战的岳飞恢复名誉，很容易挑起战端，这才作罢。

事情的转机出现在绍兴三十一年（1161年）金国海陵王完颜迪古乃（亮）南侵的时候。十月五日，完颜迪古乃（亮）率领的大军已经抵达了距离合肥咫尺之遥的寿县，赵构感叹了一句："要是岳飞还在，金人哪里敢这么猖狂。"于是下令修建岳飞庙。其实，这时候民间已经有不少人开始悄悄修建岳飞庙，赵构这道诏书，只不过是将这个行为合法化而已。

如果说这样的说法看上去还有一些演义成分在的话，接下来的一些史料就显得更正规扎实一些。十月二十八日，赵构下了一个命令，释放岳飞和张宪被流放的家属，并且不再限制他们的居住地点。正因为这道命令，岳飞的妻子李氏和儿子岳霖等人才得以生还。十二月五日，在御史中丞汪澈的建议下，赵构将因为岳飞案被改成"纯州"的"岳州"又恢复了原名。有这样的铺垫，只能说明赵构还在位的时候就已经开始了为岳飞平反的工作，只不过因为这是他当年和秦桧两人一起亲手办的"铁案"，不好自己来动手纠正而已。

赵构这么做，很明显是要重新收买朝廷武将的心，让他们死心塌地地为自己卖命抵抗金国的进攻。如果说以前不给岳飞恢复名誉是担心引起金国的反感，那么此时金兵已经杀到家门口来了，赵构需要考虑的不再是金人的态度，而是武将们的态度。给岳飞恢复名誉，目的是给全国上下传递一个"开始作战"的精神。可以这么说，赵昚如果不给岳飞平反，那才真的是让赵构前

第十三章 晚年生活

期做出的种种铺垫付诸东流。

事实上,岳飞这样一个已经被杀的人只不过是一个精神符号或者舆论导向而已,赵昚想要打仗的最重要举动,就是在隆兴元年(1163年)正月初九将这么多年一直想北伐的张浚任命为枢密使,都督江淮东西路兵马。这是绍兴七年(1137年)九月十三日张浚罢相之后第一次回到朝廷的权力核心,间隔了二十五年之久。

这二十五年来,赵构对待这位平定苗、刘兵变首席功臣的态度也颇值得玩味。赵构讨厌他的时候,甚至说过"宁愿亡国也不用他"这样的狠话,然后借着秦桧的手一直将他打压得喘不过气来。秦桧死后两个月,张浚恢复了观文殿大学士的官位,但是并没有实权。到了绍兴三十一年(1161年)完颜迪古乃(亮)南侵的时候,陈俊卿曾经建议再让张浚总揽全局,但是赵构的回答是:"他这个能力最多只能带一路兵。"直到绍兴三十二年(1162年)正月初五,张浚才在二十多年之后第一次见到了赵构。张浚也是一个懂事的人,开口第一句话就是:"这些年要不是陛下保全,我早就被秦桧害死了。"赵构见梯子就下,全然不顾秦桧死后的六年多里他也没召见过张浚,把君臣矛盾的原因统统转移到了秦桧身上:"秦桧这个人嫉妒心太重,苦了你了。"

有了赵构的铺垫,所以张浚在绍兴三十二年(1162年)七月三日见到新皇帝赵昚的时候,也非常大胆直白地提出了收复失地的构想,深得赵昚的欣赏。

那么,为什么以赵昚为首的新朝廷会这么毫不忌讳地谈论北伐的问题呢？原因其实非常简单：虽然完颜迪古乃（亮）的南侵失败了，但是宋金两国之间的军事冲突一直没有停止过。

战场主要集中在西北川陕战场，绍兴三十二年（1162年）六月三十日，金兵在原州屠城；七月三日，吴挺收复了巩州；七月十八日，赵撙（又作樽）、皇甫倜收复了光州；八月一日，高师中在摧沙战死；八月二日，吴璘在德顺军和金人发生正面冲突……正因为战事一直不停，所以赵昚才下决心以攻代守来解决这个大问题。很显然，赵构是支持他这个做法的。十月二日，赵昚想继续重用在与海陵王作战期间表现卓越的主战派宰相陈康伯，陈康伯以自己年老体弱为由申请退休，赵昚劝说无效之后，请赵构帮忙劝说。赵构也毫不犹豫地写了一封亲笔信给陈康伯，让他留下来辅助赵昚，不得再有推辞。种种迹象都证明了一点：赵构是完全清楚赵昚想要北伐的计划的，并且他不但没有反对，还在赵昚的请求下做了一些不至于削弱新皇帝权威的辅助工作。

可以这么说，赵昚所有关于战争的准备工作，都是得到了赵构默许的。赵构作为跟金国打交道时间最长的一个皇帝，他心里非常明白，既然现在战端已经拉开了，就必须和金国的最高首领有一个明确的协定才算是完结。完颜迪古乃（亮）的手下确实过来递交了一份代表和谈的国书，但是现在完颜迪古乃（亮）已死，这份国书还有多大的效力，刚登基的完颜乌禄（雍）是什么态度，谁也说不清。

在当前的形势下，即便是不主动打仗，全力备战也是必须的。这是赵构这么多年来得出的血的教训。

第十三章　晚年生活

北伐可以，但是不要连累到他

　　这一次还是金国主动挑起的战争。完颜乌禄（雍）清除和降服了完颜迪古乃（亮）的势力、招顺了朝廷之后，开始把目光投向了南边。绍兴三十二年（1162年）十月二十二日，完颜乌禄（雍）做出了一个非常重要的人事任命：他以仆散忠义为元帅、纥石烈志宁为副元帅，准备发动对南宋的军事行动。十一月一日，他下诏让仆散忠义正式伐宋。

　　完颜乌禄（雍）的诉求并不复杂，甚至做出了一定程度的让步。完颜迪古乃（亮）死后南侵金兵撤军的时候，宋军顺手收复了海州、泗州、唐州、邓州，所以仆散忠义出发的时候，完颜乌禄（雍）给他提了这样的条件：如果南宋愿意归还这四州的土地，同时维持银二十五万两、绢二十五万匹的岁贡，那么可以让南宋不用称臣了，两国的关系从君臣变成亲戚，金国为叔，南宋为侄。

　　从这个条款可以看出，这是对南宋非常有利的一种方案，相当于南宋拿战果换地位，而相对绍兴和议来说，什么也没损失，反而摆脱了"金国属国"这样的屈辱称号。看来，完颜乌禄（雍）提出这样的条件，说明他们自己也对完颜迪古乃（亮）违约的行为比较羞愧，只想趁机找个台阶下而已。

与此同时，并不知道金国底牌的赵昚在完颜迪古乃（亮）身上看到了胜利的曙光。金国在准备南征的时候，他也在努力做北伐的准备。但是，非常不幸的是，他选择的两个搭档张浚和史浩闹矛盾了。张浚在绍兴三十二年（1162年）七月三日见到赵昚之后，非常荣幸地参加了赵昚主持的军事会议。在会议上，史浩觉得朝廷应该吸取完颜迪古乃（亮）南侵的教训，在金兵准备强渡长江的采石矶和瓜洲两个渡口筑城，加强防守。这个建议本来是挺不错的，但是张浚一上来就从思想高度上否定了史浩的方案："不守两淮却守长江防线，这是向金国示弱，属于保守主义，正确的方法应该是在淮河北岸的泗州筑城。"史浩作为赵昚的潜邸心腹，哪受得了这样的气，等他八月五日被擢升为参知政事以后，开始处处针对张浚，凡是张浚的方案，不管正确与否先反对了再说。

张浚是高宗朝的老臣，史浩是赵昚的心腹，尤其是在帮助赵昚登上皇位这件事情上做出过卓越的贡献，两人孰轻孰重，赵昚心中清楚得很。史浩参政没多久就提出了一个非常大胆的思路：放弃德顺军，收缩防线全力守卫四川。这个建议遭到了张浚、虞允文等人的强烈反对，因为几十年来跟金国作战的经验告诉大家，在西北依托有利地形进行层层阻击应该是最经济有效的办法。但是这件事情既然张浚表示反对了，那史浩就一定要执行了。一方面，张浚是史浩的死对头，凡是他反对的史浩一定要做；另一方面，张浚当年在陕西是吃过超级大败仗的，说话不硬

第十三章 晚年生活

气。再加上隆兴元年（1163年）正月初九，史浩拜相，又兼枢密使，成为枢密使张浚的顶头上司，那么放弃德顺军就势在必行了。随后，接到朝廷命令的吴璘无奈撤军，中途遭遇金国追兵的截杀，损失数万人。

德顺军之败对赵昚来说，只是士气上的大损伤，对于他在黄淮流域决战的决心丝毫没有动摇。从二月一日开始，他就开始派人去中原地区策反当地的豪杰，为王师北进先打好群众基础。三月一日，仆散忠义从开封派人给张浚送来国书索要土地，声称若不答应便即开战。从某种意义上来说，仆散忠义还挺明白中原人喜欢讨价还价的习惯，并没通报完颜乌禄（雍）愿意将两国变成叔侄关系的意思，只说一切按照皇统和议（也就是绍兴和议）的条约执行。

早有准备的赵昚当然不会答应这样的要求，于是决定在战场上见。出兵之前，张浚让赵昚亲临建康坐镇，史浩出于安全考虑表示了强烈的反对，两人又大吵了一架。赵昚在这件事的处理上展示出了极高的智商，他经过德顺军撤军事件之后已经明白，史浩虽然对他忠心耿耿，但是在军事方面的确是个外行。所以，他做出了一个决定：把军事指挥权全部交给张浚，自己则按照史浩的建议留在杭州。

四月二十八日和二十九日，张浚派邵宏渊进驻盱眙，李显忠进驻定远，准备和仆散忠义正面对决。五月初，邵宏渊和李显忠分别取得了还算不错的战果，但是捷报传回杭州的时候，史浩发现自己身为宰相兼枢密使，竟然不知道军队调动的情况。他明白，自己已经被赵眘和张浚架空了，五月十五日，史浩辞职，张浚终于可以名正言顺地主持军务了。

但是赵眘和张浚都没想到的是，他们最倚重的两员大将李显忠和邵宏渊闹矛盾了，原因在意料之外，也在情理之中。李显忠攻下了灵璧（今安徽灵璧）之后，发现邵宏渊还没攻下虹县（今安徽泗县），于是就派了几个灵璧的降卒去虹县劝降。让人意想不到的是，他们还真的把城门给劝开了。这样的结果让邵宏渊觉得非常没面子，碰巧又有金国投降的千户给李显忠告状，说邵宏渊手下的士兵抢了他的佩刀，李显忠为安抚降将杀了这个士兵，这更让邵宏渊觉得李显忠在羞辱他。从此以后，邵宏渊开始对李显忠心怀怨恨。

五月十六日，李显忠和邵宏渊收复了宿州，形势一片大好。五月二十一日，金军左副元帅纥石烈志宁亲自率大军来进攻宿州，在此后的战斗中，因为李显忠和邵宏渊的矛盾，宋军的不合理安排主动给金军送上了一场不可思议的大胜仗。收复宿州以后，赵眘做出了一个现在看来非常不明智的人事任命：他任命李显忠为淮南京东河北招讨使，让邵宏渊当了李显忠的副手。这让嫉妒心爆棚的邵宏渊在此后的战斗中不但不接受李显忠的指挥配合作战，反而处处拖李显忠的后腿，甚至用"如此盛夏，摇扇尚且不能解暑，何况在烈日之下披甲苦战"这样的话怂恿手下当逃兵。在这样的局面下，除了李显忠本人的心腹之外，其他的将领在纥石烈志宁攻城的时候都选择了不战而逃。李显忠以孤军与金兵血战，第二天终于大溃于宿州州治——符离，将一片大好的北

第十三章　晚年生活

伐局面葬送在内讧之中，史称"符离之溃"。

五月二十三日，赵昚象征性地下了一道亲征诏书，以示继续北伐的决心。与此同时，他拒绝了张浚待罪请辞、建议和谈的申请，召回了对金作战有丰富经验的虞允文，准备如有不测让他来固守长江防线。非常幸运的是，可能是因为天气太过炎热，纥石烈志宁攻下宿州之后并没有继续南下，给南宋军队留下了喘息之机。在这段时间里，赵昚和张浚完成了前线的紧急部署：在处分了李显忠和邵宏渊之后，以魏胜守海州、陈敏守泗州、戚方守濠州、郭振守六合，在高邮和巢湖加固城防，修建滁州关山，在淮阴布置水军，在寿春布置骑兵。面对这样的布置，纥石烈志宁也觉得想要速战速决已经不太现实了，八月七日，他给赵昚送来一份国书，这次非常明确地将完颜乌禄（雍）的诉求提了出来。

到此时为止，双方的军事行动基本上已经告一段落。不管是金国的南征还是南宋的北伐，实际上都没有达到各自的目的。纥石烈志宁想要先从战场上抢回四州的计划也完全破产，所以只能老老实实地用国书的形式来结束这场战争。

这场战争虽然双方都筹备已久，但是依然在极短的时间内就告一段落。那么赵构的态度是什么呢？在官方史料上没有任何记载，但是在宋人的笔记里，我们还是能看出一些端倪。

赵昚在决定用兵之前，还是礼貌性地找赵构汇报过，赵构的态度非常明确："你等我死了以后再考虑这个问题吧。"但是从后来发生的事情来看，赵昚虽然孝字当头，依然坚持了自己的决定，发动了北伐。不过，当符离之败的消息传回杭州以后，赵构的行为让人觉得非常寒心：他雇用了五百个挑夫，准备好担索，随时准备像靖康元年（1126年）自己的父亲徽宗一样，带着自己的财产跑路，反正下海的路他熟，毕竟当年跑过一趟。虽然最终没能成行，但是可以看出，赵构对于北伐的态度可能真的是有非常大的保留意见。

也许，他的态度是这样的："备战是一定要备战的，但是能够不打尽量不打，非要打也行，谁主张谁负责，不要波及我。"

史上最和谐的一对太上皇和皇帝

隆兴北伐是赵昚登基以后自己做出的最大的一个决定，而且是在赵构反对的情况下执行的。然而，这个决定并没能如赵昚所愿收复故土。

这给赵昚造成了很大的心理压力，隆兴元年（1163年）七月四日汤思退接替被罢职的史浩拜相之后，曾经试探性地提出："我军刚刚经历了大败，不如请示太上皇，然后跟金人议和吧。"这句话彻底惹怒了赵昚，他给三省批示说："金人已经无礼到这种地步了，汤思退还在想着议和。今天的形势比秦桧当年面对的情况要好得多，议和的言论比秦桧还不如！"

这样的批评已经非常严厉了，但是从后来事情发展的情况

第十三章　晚年生活

看，赵昚在八月七日收到了纥石烈志宁的国书之后，十五日就派卢仲贤去金营接洽谈判的事情，可见他并不是那么排斥和谈。那么汤思退的话唯一能够激怒他的点，就是"请示太上皇"了。这是一个于情于理都非常正常的反应，刚刚登基的赵昚想要跟当年的钦宗一样迅速摆脱"儿皇帝"或者"傀儡"的嫌疑，结果第一件事就办砸了，他也担心此后的决策权受到削弱。

赵昚在绍兴三十二年（1162年）即位之初为了"多少天去朝见一次赵构"这个问题，跟赵构讨论过很多次：六月十二日，赵昚提出每天都去看望一次，赵构认为太频繁了影响赵昚的正常工作；六月十三日，赵昚决定按照汉高祖的惯例每五天去一次，赵构觉得五天一次依然太多了，于是又改成一个月四次；直到六月十八日最终确定为一个月两次，也就是每个月的初一和十五去朝见。但是这样的朝见并不是单纯的问好请安，两个人的交谈始终会涉及政坛的大事，赵构即便是不主动问，赵昚也会出于礼貌主动说。这不仅仅是一个皇帝和太上皇的问题，还是一个关涉儿子和父亲关系的事情。

隆兴元年十二月十五日，赵昚在朝见赵构的时候，就针对朝廷的重要人事问题请示了赵构，而赵构也丝毫没有担心"干政"，给予了非常明确的答复。当时汤思退是右相，赵昚想把张浚也拜相，但是苦于谁左谁右的问题一直拿捏不准，于是借着朝见赵构的机会询问老爷子的意见。赵构回复了四个字："各还其旧。"赵昚回来一琢磨，张浚在绍兴初年是右相，汤思退在绍兴末年是左相，于是在十二月二十一日按照赵构的意思，将汤思退任命为左相，张浚任命为右相。而事实上，在赵构担任太上皇期间，朝廷一直有一个传统：宰执获得任命以后都要去他的德寿宫谢恩。谢恩的时候，自然而然就会谈论到时局人事，赵构也会给出自己的意见，赵昚也会照办。隆兴二年（1164年）春张浚巡边的时候，本来是要带张孝祥一起的，结果辞行的时候赵构说张孝祥不懂军事，于是张孝祥没能成行；乾道元年（1165年）夏洪适被任命为签书枢密院事、乾道三年（1167年）夏虞允文被任命为知枢密院事、淳熙四年（1177年）冬赵雄被任命为同知枢密院事，去德寿宫谢恩的时候，赵构都表示自己知道并且认可了赵昚的安排。

对于这样的行为，我们现在很难说清这到底是赵构礼节性的关心还是实质性的控制，但是赵昚和赵构之间的关系似乎并没有受到多大的影响。

隆兴北伐之后，宋金双方经过了艰苦的边打边谈。对于纥石烈志宁提出的领土诉求，赵昚最终答应了割让海州、泗州、唐州、邓州、商州、秦州给金国；作为回报，金国同意减少岁币银五万两、绢五万匹，调整为银二十万两、绢二十万匹。这两项条款在第二年，也就是乾道元年正月初一开始生效。

隆兴二年（1164年）闰十一月，金兵开始撤军，隆兴北伐的军事行动彻底结束，朝廷中不可避免地出现了觉得赵昚"鲁莽冲动"的声音。为了避免国都中人议论，也为了表示父子之间的亲密无间，乾道元年二月初一，赵昚去朝见赵构的时候，陪着赵构夫妇去四圣观拜谒，赵昚当着杭州军民的面亲自扶赵构上马，赵构也报以非常慈祥而亲切的回应。看到这个场景,军民欢呼不已,民心大定。

唯一的遗留问题就是受书礼,赵眘觉得,既然已经是叔侄之国了,就应该改变绍兴和议之后"宋皇必须起立受书"的礼节,但是金国不同意。

这个问题纠缠了很多年,双方一直在讨价还价。乾道六年(1170年)闰五月,赵眘派范成大出使金国商讨受书礼,顺便请求金国归还巩义皇陵。这一举动被很多人视为示弱行为,国子博士丘崈就上书说,这样做非但没有效果,反而会长他人志气、灭自己威风。这个说法激怒了赵眘,他甚至怒骂丘崈:"你家坟墓被人占了,你难道就不去要吗?"丘崈回复说:"我会据理力争,不会低三下四。"

但是谁也没想到的是,到了当年的九月,金国也表达出了一点儿谈判的诚意,说如果赵眘愿意不改受书礼,金国虽然不能归还巩义皇陵,但是可以归还钦宗的梓宫。不过双方最后还是谈崩了,乾道七年(1171年)三月七日,金世宗下令将钦宗葬在巩义,也算是消耗完了最后一丝诚意。

好在这些事情并没有影响到两国关系的整体走向,和议的其他条款依然生效,双方也就这么互相防备着过了下去。至于赵构和赵眘的关系,似乎也同样没有受到什么影响,赵构没有责怪赵眘的轻举妄动,赵眘也没有怨恨赵构的幕后指挥。

在平常的生活中,赵眘对赵构在场面上的尊重和孝顺也是非常到位的。赵眘自己对生活的品质要求并不夸张,淳熙年间他曾经在禁宫中修建了一座翠寒堂，东边一座桥过去几十步便是赵构当年特别喜欢的后花园。考虑到赵构偶尔会回来看看，赵昚不但保持这里的亭台楼榭原样不动，而且平常专门用竹片将地面盖好，等赵构来的时候再拆掉。赵构每次来看到这里的样子一如当年，都不禁感慨万分，觉得这个养子实在是有心。

赵构作为一家之主，对于赵昚的婚事也有相当的发言权。赵昚的原配夫人姓郭，绍兴二十六年（1156年）病故了，为赵昚生下了赵愭、赵恺、赵惇（即宋光宗）、赵恪四个儿子。赵昚对她非常有感情，绍兴三十二年（1162年）当太子之后，将她追封为太子妃，登基之后也将她追册为皇后。隆兴二年（1164年）正月，赵昚又按照赵构的意思，立夏贤妃为皇后。但是夏贤妃的福泽不够，乾道三年（1167年）就病逝了。于是皇后之位空缺了九年，直到淳熙三年（1176年）秋，翟贵妃（本姓谢）因为陪着赵昚去德寿宫，赵构觉得她很适合当皇后，于是对赵昚说："大哥且与了却此段。"意思是就让她当皇后吧。当年八月，赵构亲自发诏书让翟贵妃恢复谢姓，并封为皇后。

不管赵昚对赵构的孝顺是不是做样子，至少他坚持得非常好。赵构的生日是五月二十一日，赵昚在条件允许的情况下，坚持年年都去祝寿，遇到立皇太子这种大事的时候，仪式更加隆重。到了淳熙二年（1175年）十一月赵构虚岁将满七十之际，赵昚专门下了诏书，要在十一月十一日冬至日为赵构上尊号，十二月十七日立春为他祝七十大寿。到了淳熙十三年（1186年）正月初一，赵昚再为赵构举行了八十大寿庆典。

第十三章　晚年生活

可以这么说，隆兴初年赵眘给岳飞的平反行动和后来的军事行动，丝毫没有影响到他和赵构的父子关系。他们能够其乐融融地走过二十五年，这其中既有赵构对自己权力欲的约束，也有赵眘对养父的尊重，几乎可以算是残酷的皇家历史中的一段佳话。

一场风风光光的葬礼，终结了他的一生

赵构是在淳熙十四年（1187年）秋天开始身体不舒服的，毕竟已经是八十岁出头的老人，尽管御医已经尽力调理，依然见效不大。九月五日，赵构的病情开始渐渐加重。九月七日和二十一日，赵眘两次去德寿宫探病，但是赵构的病情并没有什么好转。

到了十月份，赵构的病情开始急剧恶化。四日，赵眘大赦天下；六日，向天地、宗庙、社稷祈福。但是效果依然不明显；到了七日，赵构已经无法进食。赵眘非常慌张，下诏书说，自己要按照唐贞观四年（630年）七月高祖李渊生病时太宗的做法，第二天起不上朝，宰执有事到内殿禀报，直到赵构康复为止。

除此之外，赵眘还下了一道诏书，向全国征集良医，如果治好了赵构的病，平民授节度使，赐钱十万贯、田百顷。但是这样的悬赏已经晚了，八日早上，赵构已经到了生命垂危的地步，赵眘早早赶到德寿宫亲自侍奉汤药，然后告诉大臣们："政务就

劳烦各位多费心，我现在满心忧恼，无法思考问题，担心出差错。"到了下午未时，赵构终于没能跨过这道坎，走完了自己近八十一年的传奇人生道路。守在床边的赵昚亲眼看着这一幕的发生，悲伤得痛哭倒地不起。赵昚到德寿宫侍奉赵构之后，曾经让早晚的御膳减半进素餐，赵构去世之后，当天再也没有索要晚餐，一直到十日，大家考虑到他也是六十岁的老人了，好说歹说，赵昚才开始吃饭。

当前最重要的事情是为赵构筹办一场盛大无比的葬礼，一是要彰显他中兴大宋的丰功伟绩，二是要体现赵昚的孝心。赵构的山陵选在了绍兴，命名为永思。赵昚在十月十四日决定自己为赵构服孝三年，群臣以日易月，也就是服孝三十六天。接下来的日子，包括十一月，赵昚都在处理赵构的丧事，甚至在十一月二日将朝政都交给了太子赵惇来处理。

接下来需要确定的是两个问题。

第一个问题是赵构的庙号。

赵构驾崩以后，赵昚召集群臣来商量庙号。洪皓的儿子、洪适的弟弟洪迈建议庙号为"世祖"，其实就是将赵构比作建立了东汉政权的光武帝刘秀。随后，朝廷开始在"祖"和"宗"两个字之间进行辩论。用"祖"字，无非就是想说赵构开创了南宋政权，比肩唐高祖和宋太祖这样的开国皇帝。但是，这样的说法很快遭到了其他人的反对，因为这不仅仅是赵构个人的庙号问题，而是南宋政权是不是北宋政权正统延续的问题。颜师鲁、尤袤、郑侨等人说："太上皇和光武帝的功绩虽然都差不多，但是光武

第十三章 晚年生活

帝是长沙王的后代，是以布衣之身起家的，并不是跟汉哀帝、汉平帝一脉相承，所以庙号为'世祖'并没什么不妥。但是太上皇就不一样了，他是徽宗的儿子、钦宗的弟弟，血脉之正统，岂是光武帝可比的。"这个说法一出来，洪迈也无法反驳，于是剩下的问题就是给赵构的庙号定为什么"宗"了。

赵构的尊号很长，他退位以后赵昚一直在给他增加字数，到八十大寿的时候不含"太上皇帝"都已经有了二十四个字，名为"光尧寿圣宪天体道性仁诚德经武纬文绍业兴统明谟盛烈太上皇帝"，所以群臣一开始准备在这个尊号里面去选字。冷世光、吴博古、黄谦等人建议用"圣宗"，林栗建议用"尧宗"，还有人建议用"成宗"，但是宇文价、洪迈、韩彦质、尤袤等大批官员认为"圣宗"是契丹耶律隆绪用过的庙号，不宜再用；而"尧"字很少作为庙号，而且金国皇帝完颜乌禄（雍）的父亲完颜讹里朵（宗辅），后来也改汉名叫"宗尧"，叫"尧宗"会犯了金国的忌讳；至于"成宗"问题更大，这是吴越国钱佐用过的庙号。随后，群臣又否决了"大宗"和"艺宗"这两个方案，最终把讨论的焦点落到了"高宗"上。

礼部和太常寺解释说："太祖皇帝开基于商丘，太上皇中兴也是始于商丘，商丘当年是武丁中兴之地，武丁的庙号就是'高宗'，所以太上皇庙号为'高宗'有理有据，非常恰当。"淳熙十五年（1188年）三月四日，赵构的庙号终于确定为高宗，三月三十日下葬在了永思陵。

第二个问题是赵构的配享大臣。

这个建议依然是洪迈最先提出的，不过他的方案是都用文官。赵昚否决了这个方案，表示文臣武将各用两人。淳熙十五年（1188年）三月十四日，洪迈提出文臣用吕颐浩、赵鼎，武将用张俊、韩世忠，都是当年赵构身边的股肱之臣。赵昚对人选没什么意见，下发到朝廷让大家讨论。

这是一个非常具有诱惑力的话题，因为配享的重臣虽然已经去世，但是他们的后代还在朝廷之中。父辈或者祖辈能够配享先皇，这不但是一种荣誉，更是一种地位的象征。名单下发之后，权工部尚书韩彦质表示涉及自己的父亲韩世忠，他不便参与讨论，于是由兵部尚书宇文子英牵头来讨论。三天之后，他们回复赵昚说没有意见，赵昚便在十七日下了一道诏书，确定了这四个人配享。

然而诏书下了之后，各种争论的意见又开始冒出来了。有人说吕颐浩的威望不够，应该换成张浚；有人说张俊晚年依附秦桧，力主和议诬杀岳飞，不应该在配享之列；有人说用张俊不如用岳飞，也算是拨乱反正之举……

鉴于赵昚已经确定了四人名单，这些意见也就没被重视。但是到了三月二十日，秘书少监杨万里突然上书，指责洪迈出于私心，在拟定名单的时候故意打压张浚。并且，他还在奏折中列出张浚的五大功绩：苗、刘兵变的时候帮助赵构复辟，建议赵构立储、间接性地帮助赵昚登基，诛杀范琼保证了国家的根本，提拔吴玠保全了四川大后方，战胜刘麟保全了江东地区的安全。杨万里的奏折在朝廷掀起了轩然大波，因为大家都知道赵昚在赵

第十三章　晚年生活

构刚刚去世就要求大家拟定配享名单的做法实在是太过仓促。一方面，这些人的子孙后代、门生故吏都在朝廷为官，难免有各种利益纠葛；另一方面，他们的功过尚未盖棺论定。尤袤也说，当年赵普、曹彬配享太祖都是太祖驾崩二十年之后才确定的，今后千万不能闹出王安石、蔡确等人被逐出太庙那样的笑话。

赵昚看完这封奏折之后，也觉得自己的做法有些不妥，在四月十八日下令重新审定配享名单。但是这些审定工作并没有达成一致，直到二十四日，不耐烦的赵昚做出了终审决定："就是这四个人，不变了！"

虽然这个名单就这么定下来了，但是朝廷之中依然有很多人为张浚鸣不平。张浚虽然有富平、淮西和符离三场大败，但是雍熙三年（986年）曹彬北伐时候的岐沟关大败，其罪过也不下于富平之败和符离之败。曹彬都能配享太祖，张浚却不能配享赵构，确实有点儿说不过去。想来想去，都因为洪迈兄弟是汤思退的人，一向和张浚不和，所以才一直将张浚在苗、刘兵变时候的复辟之功全部归于吕颐浩。

至此，赵构的身后事已经全部处理完毕，不管是在他当太上皇的二十五年，还是他死后这一年的各种祭奠仪式，赵昚都是恭恭敬敬地以儿子的身份完成了，终于没有出现当年英宗濮议[①]这样的闹剧。

这至少可以证明一点，赵构选接班人的眼光，也不算太差。

[①] 宋英宗对生父尊礼濮安懿王赵允让的讨论，引起一场持续18个月的论战。

后　记

我心中的赵构是怎样一个人

从大观元年（1107年）五月二十一日在开封出生，到淳熙十四年（1187年）十月八日在杭州去世，赵构的一生用"传奇"两个字来形容其实并不为过。

《宋史·高宗本纪》是这么评价他的：以他中兴大宋的功绩，足以和夏代的少康、周代的宣王、汉代的光武帝、晋代的元帝、唐代的肃宗相提并论；相比汉光武帝和晋元帝，赵构等四人的血统更纯，属于父子相承；而赵构和晋元帝相比其他四位来说，领土又少了很大一片。但是综合起来衡量，赵构能够将已经被灭国的大宋重新延续下去，也是一项非常了不起的功绩。

赵构性格恭俭仁厚，如果做一个守成之君绰绰有余，但是要让他来当一个开疆拓土的皇帝，确实有点儿难为他了。当他需要承担起重任的时候，时局之凶险，军队之孱弱，财政之匮乏，可以说他的中兴难度更甚于其他五人。但是当他刚刚登基的时候，四方勤王之师齐聚麾下，内有李纲，外有宗泽，原本可以大有作为的，他却在最好的时机下选择了放弃中原，随后终于陷入了

"小朝廷"的旋涡之中再也无力恢复。

尽管他平定了苗、刘兵变，于千难万险之中重新立国，但是他重用汪伯彦、黄潜善、秦桧等奸臣，罢免赵鼎、张浚等有识之士，在大功垂成之际冤杀了岳飞父子，多次错失进取良机，实在是让人扼腕叹息。而且，他与金人签订的《绍兴和约》太过卑躬屈膝，再加上不顾父母在异国受罪，忍辱偷安，终究在后世留下骂名与笑柄，实在是可悲。

这样的评价我个人是挺赞同的，几乎算是站在一个相对公正的立场对他的皇帝生涯进行了一个总结。不过，经过了《说岳全传》等民间小说的演绎之后，他得到的评价越来越趋于负面，甚至被冠上了"完颜构"这样的外号，讽刺他的行为无异于"奉金人为父"。再加上他任由秦桧把持朝政，自己的心腹大臣被秦桧贬斥、流放甚至赶尽杀绝，他也没有什么明显的反对，所以又被人冠以"昏庸无能"的评语。

但是几百年之后我们回过头去审视他的所作所为，在议和这件事情上，他也许能够通过战场或者谈判桌获得更好的结果，但是也绝对达不到民间期望的"直捣黄龙、迎回二圣"的结果。以他的人力物力，别说打到金国上京会宁府（今黑龙江哈尔滨）救回二圣，就是打到后来的金中都燕京也是概率极小的一件事。

如果不议和，南宋王朝就会一直陷入和金国的战争之中，一入秋就开始担心金兵南下，不但要耗费大量的钱粮和士兵，他自己和军民心中也将永远绷着一根战争的弦，整个国家都无法得到休养生息的机会。对于两国的普通百姓来说，放弃连绵不绝的战争，未尝不是一件好事。尽管他的和谈方针被海陵王单方面打断，但是我并不认为这是他的问题，相反，这是金国的问题。

他不想打仗，可能有很大一部分原因是担心失败，所以宁愿付出巨大的代价来换取和平。当然，这个代价主要指的是人格和国格上的代价，就是他向金国称臣、起身接国书的屈辱。但是，在其他方面，他的和议并没有造成多大的实质性损失：岁币对富庶的南宋朝廷来说不算是一笔很大的开销，说得不好听一点儿，也许秦桧一个人贪污的金额都不止这个数，况且他还能在榷场把这些钱挣回来；至于割让给金国的淮河以北的土地，他实际上也根本没有能力控制，失去战马出产地导致的后遗症，让南宋军队在平原地区和金国的作战始终非常艰难。所以，正是在这种担心失败的纠结心理指导下，赵构才非常坚定地选择了议和这条路，以尊严换安全。

但是我这一篇后记并不是想单纯地讨论他是怎么样的一个"皇帝"，我更想跟大家聊聊，他是怎么样的一个"人"。

也就是，作为个体的人，他在我心中是什么样子的。

我想，他的人生应该分成四个阶段。

第一个阶段是貌似养尊处优但是其实也并不是那么"尊"和"优"的康王阶段，这个阶段到靖康之变也就是他十九岁的时候为止。他身为一个几乎是无依无靠、最不起眼的王爷，却拥有着难得清醒的头脑，学习骑射、学习识马、学习治国方略、学习排兵布阵……直到现在我都理解不了，究竟是什么样的一种心态，让他默默地学习这些知识。也许，冥冥之中真的有一个神秘的力量在告诉他，天将降大任于他，希望他早早做好准备，等待着机会的来临。在这个时期，他可能从没奢望过会当皇帝，他只是想要让自己和母亲的生活过得更好一点儿。从他后来的所作所为看，他有勇气、有能力、有智谋、有野心，他在努力准备着向上爬，虽然不知道最终能够爬到什么位置上去，但是他没有放弃过努力和准备。

第二个阶段就是他主动出城去当人质到登基当皇帝这个阶段，虽然只有短短的一年多，却让他的人生发生了最重大的一个转折。在这一年多的时间里，他身边出现了很多机会，也隐藏着无数的危机。这些机会和危机在他的面前，就像是一系列的闯关游戏，只要选错一个答案他就只能跟其他的兄弟一样在金国不得善终。但是非常幸运的是，他把每一道题都做对了，从一个毫不起眼、没有任何同母兄弟的孤单老九变成了大哥钦宗最信任的兄弟，再从一个炙手可热的亲王变成了统兵数十万的大元帅，再从大宋王朝唯一的希望变成了皇帝。在这个阶段，萦绕在他身边的关键词是"幸运"，他毫无疑问地成为北宋王朝最幸运的一个人。也许，这些顺风顺水的经历让他放松了警惕，以为唯一的敌人就是金兵，其他的都是顺理成章、都是水到渠成、都是众望所归、都是天命使然。他膨胀了，但是，对于一个二十岁的年轻人来说，面对这种突如其来的大意外、大惊喜，这种膨胀是任何人都避免不了的，也没必要对他苛责。

第三个阶段则是他从登基之后到绍兴十一年年底、十二年年初跟金人正式达成和议之后的这个阶段。在这接近十五年的时间里，他从一个二十岁的小伙子成长为一个三十五岁的中年人，这既是他成熟的十五年，也是他性格重塑的十五年。幸运之神再也没有像第二阶段那样一力庇护他，在这漫长的斗争岁月里，他"经验不足、亲信不足"的劣势被无限放大，他创造了大宋皇帝不少的耻辱纪录：他是第一个被逼退位的，他是第一个被敌军追得下海的，他是第一个在自由的情况下向敌国公开臣服的……在这十五年里，他开始从一个意气风发、志向远大的年轻人慢慢变得保守而隐忍，他开始明白了很多道理：平时对他三叩九拜的大臣们并不是每一个都忠心耿耿的，单单靠"信任"和"恩赐"是无法做成很多事情的，"皇帝"这样一个称呼在军队里并不是百分百管用的，跟对手签订的协议是随时可能被撕毁的，谈判是需要有战场上的表现来作为筹码的，很多时候钱是比其他很多东西都要管用的。几乎可以说，赵构这段时间里性格成型，他也几乎真正明白了应该怎么当一个皇帝才能确保自己的安全和尊严。

第四个阶段是绍兴和议之后到他去世的这漫长的四十六年。在这四十六年里，他对权力的欲望已经下降到了一个令人难以置信的程度。他先是放任秦桧，除了军事权之外，几乎把人事、经济、行政等所有的权力都交给了秦桧，自己安安心心地在皇宫里当一个旁观者，即便是秦桧清除赵构曾经非常看重的大臣，赵构也表现出了非常大的宽容，甚至一度让人怀疑他和秦桧之间有什么无法公之于世的幕后交易。而在赢得了对海陵王南侵的战争之后，他又非常干脆利落地在五十五岁的年纪把皇位移交给了自己的养子赵昚，并且给予了赵昚足够的自由度和决策权。可以这么说，这一对太上皇和皇帝的关系，算得上是中国历史上最和谐的。赵构受到的尊重程度远超此前的晋惠帝、唐高祖、唐玄宗、宋徽宗，以及此后的宋孝宗、宋光宗、明英宗。清乾隆皇帝虽然同样受到嘉庆的尊重，但是他们父子之间的关系远不如赵构和赵昚这般亲密无间；而乾隆对于权力的掌控欲，也远远超过当了太上皇的赵构。然而，在这个阶段的赵构并不是昏庸，他在秦桧去世之后重新布置政局时表现出来的老到和果敢，非常明确地告诉了所有人，他不是管不住，只是懒得管。

从这四个阶段，我们可以比较清楚地看到赵构的成长之路，以及他的性格成熟和定型的过程。当然，我们也不能忽略"失去生育能力"这件事情对他的巨大影响，九死一生得到的皇位却无法传给自己的亲生子嗣，恐怕这也是他"不恋权"的一个重要原因。

现在我们回到最初的话题：他究竟是怎么样一个人？

我只能说，他是一个聪明的利己主义者。他在波谲云诡的岁月中慢慢弄清楚了，什么样的处事方式才是对他最有利、最舒服、最安全的，至于亲情、尊严这些其他问题，都可以让位给他的第一选择。

如果他是我们身边的一个朋友，那么我不愿意和他相交；但是如果把他放回到皇帝岗位上，我倒觉得，他的工作完成得不错，至少是在及格线以上。

附　表

赵构大事年表

年份	时间	事件
大观元年（1107年）	五月二十一日	出生于大内
宣和三年（1121年）	十二月二十二日	被封为康王
靖康元年（1126年）	正月十四日	与张邦昌一起出使金营
	二月五日	从金营回到开封
	十一月十六日	为告和使奉使完颜斡离不（宗望）军前
	闰十一月二十七日	授河北兵马大元帅
建炎元年（1127年）	五月一日	即位于南京（今河南商丘）归德府，改元建炎
	十月二十七日	南下扬州
建炎三年（1129年）	二月三日	从扬州溃逃渡江去杭州
	三月五日	遭遇苗、刘兵变，退位
	四月一日	平定苗、刘兵变，复位
	五月八日	抵达江宁府
	七月十一日	元懿太子赵旉病死
	十一月二十九日	从越州下海避敌

续表

年份	时间	事件
建炎四年（1130年）	正月二十一日	抵达温州
	四月十二日	从海上回到越州
	十一月七日	秦桧从金国回到杭州
绍兴元年（1131年）	四月十四日	孟太后崩
	八月二十三日	秦桧拜相
绍兴二年（1132年）	正月十四日	从越州抵达杭州
	八月二十七日	秦桧罢相
绍兴三年（1133年）	二月十四日	养子赵伯琮（即孝宗）改名赵瑗
绍兴四年（1134年）	八月二十五日	岳飞因为收复襄阳被封清远军节度使
	九月十五日	刘豫联和金兵南侵
	十月二十三日	赵构御驾亲征
	十月二十七日	赵构抵达苏州
	十二月二十五日	金太宗病重，金兵退兵
	十二月二十九日	金太宗驾崩
绍兴五年（1135年）	正月二十六日	金熙宗即位
	二月八日	赵构回到杭州
	四月二十一日	徽宗驾崩于五国城，享年五十四岁
	六月二日	岳飞平定杨么

续表

年份	时间	事件
绍兴六年（1136年）	九月一日	赵构从临安出发巡幸江防
	九月八日	赵构抵达苏州
	九月二十五日	刘豫南侵
	十月十一日	刘豫败走
绍兴七年（1137年）	二月二十七日	赵构从苏州出发去建康
	三月九日	赵构抵达建康
	八月八日	郦琼叛逃刘豫
	十一月十八日	刘豫为金人所废
	十二月二十四日	王伦从金国带回金国和议的消息
绍兴八年（1138年）	二月七日	赵构从建康出发回杭州
	二月二十二日	赵构回到杭州
	三月七日	秦桧二度拜相
	十月二十一日	赵鼎罢相，秦桧成为独相
	十二月二十八日	宋金和议已达成，南宋收回黄河以南土地
绍兴九年（1139年）	三月七日	赵构封赵璩为国公，赵瑗地位受威胁
	六月二日	邢皇后在五国城病故
	八月十一日	金国内乱，诛杀了主和的完颜挞懒（昌）

续表

年份	时间	事件
绍兴十年（1140年）	五月十三日	金国毁约，出兵南下
	五月十六日	收回的三京全部沦陷
	六月十二日	刘锜战胜完颜兀朮（宗弼），取得顺昌大捷
	七月二日	岳飞部将收复西京
	九月一日	秦桧力主罢兵，召各路大帅回师
绍兴十一年（1141年）	三月九日	濠州大败
	四月二十四日	解除韩世忠、张俊、岳飞兵权，开始议和
	十二月二十九日	岳飞死于大理寺狱中，两国和议达成
绍兴十二年（1142年）	八月二十二日	赵构生母韦太后回到杭州
	八月二十八日	徽宗等人梓宫抵达杭州
	十月六日	徽宗下葬会稽永固陵
绍兴十三年（1143年）	闰四月二日	立吴贵妃为皇后
绍兴十五年（1145年）	四月一日	秦桧赐第甲一区
绍兴十九年（1149年）	十二月七日	金熙宗被完颜迪古乃（亮）所杀，完颜迪古乃（亮）即位
绍兴二十三年（1153年）	三月	完颜迪古乃（亮）迁都燕京
绍兴二十五年（1155年）	十月二十二日	秦桧病逝
绍兴二十九年（1159年）	二月一日	金国关闭大部分榷场，赵构随即也对等关闭
	九月二十日	韦太后驾崩

续表

年份	时间	事件
绍兴三十年（1160年）	二月二十六日	赵构为赵瑗改名赵玮，确立为皇子
绍兴三十一年（1161年）	五月十九日	从金人使者处得知钦宗驾崩的消息
	八月十五日	完颜迪古乃（亮）正式南侵
	十月一日	赵构下诏亲征
	十月八日	金国立完颜乌禄（雍），即金世宗
	十一月八日	虞允文在采石矶大败完颜迪古乃（亮）
	十一月二十七日	金军在扬州杀死完颜迪古乃（亮）随后退军
	十二月十日	赵构从杭州出发去建康
绍兴三十二年（1162年）	正月初五	赵构抵达建康
	二月六日	赵构出发回杭州
	二月十八日	赵构回到杭州
	五月二十八日	立赵玮为太子
	六月十一日	赵构传位给太子，自己当太上皇
隆兴元年（1163年）	四月二十八日	隆兴北伐开始
	八月十五日	隆兴北伐以失败告终
隆兴二年（1164）	十二月十五日	隆兴和议达成
淳熙十四年（1187）	十月八日	赵构驾崩，享年八十一岁